普通高等院校"十三五"创新型规划教材

U0732349

基础会计理论与实操

主　编　周红波　刘　帆
副主编　胡　佳　袁　媛　谢伊恬
　　　　李　迪　李文婷

北京
国家行政学院出版社

图书在版编目（CIP）数据

基础会计理论与实操 / 周红波，刘帆主编 . —北京：
国家行政学院出版社，2018.10（2022.3 重印）
ISBN 978-7-5150-2252-9

Ⅰ．①基… Ⅱ．①周… ②刘… Ⅲ．①会计学 Ⅳ．
① F230

中国版本图书馆 CIP 数据核字（2018）第 231582 号

书　　名　基础会计理论与实操
　　　　　JICHU KUAIJI LILUN YU SHICAO
作　　者　周红波　刘　帆
责任编辑　左婷婷
出版发行　国家行政学院出版社
　　　　　（北京海淀区长春桥路 6 号 100089）
电　　话　（010）68920640　68929037
编 辑 部　（010）68922656　68929009
网　　址　http://www.nsapress.com.cn
经　　销　新华书店
印　　刷　北京合众伟业印刷有限公司
版　　次　2018 年 10 月第 1 版
印　　次　2022 年 3 月第 3 次印刷
开　　本　185 毫米 ×260 毫米　1/16
印　　张　20
字　　数　511 千字
书　　号　ISBN 978-7-5150-2252-9
定　　价　56.00 元

　　基础会计是财经类专业的一门基础课程，学好本课程对提高会计理论水平、会计基本技能有着重要意义。本书力求符合教学规律的要求，课程内容设置紧跟会计发展步伐，充分吸收新企业会计准则，重视学生实践能力培养，讲练结合，突出重点。

　　本书共分为三个模块，九个项目。模块一为会计基本理论，主要阐述会计的功能及人们生产活动对会计的要求；会计记录涉及要素及会计等式；会计记账需要使用的科目、账户、记账方法等。模块二为会计基本经济业务核算，主要是以制造企业为例，针对经济业务的发生讲述如何科学地进行相关会计核算。模块三为会计基本技能，主要是从会计的证、账、表入手，以会计工作流程为主线，围绕会计职业活动要求设置教学内容。另外，本书附录还讲解了会计档案管理和会计人员的工作交接。

　　本书的特色主要体现在以下三个方面：

一、继承性和创新性

　　本书在整体架构上，吸取众多教材的优点，既保持原有的知识体系又尽可能以实践工作过程为导向，突出实践能力培养，适应我国应用型人才培养需求。

二、理论性与可操作性

　　基础会计是一门理论性很强的课程。本书在编写过程中紧扣高校人才培养目标，注重会计理论知识讲述，又立足于我国经济环境及相关法律法规对会计工作的要求，理论联系实际，通过"教与学""学与做"有机提高学生专业理论水平和操作技能。

三、内容排列更趋于合理性

　　本书总体按会计核算基础知识到经济业务处理程序进行排列，由会计基本理论、会计基本经济业务核算、会计基本技能三个部分组成，内容排列更直观更合理。

　　本书由周红波、刘帆任主编，胡佳、袁媛、谢伊恬、李迪、李文婷任副主编。其中，胡佳负责编写模块一，袁媛、谢伊恬负责编写模块二，周红波、刘帆负责编写模块三，李迪、李文婷负责会计凭证的整理。全书由周红波总撰定稿。

本书在编写过程中，参考了许多专家和学者的专著和教材，并借鉴了其中的部分内容，在此向他们一并致谢。

由于编者知识水平有限，书中难免有不当或错漏之处，敬请专家和读者批评指正，以便修订时改进。

编　者

目录 CONTENTS

模块三　会计基本技能

模块一

会计基本理论

学习目标

1. 了解会计产生和发展历程。
2. 理解会计的含义和职能。
3. 熟悉会计基本假设、会计处理基础。
4. 了解会计机构的设置和会计人员的配置。
5. 了解会计法律法规体系。

会计知识引导

  小刘、小李、小张、小赵四个人在高考成绩出来后，一起去填报志愿，在去学校的途中，聊起了各自想报的学校和专业，其中在讨论会计专业时，对"什么是会计"这一问题，四人各执一词，谁也说服不了谁，如图1-1所示。

  小刘：什么是会计？这还不简单，会计就是指一个职位，比如我哥哥毕业的时候找工作，在简历的意向职位一栏中填了"会计"两个字，这里会计不是职位是什么？

  小李：不对，会计不是指一个职位，会计是指一项工作，比如我爸爸在公司当会计，这里会计当然是指会计工作了。

图 1-1　什么是会计

  小张：会计不是指一项工作，也不是指一个职位，而是指一个部门，一个机构，即会计机构。你们看，每个公司都有一个财务部，或者财务处什么的，这里会计就是指会计部门，显然是一个机构。

  小赵：你们都错了，会计既不是一个职位，也不是一项工作，更不是指一个机构，而是指一门学科。我姐姐就是在湖南大学学会计的，她当然是去学一门学科或科学。

任务一　会计的含义

一、会计的产生与发展

会计经历了从简单到复杂、由低级到高级、由不完善到逐步完善的漫长过程，随着人类社会生产的发展和经济管理的需要而产生、发展并不断得到完善。

人们在生产中，即使在原始社会，也非常关心自己的生产成果和它所消耗的劳动时间，力求以尽可能少的劳动消耗，生产出尽可能多的生产成果。人们需要对耗费和成果进行计量、记录和计算，因此，就产生了会计。如"泥板刻字"（图1-2）、"结绳记事"（图1-3）、"刻契记事"等，这些原始的简单记录，就是会计的萌芽。在生产力水平十分低下的情况下，会计只是生产过程中的一个附带工作，没有专职人员来从事记录和计算。随着社会生产力的不断发展，会计逐渐从生产职能中分离出来，成为由专门人员从事的特殊的、独立的活动。

图1-2　泥板刻字

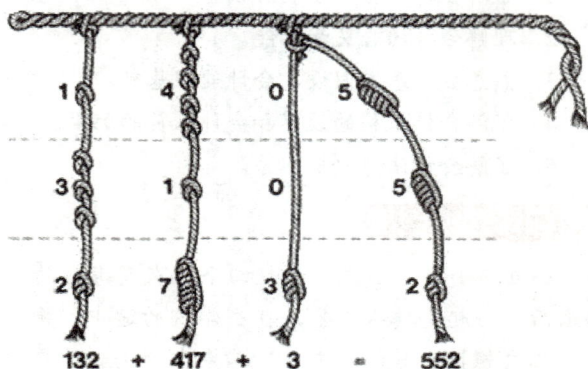

图1-3　结绳记事

（一）会计在中国的产生和发展

会计在我国有4 000多年的历史，它在原始计量的基础上一步步完善，形成现在的会计制度。

西周时期，就设有专门核算官方财赋收支的官职——司会，进行"月计岁会"，并设司会之职主管会计，为计官之长，标志着"会计"正式命名。

到了唐宋时期，出现了"四柱结算法"。所谓"四柱"是指"旧管"（相当于"上期结存"）、"新收"（相当于"本期收入"）、"开除"（相当于"本期支出"）、"实在"（相当于"期末结存"）四个部分。这四个部分之间的关系是"旧管＋新收＝开除＋实在"。这一平衡公式是我国古代会计的一个杰出成就，即使在现代会计，仍然运用这一平衡关系。

明末清初，出现了"龙门账"，这是我国最早出现的复式簿记法。"龙门账"的出现和应用，对我国会计由单式记账法向复式记账法转变起着重要作用。

清代，在"龙门账"的基础上发明了"四脚账"，又称"天地合账"，通过对每一笔账项登记"来账"又登记"去账"的方式，来反映同一账项的来龙去脉。

1840年鸦片战争后，中国会计出现了中式会计的改良和借贷复式簿记的引进同时并存的局面。清末，蔡锡勇著《连环账谱》（1905）一书，是中国引进借贷复式簿记之开端；谢霖与孟森合著《银行簿记学》（1907）一书，为引进借贷复式簿记创造了条件。1908年大清银行创办之时，即采用现金收付复式记账法，标志着中国开始使用借贷记账法。

新中国成立后，尤其是改革开放后，会计实务和会计理论出现了前所未有的重大发展。1985年，《中华人民共和国会计法》颁布，并经历先后两次修订。1992年，《企业会计准则》和《企业财务通则》颁布，这是我国会计工作和国际接轨的重要举措。在经过1993年的会计改革和2006年会计准则的修订和实施后，我国的会计工作既能满足管理上的需要，又能适应改革开放的深入和发展。

（二）会计在国外的产生和发展

就国外而言，一些文明古国，包括埃及、印度、巴比伦都留下了对会计活动的记载。巴比伦人民精于组织管理，设置"专门记录官"；在原始的印度公社，已经有了专门的记账员，负责登记农业账目；埃及出现了"内部控制思想"；希腊出现铸币，并记录在账簿中。

12世纪，西方出现了早期的资本主义萌芽。14世纪前后，地中海沿岸的一些城市经济迅速发展，对会计的方法提出了新的要求，由此复式簿记产生。1494年，意大利数学家卢卡·伯乔利所著的《算术、几何及比例概要》对复式记账法做了系统的说明。该部著作的问世使整个会计界从会计实务的研究中摆脱出来，会计真正发展成一门学科，卢卡·伯乔利因此也被誉为"会计之父"。进入19世纪，英国进行了产业革命，成为当时工业最发达、生产力水平最高的国家，产生了适应大生产需要的新的企业组织形式——股份公司，对会计提出了新的要求，在记账和算账的基础上还要求查账，并接受注册会计师的外界监督。第一次世界大战以后，美国无论是在生产上还是在科学技术的发展上都处于世界领先地位，因此，会计学的发展中心也由英国转移到了美国。这一时期，会计方法比较完善，会计科学也趋成熟。

20世纪50年代以后，科学技术水平的提高对会计的发展又起了很大的促进作用。首先，现代电子科技的发展，使会计处理技术发生了质的飞跃。手工簿记系统发展成为计算机记账系统。其次，随着现代管理学科的飞速发展，作为对内报告会计的管理会计产生，传统会计逐渐形成两个相对独立的分支：财务会计和管理会计。

扫一扫　学一学

二、会计的含义

时过境迁、岁月更迭，会计也从泥板刻字、结绳记事，发展到四柱法、三脚账，再到现代会计中的复式记账法、四大报表，财务共享……会计的本质问题始终都是如何用一笔笔详尽客观的会计语言，对客观的经济活动做出反应，做好会计的核算职能和监督职能。

所以，会计是一种通用的"商业语言"，它作为一个信息系统，输入的是原始数据，输出的是会计信息。会计工作就类似于翻译工作，如图1-4所示。翻译是运用语法，将单词、原文转换成译文，会计就是运用记账流程和规则将企业的经济活动转化为财务报告中的各类会计要素。

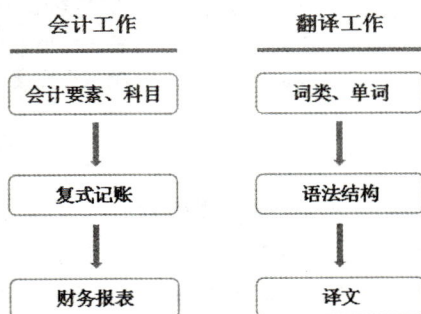

会计工作	翻译工作
会计要素、科目	词类、单词
↓	↓
复式记账	语法结构
↓	↓
财务报表	译文

图1-4　会计工作与翻译工作的比较

清代学者焦循在《孟子·正义》中对会计的解释为："零星算之为计，总和算之为会。"通过对会计追根溯源和会计本质的分析，会计的定义可以表述为：会计是采用一系列专门的方法核算与监督企事业单位发生的且能用货币计量的交易或事项的管理活动。会计的基本特征如图 1-5 所示。

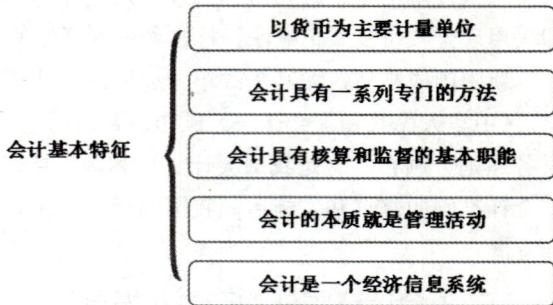

会计基本特征 {
- 以货币为主要计量单位
- 会计具有一系列专门的方法
- 会计具有核算和监督的基本职能
- 会计的本质就是管理活动
- 会计是一个经济信息系统
}

图 1-5　会计基本特征

任务二　会计的职能与目标

一、会计职能

会计的职能是指会计在经济管理活动中赖以发挥作用的职业功能。会计具有核算和监督两项基本职能。

（一）会计核算职能

会计核算职能是指以货币为主要计量单位，对特定主体的经济活动进行确认、计量和记录，并进行汇总，得出财务报告，如图 1-6 所示。确认是指运用特定会计方法，界定某个会计事项是什么或者不是什么的会计程序；计量是指计算已确认的某一交易或事项的金额的会计程序；记录、报告是指在确认和计量的基础上，将特定主体的财务状况、经营成果和现金流量信息以财务报表的形式向有关各方报告。

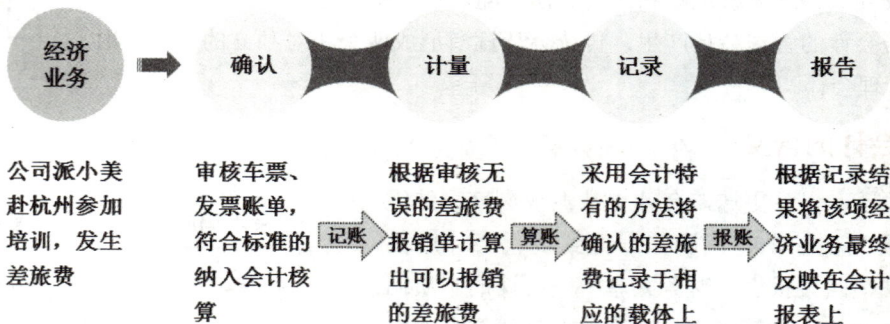

经济业务	→	确认	计量	记录	报告
公司派小美赴杭州参加培训，发生差旅费		审核车票、发票账单，符合标准的 [记账] 纳入会计核算	根据审核无误的差旅费报销单计算 [算账] 出可以报销的差旅费	采用会计特有的方法将确认的差旅费记录于相应的载体上 [报账]	根据记录结果将该项经济业务最终反映在会计报表上

图 1-6　会计核算职能

例如，小美是奥莎食品有限公司的烘焙师。2019 年 5 月 5 日至 8 日，公司派她去杭州参加蛋糕烘焙行业技术培训。在此期间小美向主办机构支付了培训费、餐饮费、住宿费等共计 2 000元，购买往返高铁票花费 810 元。此外，小美利用晚上的空闲时间去了杭州西湖游玩并购买了价值 100 元的纪念品分发给同事们。小美回公司后向财务部报销此次出差发生的差旅费，会计应该怎么算？可以报销的费用有哪些？

按图 1-6 进行确认后，计算出可以报销的差旅费为 2810 元（2000 元＋810 元）。

会计核算的具体内容主要包括：款项和有价证券的收付；财务的收发、增减和使用；债权、债务的发生和结算；资本、基金的增减；收入、支出、费用、成本的计算；财务成果的计算和处理；需要办理会计手续、进行会计核算的其他事项。

（二）会计监督职能

会计监督职能又称会计控制职能，是指会计要按照一定的目的和要求，对经济活动进行审查和控制。会计监督职能的特点体现在：第一，会计监督经济活动的合理性和合法性；第二，会计监督贯穿于经济活动的全过程，包括事前会计监督、事中会计监督和事后会计监督，见表1-1。

表 1-1 　　　　　　　　　　会计监督的过程

过程	内　容
事前监督	会计在参与编制计划和预算时，根据有关的法律法规、政策、制度，对未来的经济活动进行审查
事中监督	会计在日常会计工作计划中，以计划、预算及有关法规、制度为标准，对发生的经济活动检查其合法性、合理性，掌握计划、预算执行情况，及时发现有利或不利差异，以便采取措施，促使企业达到或超过计划、预算的要求
事后监督	会计对已完成的经济活动进行检查分析，查明完成或未完成计划的原因，总结经验，发现问题，提出改进方案

会计核算职能和会计监督职能是相辅相成、辩证统一的，只有在对经济业务活动进行正确核算的基础上，才可能提供可靠资料作为监督依据；同时，也只有搞好会计监督，保证经济业务按规定的要求进行，并且达到预期的目的，才能发挥会计核算的作用。无论是会计核算还是会计监督，都要遵守《中华人民共和国会计法》和国家统一的会计制度以及国家有关法律法规的规定。

随着社会经济发展，管理水平不断提高，会计职能也在不断扩展，会计除了核算和监督两项基本职能外，还有预测经济前景、参与经济决策、评价经营业绩等多种职能。

二、会计目标

会计目标是指人们在会计实践中借助会计职能，为企业内部管理者和其他利益相关者提供会计信息。具体而言，会计目标就是对会计自身所提供经济信息的内容、种类、时间、方式及质量等方面的要求；会计目标就是要回答会计应该干什么，也就是要明确会计工作本身应向谁提供信息，为什么提供信息，提供什么信息，用什么方式提供信息，如图1-7所示。

扫一扫　学一学

会计目标是会计管理运行的出发点和最终要求，是会计工作完成的任务或达到的标准。会计目标应与财务报告目标一致，我国《企业会计准则——基本准则》中明确规定："财务会计报告的目标是向财务会计报告使用者提供与企业财务状况、经营成果和现金流量等有关的会计信息，反映企业管理层受托责任履行情况，有助于财务会计报告使用者做出经济决策。"

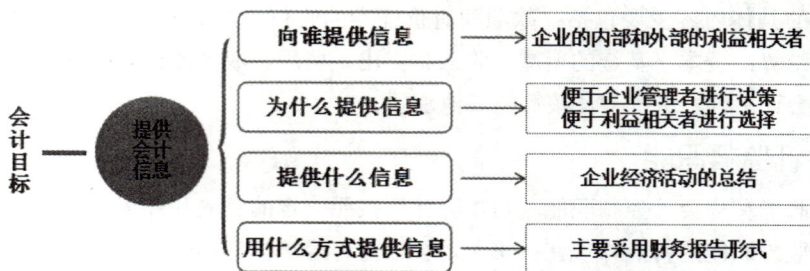

图 1-7　会计目标

任务三　会计基本假设

我们必须对会计"核算谁、如何算"的问题进行界定。这种界定，我们称之为"会计基本假设"。

会计基本假设又称为会计基本前提，它是会计确认、计量、记录和报告的基本前提，是对那些未经确切认识或无法正面论证的经济事物和会计现象，根据客观的正常情况或趋势所做出的合乎逻辑的推断，对会计核算所处的时间、空间范围和基本方法所做的合理设定。我国《企业会计准则——基本准则》规定，会计基本假设包括会计主体、持续经营、会计分期和货币计量四个方面。

一、会计主体

会计主体是会计核算和监督的特定单位或组织，是会计确认、计量和报告的空间范围，明确了会计人员的立场和会计核算的范围。

例如，洛佩斯于 2019 年 5 月 20 日成立了一家管理咨询公司，名字为天辰智研咨询有限公司（以下简称天辰公司）。公司账上有 20 万元银行存款，洛佩斯自己个人的银行卡也存了 10 万元，这两者不能混为一谈。虽然洛佩斯是天辰公司的老板，但是公司账上的 20 万元只能用于公司的经营管理，老板从公司账上取钱也必须遵守相关的会计法律法规。比如，洛佩斯给公司买了一台价值 5 000 元的电脑用于日常办公，对于公司来说是一项支出。洛佩斯给自己家里买一台价值 6 000 元的电视机，这项支出就与天辰公司没有任何关系，因此这笔钱要从洛佩斯的个人账户上支取，如果直接从天辰公司拿，洛佩斯就有挪用公款的嫌疑。

天辰公司在 6 月 1 日接到美新电子公司的一项咨询业务，要求出具一份市场调查分析报告，应该收取的咨询费用为 18 000 元。天辰公司花了 15 天的时间将这项咨询业务完成并提交了相关资料，美新电子公司却还没有支付上述费用。作为在这两家公司的会计，应该如何记录这一项交易呢？

会计主体这一基本前提的意义在于：其一，明确会计主体，才能划分会计所要处理的各项交易或事项的范围；其二，明确会计主体，才能将会计主体的交易或者事项与会计主体所有者以及其他会计主体的交易或事项区分开来。会计主体图示如图 1-8 所示。

图 1-8 会计主体图示

应当注意的是，会计主体和法律主体并非对等的概念。法律主体一定是会计主体，但会计主体不一定是法律主体，如图 1-9 所示。如自然人创办的独资企业、合伙企业，不具有法律主体的资格，但却是一个会计主体；集团公司不是一个法律主体，但却是一个会计主体，如图 1-10 所示。

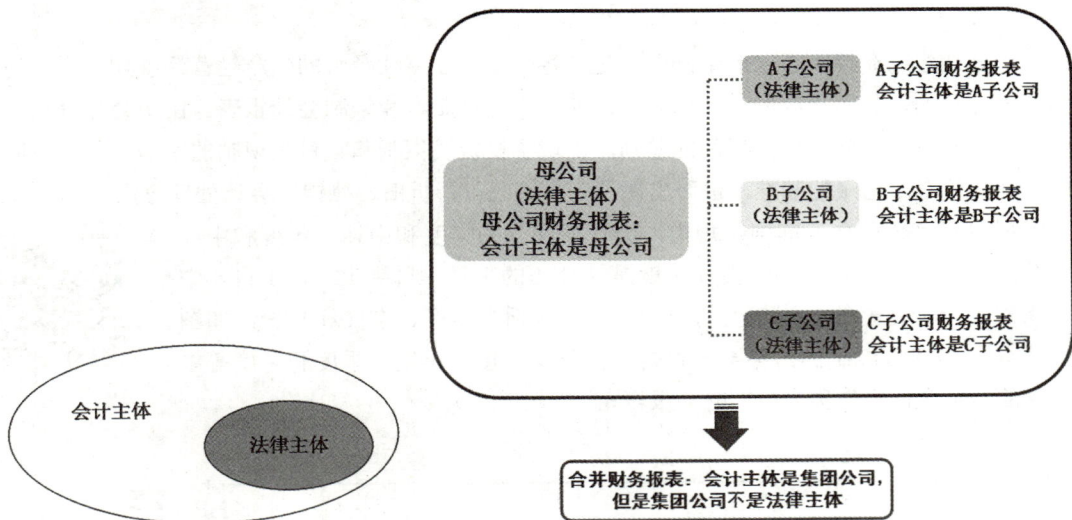

图 1-9 会计主体与法律主体之间的关系　　　图 1-10 会计主体与法律主体

二、持续经营

持续经营是对企业经营发展趋势的设定，是指企业在可以预见的未来，不会面临破产（关门）和清算（卖掉），将根据正常的经营方针和既定的经营目标持续经营下去，规定了会计核算的时间范围，为资产计价和收益确认问题提供基础。明确这一基本假设，就意味着会计主体将按照既定的用途使用资产，按照既定的合约条件清偿债务。会计人员就可以在此基础上选择会计政策和估计方法。

扫一扫 学一学

例如，麦克自行车有限公司（以下简称"麦克公司"）一次性付款 600 万元购入一台大型设备，预计使用寿命为 20 年。如果麦克公司一直持续经营下去，这台大型设备会在持续经营的过程中长期发挥作用，并服务于企业的经营管理。该设备的历史成本可以保持不变，并按平均每年提取 30 万元的折旧计入每一辆生产出来的自行车成本中，直至折旧期满，如图 1-11 所示。

图 1-11　挬续经营图示

如果麦克公司在开业后 5 年内不幸破产了，持续经营假设就不再成立，当初购入的大型设备也会在使用寿命还未结束之前就会退出使用，有可能被变卖，也有可能被废弃，此时这项历史成本为 600 万元的大型设备就没有任何意义了。

三、会计分期

会计分期建立在持续经营的基础上，是指将一个企业持续经营的生产经营活动期间人为地划分为若干连续的、长短相等的会计期间，以便分期结算账目和编制会计报表。由于会计分期，才产生了当期与以前期间、以后期间的差别，出现了权责发生制和收付实现制的区别，才使不同类型的会计主体有了记账的基准，进而出现了应收、应付、折旧、摊销等会计处理方法。

根据我国《企业会计准则》规定，会计期间分为年度和中期。年度和中期均按公历起讫日期确定。一个会计年度是从公历的 1 月 1 日到 12 月 31 日。中期是指短于一个完整的会计年度的报告期间，包括半年度、季度和月份，如图 1-12 所示。按年度编制的财务会计报告称为年报，按半年度、季度和月度等中期编制的财务会计报告称为中期财务报告。

扫一扫　学一学

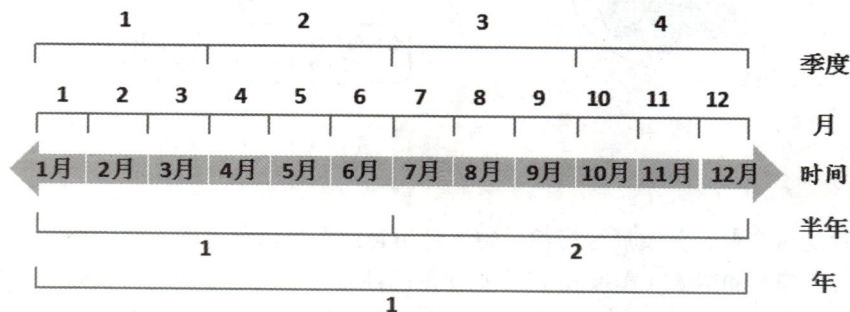

图 1-12　会计分期图示

四、货币计量

货币计量是指会计主体在进行会计确认、计量、记录和报告时以货币计量，反映会计主体的财务状况、经营成果和现金流量。货币计量这一基本前提的意义在于货币是商品的一般等价物，是衡量一般商品价值的共同尺度，能用之计量所有的会计要素，便于综合分析。图 1-13 所示为常用计量尺度示意图。

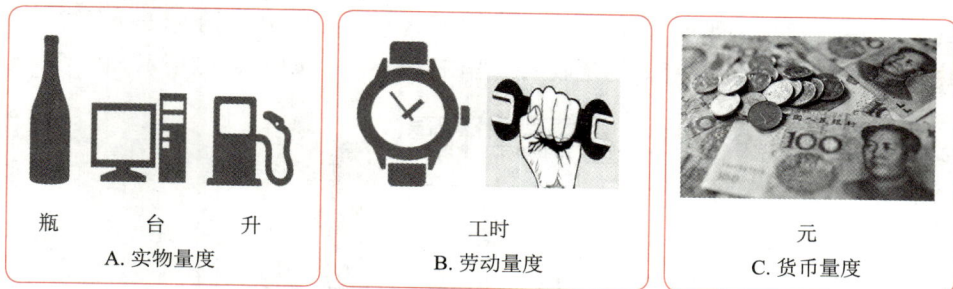

瓶　　台　　升
A. 实物量度

工时
B. 劳动量度

元
C. 货币量度

图 1-13　常用计量尺度示意图

例如，达美自行车制造公司拥有很多资产：一座 2 000 m² 的厂房，一栋三层的办公楼，8 台设备，原材料仓库里有 20 吨钢材，成品仓库里有 3 000 辆崭新的自行车……这家企业的资产总额有多少呢？我们可以将他们按照自身的实物量度（如 m²、台、吨、辆……）列一张清单，但是却无法进行汇总，也就得不到综合的资产价值，因此我们要将这些实物折算成货币进行计量。例如，厂房价值 300 万元，一辆自行车的成本是 150 元，一吨钢材的成本是 1 300 元……

根据我国《企业会计准则》规定，会计核算应以人民币为记账本位币。业务收支以外币为主的企业，也可以选择某种外币作为记账本位币，但编制的财务会计报告应当折算成人民币反映。

会计的以上四个基本假设，分别界定了会计核算的空间、时间、期间和度量单位，四项基本假设的关系如图 1-14 所示，四者相互关系，缺一不可。这些基本假设虽然是人为设定的，但完全是出于客观需求，有充分的客观必然性。否则，会计核算工作就无法进行。

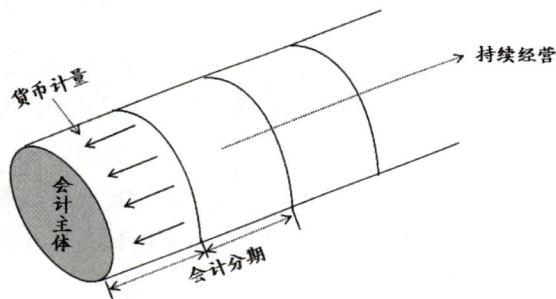

图 1-14　会计基本假设关系图

任务四　会计处理基础

会计确认、计量、报告的基础，简称会计基础，是指会计在确认、计量、记录和报告企业的收入和费用过程中应该遵循的规则。会计基础包括两种：收付实现制基础和权责发生制基础。

一、收付实现制

收付实现制，也称现金制，是以收到或支付现金作为确认收入和费用的标准，是与权责发生制相对应的一种会计基础。

在收付实现制下，凡是当期已经收付的款项，无论是否为已经实现的收入和已经发生或应当负担的费用，都应当作为当期的收入和费用，计入利润表；凡是不属于当期收付的款项，即使是属于当期的收入和费用，也不应当作为当期的收入和费用。

【例 1-1】2019 年 7 月 5 日，杉杉服饰公司销售一批雪纺衬衫给易初莲花，价值 10 000 元，货款要到 8 月 5 日收到。在收付实现制前提下，分析这笔收入应当归属于哪一个月。

【**解析**】在收付实现制前提下，这笔收入应当归属于 8 月，如图 1-15 所示。

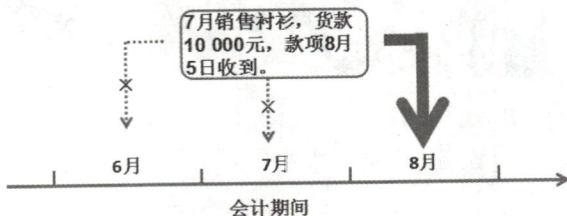

图 1-15　收付实现制前提下收入归属的时间

【**例 1-2**】杉杉服饰公司于 2019 年 7 月 1 日支付 2 400 元购买了一份从 2019 年 7 月 1 日开始生效且有效期为 2 年的财产保险。在收付实现制前提下，分析这笔费用应当归属于哪一个月。

【**解析**】在收付实现制前提下，支付出去的 2 400 元全部归属于 7 月的费用，如图 1-16 所示。

图 1-16　收付实现制前提下费用归属的时间

事业单位会计核算一般采用收付实现制；事业单位部分经济业务或者事项，以及部分行业事业单位的会计核算采用权责发生制核算的，由财政部在相关会计制度中具体规定。

二、权责发生制

权责发生制，也称应计制或应收应付制，是指收入、费用的确认应当以收入和费用的实际发生作为确认的标准，合理确认当期损益的一种会计基础。

权责发生制下，凡是当期已经实现的收入和已经发生或应当负担的费用，无论款项是否收付，都应当作为当期的收入和费用，计入利润表；凡是不属于当期的收入和费用，即使款项已经在当期收付，也不应当作为当期的收入和费用。

【**例 1-3**】2019 年 7 月 5 日，杉杉服饰公司销售一批雪纺衬衫给易初莲花，价值 10 000 元，货款要到 8 月 5 日收到。在权责发生制前提下，分析这笔收入应当归属于哪一个月。

【**解析**】在权责发生制前提下，这笔收入应当归属于 7 月，如图 1-17 所示。

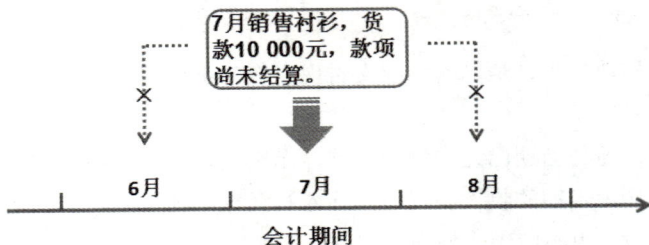

图 1-17　权责发生制前提下收入归属的时间

【**例1-4**】2019年7月1日，杉杉服饰公司支付2 400元购买了一份从2019年7月1日开始生效且有效期为2年的财产保险。在权责发生制前提下，分析这笔费用应当归属于哪一个月。

【**解析**】在权责发生制前提下，从2019年7月—2021年6月，是这份保险的有效期。这期间的每个月都分摊100元保险费，如图1-18所示。

2019年保险费用			
1月	2月	3月	4月
¥0	¥0	¥0	¥0
5月	6月	7月	8月
¥0	¥0	¥100	¥100
9月	10月	11月	12月
¥100	¥100	¥100	¥100

2020年保险费用			
1月	2月	3月	4月
¥100	¥100	¥100	¥100
5月	6月	7月	8月
¥100	¥100	¥100	¥100
9月	10月	11月	12月
¥100	¥100	¥100	¥100

2021年保险费用			
1月	2月	3月	4月
¥100	¥100	¥100	¥100
5月	6月	7月	8月
¥100	¥100	¥0	¥0
9月	10月	11月	12月
¥0	¥0	¥0	¥0

图1-18 权责发生制前提下费用归属的时间

大量的理论研究和实证分析表明：权责发生制增加了不同时期财务报表之间的可比性，能更好地反映会计主体的经营成果。为了更加真实、公允地反映特定会计期间的财务状况和经营成果，《企业会计准则——基本准则》规定，企业应当以权责发生制为基础进行会计确认、计量和报告。但收付实现制对某些决策非常有用，因此企业才有必要编制现金流量表。

任务五 会计核算方法与会计循环

前面在介绍会计的含义时提到：会计具有一系列专门的方法，这些方法统称为会计方法。会计方法是履行会计职能、完成会计任务、实现会计目标的方式，是会计管理的手段，包括会计核算方法和会计管理方法，见表1-2。

表1-2 会计方法

会计方法	内 容
会计核算方法	会计对会计对象（企业的经济交易或者事项）进行完整、连续、系统的确认、计量、记录和报告所采用的方法
会计管理方法	会计预测方法、会计控制方法、会计分析方法、会计检查方法等

会计管理方法将在本专业其他课程阐述，这里只介绍会计核算方法。

一、会计核算方法

会计核算方法一般包括设置会计科目和账户、复式记账、填制和审核会计凭证、登记账簿、成本计算、财产清查和编制财务报告七种方法，具体见表1-3。

表1-3 会计核算方法

会计核算方法	概 念
设置会计科目和账户	会计对会计对象（企业的经济交易或者事项）进行完整、连续、系统的确认、计量、记录和报告所采用的方法
复式记账	对发生的每项经济业务，都以相等的金额在相互联系的两个或两个以上的账户中进行记录的记账方法
填制和审核会计凭证	这是为了保证会计记录完整、可靠，审查经济活动是否合理合法而采用的一种专门方法

会计核算方法	概　念
登记账簿	这是账簿中连续地、完整地、科学地记录和反映经济活动和财务收支的一种方法
成本计算	这是按照一定的成本对象，对生产经营过程中发生的成本、费用进行归集，以确定各对象的总成本和单位成本的一种专门方法
财产清查	这是通过盘点实物、核对往来款项，以查明财产实有数的一种专门方法
编制财务报告	这是以书面报告的形式，定期总括反映生产经营活动的财务状况和经营成果的一种专门方法

上述七种会计核算方法之间相互联系、紧密配合，构成了一个完整的会计核算方法体系，如图 1-19 所示。其中体现了会计工作的基本步骤和一般会计循环，即当会计主体发生经济业务时，首先填制和审核会计凭证，然后根据审核无误的会计凭证登记账簿，最后根据账簿记录编制财务会计报告。填制和审核会计凭证是会计核算的起点。

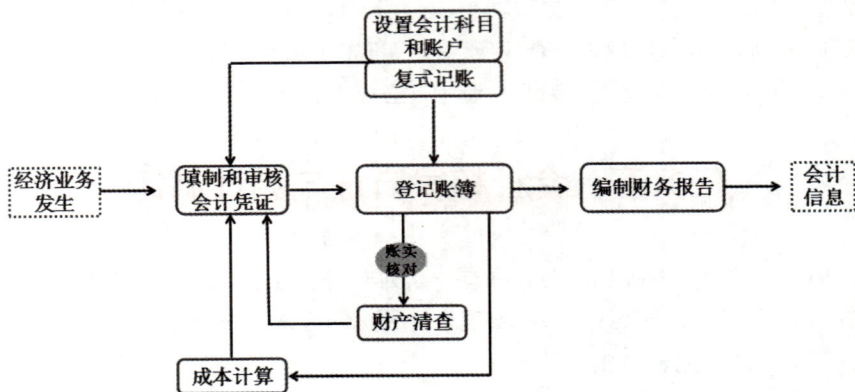

图 1-19　会计核算方法体系

二、会计循环

会计循环是指将企业的经济业务转化为会计信息的会计程序，如图 1-20 所示。

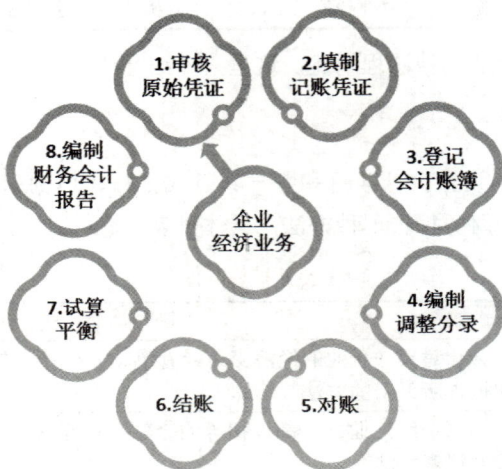

图 1-20　会计循环

具体步骤如下：

（1）审核原始凭证：审核原始凭证，保证基础数据的真实性。

（2）填制记账凭证：根据审核无误的原始凭证填制记账凭证。

（3）登记会计账簿：包括日记账、总分类账和明细分类账的登记。

（4）编制调整分录：按权责发生制编制调整分录。

（5）对账：做到证账、账表、账实相符。

（6）结账：计算出有关账户的本期发生额合计和期末余额，结平虚账户。

（7）试算平衡：通过试算平衡检查会计记录是否有误。

（8）编制财务会计报告：定期编制财务会计报告，并定期对外报告。

企业每编制一次会计报表，都是以上步骤的一次循环。

项目小结

会计是以货币为主要计量单位，以会计凭证为依据，采用一系列专门的技术方法，对会计主体的经济活动进行连续、系统、综合的核算和监督的一项经济管理活动。会计基本假设是会计确认、计量、记录和报告的前提，包括会计主体、持续经营、会计分期、货币计量。会计信息质量要求是对企业财务报告中所提供的会计信息质量的基本要求，包括可靠性、相关性、可理解性、可比性、实质重于形式、重要性、谨慎性和及时性八个方面。会计核算方法是对会计对象进行完整、连续、系统的确认、计量和报告所应用的方法。一般包括设置会计科目和账户、复式记账、填制和审核凭证、登记账簿、成本计算、财产清查和编制财务会计报告七个方面。

教、学、做一体化训练

一、单项选择题

1. 会计是以（　　）为主要计量单位，反映与监督一个单位的经济活动的一种经济管理工作。

A．实物　　　　　B．货币　　　　　C．工时　　　　　D．劳动

2. 下列项目中，会计最基本的职能是（　　）。

A．计划职能　　　B．预测职能　　　C．核算职能　　　D．监督职能

3. （　　）是将一个会计主体持续经营的生产经营活动人为地划分成若干个相等的会计期间。

A．会计时段　　　B．会计分期　　　C．会计区间　　　D．会计年度

4. 会计的本质是（　　）。

A．计划管理活动　B．经济管理活动　C．物质管理活动　D．数字管理活动

5. 明确会计工作空间范围的会计基本前提是（　　）。

A．会计主体　　　B．持续经营　　　C．会计分期　　　D．货币计量

6. "四柱清册"中四柱之间的关系是（　　）。

A．旧管＋新收－开除＝实在　　　　　B．资产＝负债＋所有者权益

C．资产＝权益　　　　　　　　　　　D．进－缴＝存－该

7. 下列方法不属于会计核算方法的是（　　）。

A．设置会计科目与账户 　　　　　　　　B．复式记账

C．财务预测与决策 　　　　　　　　　　D．财产清查

8．明确会计工作的时间范围的会计基本前提是（ 　　 ）。

A．会计主体 　　　　B．持续经营 　　　　C．会计分期 　　　　D．货币计量

9．会计的方法有（ 　　 ）。

A．复式记账法 　　　B．会计分析法 　　　C．会计核算方法 　　　D．会计检查方法

10．不属于会计核算方法的是（ 　　 ）。

A．复式记账 　　　　B．成本分析 　　　　C．登记账簿 　　　　D．财产清查

二、多项选择题

1．会计核算的基本前提包括（ 　　 ）。

A．会计主体 　　　　B．持续经营 　　　　C．会计分期 　　　　D．货币计量

2．下列属于会计信息质量要求的有（ 　　 ）。

A．权责发生制 　　　B．收付实现制 　　　C．相关性 　　　　D．实质重于形式

3．下列属于会计核算方法的有（ 　　 ）。

A．登记账簿 　　　　B．成本计算 　　　　C．编制会计报表 　　　D．会计分析

4．根据企业会计制度的规定，会计期间可分为（ 　　 ）。

A．月度 　　　　　　B．季度 　　　　　　C．半年度 　　　　　D．年度

三、判断题

1．我国西周时期，就设有专门核算官方财赋收支的官职——司会。 （ 　　 ）

2．货币是会计唯一的计量单位。 （ 　　 ）

3．会计主体与法律主体是同一概念。 （ 　　 ）

4．如果企业进入清算期，持续经营假设仍然可以适用。 （ 　　 ）

5．我国会计年度自公历1月1日起至12月31日止。 （ 　　 ）

四、计算分析题

某企业在2019年6月发生了一些经济业务，见表1-4。

表1-4 　　　　　　　　以权责发生制与收付实现制确认的收入和费用

单位：元

序号	经济业务摘要	权责发生制		收付实现制	
		收入	费用	收入	费用
1	本月预收销货款20 000元				
2	本月支付企业下半年的报纸杂志费2 400元				
3	本月销售货物50 000元，实际收到货款30 000元，余款下月支付				
4	本月购入原材料一批10 000元，款项尚未支付				
5	支付职工上月（5月）工资4 000元				
6	收到购货单位订金10 000元，下月（7月）交货				

要求：分别按权责发生制和收付实现制确认并计算该企业在2019年6月的收入、费用，并将结果填在表1-4中。

会计要素与会计等式

学习目标

1. 了解会计要素的概念。
2. 能熟练地说出会计要素的构成。
3. 能解释会计基本等式。
4. 能根据会计平衡公式中各要素之间的关系，分析不同经济业务类型对会计要素的影响。
5. 能熟练地说出会计各要素的具体内容。

会计知识引导

毕业四年的大学校友罗素与茉莉相约一起创业。经过多方考察，她们决定开一家便利店。为节省开支，她们打算自己宣传、记账。两人拿出各自的积蓄，每人出资 6 万元，于 2019 年 6 月 1 日完成工商注册，之后超市正式开始营业。初期资金使用情况见表 2-1。

表 2-1　　　　　　　　　　超市初期资金使用情况

内容	数量	单位	金额（元）	备注
店面	45	m²	12 000.00	7 月 1 日付 7 月～12 月的租金 12 000 元
货架	5	个	3 000.00	
收银台	1	个	560.00	
收银机	1	台	1 200.00	
壁挂电扇	1	台	150.00	
监控器	3	个	780.00	
电脑	1	台	4 000.00	
收银员培训费	2	人	800.00	
冰箱	1	台	800.00	
空调	1	台	2 980.00	
超市货物	日杂、零食等		68 000.00	
银行存款			25 730.00	
合　计			120 000.00	

便利店在一个小区的车库边上，生意也红红火火地做起来了，但这时罗素与茉莉却犯了愁，怎样把这些开支和存款记到账上去呢？如果像表 2-1 这样记的话就是简单的记流水账，比较杂乱无章，使用的语言也比较通俗。

因此我们需要通过会计工作把企业杂乱的会计数据进行归纳整理，转化成会计语言，再编制成有用的财务信息系统呈现在社会公众面前。

会计语言是企业通用的语言，在企业内部各部门之间是通用的，在一个国家里也是通用的，甚至是国际通用的语言。当企业和另外一家企业打交道时，要借助于会计语言；当企业和银行打交道时，也要使用会计语言；当企业和政府打交道时，同样要使用会计语言。

如果把会计当成一种语言来看待，这种语言到底要描述什么呢？会计语言所描述的内容，就是用货币表现出来的经济活动。

任务一　会计对象

会计对象是会计核算与监督的内容。会计对象的具体内容就是会计主体的资金运动，即企业能够用货币表现的经济活动。资金运动表现为资金投入、资金运用和资金退出三个过程，如图 2-1 所示。

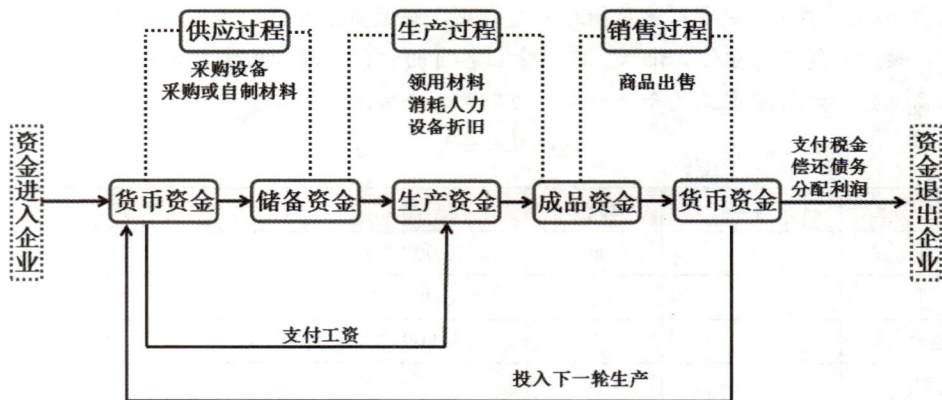

图 2-1　资金运动

在"签订销售合同""购买办公用品""报销差旅费""商务谈判"等活动中，哪些属于会计对象的范畴？

由于"资金运动"这一概念比较抽象、涉及面比较广泛，在会计实践中，为了进行分类核算，从而提供分门别类的会计信息，就必须对会计对象的具体内容进行适当的分类，于是就有了会计要素。

任务二　会计要素

一、会计要素的含义

会计要素是反映企业资金运动（即提供资金运动基本信息）的基本元素。指按照交易或者事项的经济特征所做的基本分类，即对会计对象的具体分类，分为反映企业财务状况的会计要素和反映企业经营成果的会计要素。它既是会计确认和计量的依据，也是确定财务报表结构和内容的基础。

我国企业会计要素按照其性质分为资产、负债、所有者权益、收入、费用和利润，其中反映企业财务状况的会计要素有资产、负债、所有者权益；反映企业经营成果的会计要素有收入、费用和利润。

二、财务报表与会计要素

（一）资产负债表与反映财务状况的会计要素

资产负债表是反映企业某一特定日期（如月末、季末、年末）财务状况的财务报表。资产、负债、所有者权益与资产负债表中财务状况的确认直接联系，是企业财务状况的静态反映。因此资产、负债、所有者权益也称资产负债表要素（静态）。

1. 资产

资产随处可见，比如存在银行的钱、生鲜冷冻食品公司的仓库、物流公司的货车、服装厂的缝纫机、电器厂商仓库里的空调、电风扇、电饭煲等。

（1）资产的定义。资产是指企业过去的交易或者事项形成的、由企业拥有或者控制的、预期会给企业带来经济利益的资源。

（2）资产的特征。

①资产预期会给企业带来经济利益。

②资产是企业拥有或者控制的资源。拥有是指企业享有资产的所有权，可以自由使用或处置；控制是指企业在没有所有权的情况下，对某项资源享有控制权，如融资租入的大型机器设备。

③资产是由过去的交易或事项形成的。

（3）资产的分类。资产按其流动性可分为流动资产和非流动资产。

流动资产是指预计在一个正常营业周期中变现、出售或耗用，或者主要以交易为目的而持有，或者预计在资产负债表日起1年内（含1年）变现的资产，以及自资产负债表日起1年内交换其他资产或清偿负债的能力不受限制的现金或现金等价物，包括库存现金、银行存款、应收及预付款、交易性金融资产、存货等。

非流动资产是指流动资产以外的资产，包括长期投资、固定资产、无形资产和其他非流动资产等。

2. 负债

（1）负债的定义。俗话说，"欠债还钱，天经地义"。负债是指企业过去的交易或者事项形成的、预期会导致经济利益流出企业的现时义务。

（2）负债的特征。

①负债必须是企业承担的现时义务，它是负债的一个基本特征。现时义务，是指企业在现行条件下已承担的义务。未来发生的交易或者事项形成的义务，不属于现时义务，不应当确认为负债。

②负债的清偿会导致经济利益流出企业，是负债的又一重要特征。只有企业在履行义务时导致经济利益流出企业，才符合负债的定义。

③负债应当由企业过去的交易或事项所形成。过去的交易或事项包括购买货物、使用劳务、接受银行贷款等。即只有过去发生的交易或事项才形成负债，企业将在未来发生的承诺、签订的合同等交易或者事项不形成负债。

（3）负债的分类。负债按偿还期限的长短分为流动负债和非流动负债。

流动负债是指预计在一个正常营业周期中偿还，或者主要以交易为目的而持有，或者自资产负债表日起1年内（含1年）到期应予以清偿，或者企业无权自主地清偿推迟至资产负债表日以后1年以上的负债。流动负债包括短期借款、应付及预收款、应付职工薪酬、应交税费等。

非流动负债是指流动负债以外的负债，又称长期负债，主要包括长期借款、长期应付款、应付债券等。

3. 所有者权益

（1）所有者权益的定义。所有者权益是指企业资产扣除负债后由所有者享有的剩余权益。

（2）所有者权益的特征。

①所有者权益作为一种权益资本，在企业经营期内可以归企业长期使用，不需要偿还。所有者不能随意抽回，除非发生减资、清算或分派现金股利的情况。

②企业清算时，债权人权益优先于所有者。只有在清偿所有债务后，剩余财产才返还给所有者。

③所有者可以按照投资额大小或合同章程规定，参与企业经营管理和利润分配，并承担风险和亏损责任。

（3）所有者权益的组成内容。所有者权益通常由实收资本（或股本）、资本公积（包括资本溢价或股本溢价、其他资本公积）、其他综合收益、盈余公积和未分配利润组成。所有者权益的来源与构成如图2-2所示。

例如，2017年12月31日，丘逢甲科技公司在深证证券交易所发行500万股股票，发行价为10元/股。每股面值为1元人民币。会计在记录时，将5000万元发行收入分成两个部分进行记录。

第一部分：500万面值（500万股×1元）记入"股本"，以满足法律对资本按面值表述的要求；第二部分：4500万（超过面值的部分：5000万发行收入－500万面值）作为股本溢价记入"资本公积——资本溢价"。

2018年12月31日，公司上市一年后，赚取税后利润2500万元。这2500万元是企业资本的增值额，属于留存收益。按照《公司法》的规定，按当年税后利润的10%提取法定盈余公积金，2500万元中的250万元形成盈余公积，剩余的2250万元是当期形成的未分配利润。丘逢甲科技公司的所有者权益的来源与构成如图2-3所示。

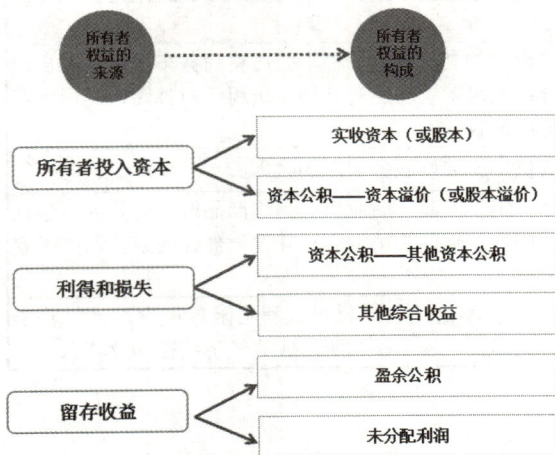

图 2-2　所有者权益的来源与构成

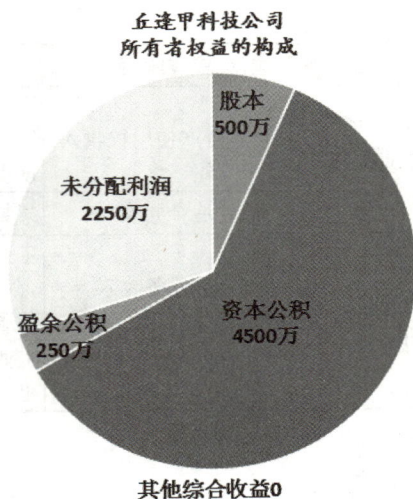

图 2-3　丘逢甲科技公司所有者权益的来源与构成

（二）利润表与反映经营成果的会计要素

利润表是反映企业一定会计期间经营成果的财务报表。收入、费用、利润形成利润表中的经营成果，是企业财务状况的动态反映。

1．收入

（1）收入的定义。会计上的收入是指企业在日常活动中形成的、会导致所有者权益增加的、与所有者投入资本无关的经济利益的总流入。

（2）收入的特征。

①收入应当是企业在日常活动中形成的。日常活动是指企业为完成其经营目标所从事的经常性活动以及与之相关的活动。明确界定日常活动是为了将收入与利得相区别，因为企业非日常活动所形成的经济利益流入不能确认为收入，而应当计入利得。

②收入应当会导致经济利益的流入，从而导致资产的增加。但是，企业经济利益的流入有时是由所有者投入资本的增加所导致的。所有者投入资本的增加不应当确认为收入，应当将其直接确认为所有者权益。因此，与收入相关的经济利益的流入应当将所有者投入的资本排除在外。

③与收入相关的经济利益的流入最终应当会导致所有者权益的增加，不会导致所有者权益增加的经济利益的流入不符合收入的定义，不应确认为收入。

（3）收入的分类。收入按性质不同可分为销售商品收入、提供劳务收入、让渡资产使用权收入、建造合同收入等；收入按企业经营业务的主次可分为主营业务收入和其他业务收入，见表 2-2。

表 2-2　　　　　　　　　　　　　　　　收入的分类

收入分类标准	具体内容	举　例
按性质不同	销售商品收入	工业企业生产并销售产品、商业企业销售商品取得的收入
	提供劳务收入	咨询公司提供咨询服务、软件公司为客户开发软件、安装公司提供安装服务实现的收入

收入分类标准	具体内容	举 例
按性质不同	让渡资产使用权收入	银行对外贷款形成的利息收入、租车公司将商务车提供给客户使用收取的租金、利用闲置房屋对外经营出租、对外转让无形资产使用权等所形成的收入
	建造合同收入	某装饰公司提供房屋装修服务实现的收入
按企业经营业务的主次	主营业务收入	工业企业生产并销售产品、商业企业销售商品取得的收入、咨询公司提供咨询服务、软件公司为客户开发软件、安装公司提供安装服务实现的收入
	其他业务收入	工业企业对外出售不需用的原材料、利用闲置房屋对外经营出租、对外转让无形资产使用权等所形成的经济利益的总流入

2. 费用

（1）费用的定义。"有得必有失"，有投入才有产出。一个家具厂要销售真皮沙发，必须先把产品生产出来，因此要消耗皮料、木材、弹簧等材料，支付沙发匠人工资，生产车间为组织管理生产要发生水电费；行政管理部门买打印纸支付的费用；销售部门为了推销商品要支付广告费；因为资金周转发生困难而向银行借钱支付的利息费用；向税务局交的所得税……这些企业在日常活动中发生的、会导致所有者权益减少的、与向所有者分配利润无关的经济利益的总流出就是费用。

（2）费用的特征。

①费用应当是企业在其日常活动中所发生的。这些日常活动的界定与收入定义中涉及的日常活动相一致。日常活动中所产生的费用通常包括销售成本、职工薪酬、折旧费、无形资产摊销费等。商品流通企业的费用主要指商品的销售成本及销售费用、管理费用、财务费用。将费用界定为日常活动中所形成的，目的是为了将其与损失相区分，因企业非日常活动所形成的经济利益的流出不能确认为费用，应当计入损失。

扫一扫　学一学

②费用应当会导致经济利益的流出，从而导致资产的减少或者负债的增加（最终也会导致资产的减少）。其表现形式包括现金或者现金等价物的流出，存货、固定资产和无形资产等的流出或者消耗等。鉴于企业向所有者分配利润也会导致经济利益的流出，而该经济利益的流出属于所有者权益的抵减项目，因而不应确认为费用，应当将其排除在费用之外。

③与费用相关的经济利益的流出最终应当导致所有者权益的减少，不会导致所有者权益减少的经济利益的流出不符合费用的定义，不应确认为费用。

（3）费用的分类。费用可以分为生产费用与期间费用。

生产费用是指与企业日常生产经营活动有关的费用，包括直接材料、直接人工和制造费用。

期间费用是指企业本期发生的、不能直接或间接归于产品成本，而应直接计入当期损益的费用，包括管理费用、销售费用和财务费用。

3. 利润

（1）利润的定义。平时人们说今年赚了20万元，这是人们在生活中对利润的理解。利润是考核企业赚赔与否的一项要素，也是评价业绩的一个重要标准。如果企业实现了利润，表明企业的所有者权益将增加，也就是业绩有提升；如果企业发生了亏损（利润为负数），表明企业的所有者权益不升反降，也就是业绩下滑。

利润是企业在一定会计期间的经营成果，反映的是企业的经营业绩情况。利润包括收入减去费用后的净额、直接计入当期利润的利得和损失等。其中收入减去费用后的净额反映的是企业日常活动的业绩，直接计入当期利润的利得和损失反映的是企业非日常活动的业绩。

扫一扫　学一学

（2）利润的分类。利润按其构成可分为营业利润、利润总额和净利润。

$$\text{营业利润}=（\text{主营业务收入}+\text{其他业务收入}）-（\text{主营业务成本}+\text{其他业务成本}）-$$
$$\text{税金及附加}-\text{销售费用}-\text{管理费用}-\text{财务费用}-\text{资产减值损失}+$$
$$\text{公允价值变动收益}（-\text{公允价值变动损失}）+\text{投资收益}（-\text{投资损失}）+ \quad (2\text{-}1)$$
$$\text{资产处置收益}（-\text{资产处置损失}）+\text{其他收益}$$

$$\text{利润总额}=\text{营业利润}+（\text{营业外收入}-\text{营业外支出}） \quad (2\text{-}2)$$

$$\text{净利润}=\text{利润总额}-\text{所得税费用} \quad (2\text{-}3)$$

任务三　会计等式

一、会计等式的含义

企业的各类资金周而复始参加循环周转，使资金运动呈现着两种状态：相对静止状态和明显变动状态。这两种状态表现出来的会计要素之间的数量关系用数学表达式描述出来就是"会计恒等式"，简称"会计等式"。

（一）资金运动静态表现的会计等式

任何企业要进行正常的生产经营活动都需要拥有一定数量的能给企业带来经济利益的资产，而这些资产要么是从债权人借入的，形成企业的债权人权益；要么是所有者投入的资本，形成企业的所有者权益。债权人权益和所有者权益合称为权益。由此可见，"资产"和"权益"实际上是同一价值运动的两个方面。"资产"展示了企业拥有什么资源和拥有多少资源；"权益"则表明是谁提供这些资源，谁对这些资源拥有要求权。简单地说，"权益"是资金的"来龙"，"资产"代表着资金的"去脉"。

因此，从数量上看，有一定数额的资产必然有一定数额的权益；反之，有一定数额的权益也必然有一定数额的资产，两者的数量必然相等。这种关系可以表述为：

$$\text{资产}=\text{权益} \quad (2\text{-}4)$$

$$\text{资产}=\text{债权人权益}+\text{所有者权益} \quad (2\text{-}5)$$

$$\text{资产}=\text{负债}+\text{所有者权益} \quad (2\text{-}6)$$

会计等式（2-6）表明了企业在某一特定时点的财务状况。企业成立之日以及其他特定时点（某一天、月初、月末、季初、季末、年初、年末），企业的资金运动相对静止，因此又称为静态会计等式，它是设置账户、进行复式记账和编制资产负债表的理论依据。

这个等式也反映了资产负债表要素之间的数量关系，故又称资产负债表等式。

（二）资金运动动态表现的会计等式

资金运动的明显变动状态主要表现为基于生产经营活动的、资金周转中的资金耗费与收回过程。企业在其生产活动过程中，一方面，它生产出商品和提供劳务，以满足人们生活的各种需要。当商品销售和劳务提供以后，企业会相应发生现金流入或现金要求权的增加，会计上称为"收入"。另一方面，商品和劳务的提供，又要发生各种资源的耗费，包括现金的流出，即发生所谓的"费用"。同时，企业的收入与费用的金额是可以比较的，当前者大于后者，企业就获得了利润，反之则为亏损。这三个要素在一定期间，就形成了下列公式所表示的数量关系：

$$收入-费月=利润 \tag{2-7}$$

这个等式反映的是利润表要素之间的数量关系，故也叫利润表等式。资金运动处于显著变动状态的这种表现被称为会计主体在某一时期的经营成果。

这一等式反映企业在一定期间的收入、费用和利润的恒等关系，表明了企业在某一会计期间取得的经营成果，也被称为动态会计等式，它是编制利润表的理论依据。

（三）表明资金运动相对静止状态与明显变动状态衔接的会计等式

在"资产＝负债＋所有者权益"恒等的基础上，收入可导致企业资产的增加或者负债的减少，费用的发生会导致企业资产的减少或者负债的增加；收入与费用相抵之后的净收益（也可能是净亏损），都是由企业的所有者来享受（或承担）。所以，一定时期的经营成果必然影响某一时点的财务状况。会计六要素之间的关系可表示为：

$$资产+\left(\begin{array}{c}收入导致\\资产的\\增加\end{array}-\begin{array}{c}费用导致\\资产的\\减少\end{array}\right)=负债+\left(\begin{array}{c}费月导致\\负债的\\增加\end{array}-\begin{array}{c}收入导致\\负债的\\减少\end{array}\right)+(所有者权益+利润)$$

$$\tag{2-8}$$

假设收入与费用的发生没有影响到负债，且"收入-费用"为资产的净增加，用"Δ资产"表示，则式（2-8）可以简化为：

$$资产+ Δ 资产=负债+（所有者权益+利润） \tag{2-9}$$

将式（2-9）中左边的两项资产汇总，即为"资产′"，式（2-9）变成如下等式：

$$资产′=负债+（所有者权益+利润） \tag{2-10}$$

将式（2-7）代入式（2-10），得到下面的等式：

$$资产′=负债+所有者权益+收入-费用 \tag{2-11}$$

将式（2-8）中的"费用"移到等式的左边，可得：

$$资产′+费用=负债+所有者权益+利润 \tag{2-12}$$

式（2-9）、式（2-10）、式（2-11）、式（2-12）均反映了资金运动相对静止状态与明显变动状态衔接时会计要素之间的数量关系，因此称为扩展的会计恒等式。这些等式也反映了资产负债表与利润表之间的勾稽关系。

式（2-12）中，由于"利润"归投资者所有，在期末结账之后可并入"所有者权益"，这样式（2-12）又还原成了最基本的会计恒等式：

$$资产'＝负债＋所有者权益'$$ （2-13）

式（2-13）中，"资产'"和"所有者权益'"表示受收入与费用的影响而与期初不同的金额。

如果收入与费用影响到负债，会因为负债于所有者权益此增彼减而不会影响到等式的平衡关系，见表2-3。

表2-3　　　　　　　　　　　会计六大要素之间的关系与会计等式

资产＝负债＋所有者权益	收入－费用＝利润
资金运动的静态表现	资金运动的动态表现
表明资产的来源与归属	表明经营成果与相应期间收入和费用的配比关系
编制资产负债表的依据	编制利润表的基础

二、经济业务对会计等式的影响

经济业务是客观上能引起资金发生增减变动并且能够以货币计量的经济活动。企事业单位在生产经营的过程中不断从事各种各样的经济活动。

【例2-1】李美玉在大学毕业以后随一个师傅学了一年的烘焙和甜点、咸点、盘式甜品的制作。2019年5月1日，她在长沙开了一家甜品店，名为"so good.. 甜品公园"（以下简称甜品店），如图2-7所示。甜品店2019年的部分业务如下。请以"so good.. 甜品公园"为会计主体，分析下列经济业务对会计等式的影响。

图2-4　so good.. 甜品公园

【业务1】甜品店的第一笔交易就是李美玉自己给甜品店投入资金。2019年5月1日，她向甜品店的账户中存入400 000元人民币。这项业务对会计恒等式的影响见表2-4。

表2-4　　　　　　　　　　　业务1对会计恒等式的影响

单位：元

交易说明	资　产	＝	负　债	＋	所有者权益
该项经济业务发生前	0		0		0
该项经济业务发生时	＋400 000（银行存款）				＋400 000（李美玉投资）
	0＋400 000				0＋400 000
该项经济业务发生后	400 000				400 000

【解析】这项经济业务的发生，使甜品店的一项资产（银行存款）增加了400 000元，同时也使甜品店的一项所有者权益（资本——李美玉）增加了400 000元。会计等式左右两边的金额合计仍然相等。

【业务2】2019年5月2日，甜品店从交通银行借款200 000元（期限3个月），存入开户银行。这项业务对会计恒等式的影响见表2-5。

表2-5　　　　　　　　　　业务2对会计恒等式的影响

单位：元

交易说明	资　产	＝	负　债	＋	所有者权益
该项经济业务发生前	400 000		0		400 000
该项经济业务发生时	＋200 000 （银行存款）		＋200 000 （短期借款）		
	400 000＋200 000		0＋200 000		400 000
该项经济业务发生后	600 000		200 000		400 000

【解析】这项经济业务的发生，使甜品店的一项资产（银行存款）增加了200 000元，同时也使甜品店的一项负债（短期借款）增加了200 000元，会计等式左右两边的金额合计仍然相等。

【业务3】2019年5月3日，甜品店用银行存款200 000元（期限3个月）采购制作产品用的设备。这项业务对会计恒等式的影响见表2-6。

表2-6　　　　　　　　　　业务3对会计恒等式的影响

单位：元

交易说明	资　产	＝	负　债	＋	所有者权益
该项经济业务发生前	600 000		200 000		400 000
该项经济业务发生时	－200 000　　＋200 000 （银行存款）　（设备）				
	600000－200 000＋200 000				
该项经济业务发生后	600 000		200 000		400 000

【解析】这项经济业务的发生，使甜品店的一项资产（银行存款）减少了200 000元，同时也使甜品店的另一项资产（设备）增加了200 000元，两者金额相等。资产的形式发生了变化，但是资产总计保持不变，而且会计等式的右边没有发生变化，会计等式左右两边的金额合计仍然相等。

【业务4】2019年5月5日，甜品店从崇贤生鲜店采购了3条新鲜的三文鱼，金额为3 000元，尚未付钱。这项业务对会计恒等式的影响见表2-7。

表2-7　　　　　　　　　　业务4对会计恒等式的影响

单位：元

交易说明	资　产	＝	负　债	＋	所有者权益
该项经济业务发生前	600 000		200 000		400 000
该项经济业务发生时	＋3 000 原材料（三文鱼）		＋3 000 （还没付的账）		
	600 000＋3 000		200 000＋3 000		400 000
该项经济业务发生后	603 000		203 000		400 000

【解析】这项经济业务的发生，使甜品店的一项资产（原材料——三文鱼）增加了3 000元，同时也使甜品店的一项负债（没有付的账）增加了3 000元，会计等式左右两边的金额合计仍然相等。

【业务5】2019年6月6日，赵小明以自己的咖啡饮品技术（折合人民币100 000元）与李美玉合作，占甜品店100 000元的股份。这项业务对会计恒等式的影响见表2-8。

表2-8　　　　　　　　　　　　　业务5对会计恒等式的影响

单位：元

交易说明	资　产	=	负　债	+	所有者权益
该项经济业务发生前	603 000		203 000		400 000
该项经济业务发生时	＋100 000 无形资产 （咖啡饮品技术）				＋100 000 （赵小明技术入股）
	603 000＋100 000		203 000		400 000＋100 000
该项经济业务发生后	703 000		203 000		500 000

【解析】这项经济业务的发生，使甜品店的一项资产（无形资产——咖啡饮品技术）增加了100 000元，同时也使甜品店的一项所有者权益（资本——赵小明）增加了100 000元，会计等式左右两边的金额合计仍然相等。

【业务6】2019年6月7日，李美玉的闺蜜许文雅也加入创业队伍，她代替甜品店偿还了交通银行200 000元的贷款，作为对甜品店的投资。这项业务对会计恒等式的影响见表2-9。

表2-9　　　　　　　　　　　　　业务6对会计恒等式的影响

单位：元

交易说明	资　产	=	负　债	+	所有者权益
该项经济业务发生前	703 000		203 000		500 000
该项经济业务发生时			－200 000 （短期借款）		＋200 000 （许文雅还债入股）
			203 000－200 000		500 000＋200 000
该项经济业务发生后	703 000		3 000		700 000

【解析】这项经济业务的发生，使甜品店的一项负债（短期借款）减少了200 000元，同时也使甜品店的一项所有者权益（资本——许文雅）增加了200 000元，两者金额相等，等式的右边总计保持不变，而且会计等式的左边没有发生变化，会计等式左右两边的金额合计仍然相等。

【业务7】2019年6月10日，甜品店以银行存款3 000元偿还购买三文鱼时欠下的货款。这项业务对会计恒等式的影响见表2-10。

表2-10　　　　　　　　　　　　　业务7对会计恒等式的影响

单位：元

交易说明	资　产	=	负　债	+	所有者权益
该项经济业务发生前	703 000		3 000		700 000
该项经济业务发生时	－3 000 （银行存款）		－3 000 （应付生鲜店的货款）		
	703 000－3 000		3 000－3 000		
该项经济业务发生后	700 000		0		700 000

【解析】这项经济业务的发生，使甜品店的一项资产（银行存款）减少了3 000元，同时也使

甜品店的一项负债（应付生鲜店的货款）减少了 3 000 元，两者金额相等，会计等式左右两边的金额合计仍然相等。

【业务 8】2019 年 7 月 2 日，甜品店从盛也公司采购了一批原材料，金额 50 000 元，暂时欠着货款。这项业务对会计恒等式的影响见表 2-11。

表 2-11　　　　　　　　　业务 8 对会计恒等式的影响

单位：元

交易说明	资　产	=	负　债	+	所有者权益
该项经济业务发生前	700 000		0		700 000
该项经济业务发生时	＋ 50 000 原材料		＋ 50 000 （还没付的账）		
	700 000 ＋ 50 000		0 ＋ 50 000		700 000
该项经济业务发生后	750 000		50 000		700 000

【解析】这项经济业务的发生，使甜品店的一项资产（原材料）增加了 50 000 元，同时也使甜品店的一项负债（没有付的账）增加了 50 000 元，会计等式左右两边的金额合计仍然相等。

【业务 9】2019 年 7 月 8 日，甜品店签发一张金额为 50 000 银行承兑汇票用于偿付供应商盛也公司的货款。这项业务对会计恒等式的影响见表 2-12。

表 2-12　　　　　　　　　业务 9 对会计恒等式的影响

单位：元

交易说明	资　产	=	负　债	+	所有者权益
该项经济业务发生前	750 000		50 000		700 000
该项经济业务发生时			－ 50 000 （应付账款）	＋ 50 000 （应付票据）	
			50 000 － 50 000 ＋ 50 000		
该项经济业务发生后	750 000		50 000		700 000

【解析】这项经济业务的发生，使甜品店的一项负债（应付盛也公司的账款）减少了 50 000 元，同时也使甜品店的另一项负债（应付票据）增加了 50 000 元，两者金额相等，负债的形式发生了变化，但是负债总计保持不变，而且会计等式的左边没有发生变化，会计等式左右两边的金额合计仍然相等。

【业务 10】2019 年 12 月 31 日，由于许文雅急需资金，小伙伴共同决定同意许文雅退出部分投资，甜品店以存款支付许文雅的部分投资款 50 000 元。这项业务对会计恒等式的影响见表 2-13。

表 2-13　　　　　　　　　业务 10 对会计恒等式的影响

单位：元

交易说明	资　产	=	负　债	+	所有者权益
该项经济业务发生前	750 000		50 000		700 000
该项经济业务发生时	－ 50 000 （银行存款）				－ 50 000 （许文雅撤资 50 000）
	75 000 － 50 000				700 000 － 50 000
该项经济业务发生后	700 000		50 000		650 000

【解析】这项经济业务的发生，使甜品店的一项资产（银行存款）减少了 50 000 元，同时也使甜品店的一项所有者权益（资本——许文雅）减少了 50 000 元，会计等式左右两边的金额合计仍然相等。

【业务 11】2019 年 12 月 31 日，通过股东大会同意，李美玉转让 100 000 元的股份给自己的母亲李阿姨。这项业务对会计恒等式的影响见表 2-14。

表 2-14　　　　　　　　　　　　业务 11 对会计恒等式的影响

单位：元

交易说明	资　产	=	负　债	+	所有者权益
该项经济业务发生前	700 000		50 000		650 000
该项经济业务发生时					− 100 000　　　　+ 100 000 （资本——李美玉）（资本——李阿姨）
					650000 − 100 000 + 100 000
该项经济业务发生后	700 000		50 000		650 000

【解析】这项经济业务的发生，使甜品店的一项所有者权益（资本——李美玉）减少了 100 000 元，使甜品店有了一个新的股东李阿姨，同时也使甜品店的另一项所有者权益（资本——李阿姨）增加了 100 000 元，两者金额相等，所有者权益内部一增一减，但是所有者权益总计保持不变，而且会计等式的左边没有发生变化，会计等式左右两边的金额合计仍然相等。

【业务 12】2017 年 12 月 31 日，"so good.. 甜品公园"向各位股东一共分红 100 000 元，暂时还没有支付。这项业务对会计恒等式的影响见表 2-15。

表 2-15　　　　　　　　　　　　业务 12 对会计恒等式的影响

单位：元

交易说明	资　产	=	负　债	+	所有者权益
该项经济业务发生前	700 000		50 000		650 000
该项经济业务发生时			+ 100 000 （应付给股东的红利）		− 100 000 （给股东分红）
			50 000 + 100 000		650 000 + 100 000
该项经济业务发生后	700 000		150 000		550 000

【解析】这项经济业务的发生，使甜品店的一项负债（应付股利）增加了 100 000 元，同时也使甜品店的一项所有者权益减少了 100 000 元，两者金额相等，等式的右边一增一减，总计保持不变，而且会计等式的左边没有发生变化，会计等式左右两边的金额合计仍然相等。

上例中的 12 笔经济业务代表了九种经济业务类型，见表 2-16。

表 2-16　　　　　　　　　　　　各种经济业务对会计等式的影响

经济业务类型	资产	=	负债	+	所有者权益
一项资产增加，另一项资产等额减少【业务 3】	+ −				
一项资产增加，一项负债等额增加【业务 2】【业务 4】【业务 8】	+		+		
一项资产增加，一项所有者权益等额增加【业务 1】【业务 5】	+				+
一项资产减少，一项负债等额减少【业务 7】	−		−		

续表

经济业务类型	资产	=	负债	+	所有者 权益
一项资产减少，一项所有者权益等额减少【业务10】	－				－
一项负债增加，另一项负债等额减少【业务9】	＋				－
一项负债增加，一项所有者权益等额减少【业务12】			＋		－
一项负债减少，一项所有者权益等额增加【业务6】			－		＋
一项所有者权益增加，另一项所有者权益减少【业务11】			＋		－

通过上例可以发现，企业发生的任何经济业务都会引起会计要素发生增减变动，但是任何一项经济业务都不会影响资产和权益的恒等关系，都不会破坏"资产＝负债＋所有者权益"这一恒等式，即资产总额等于权益总额。

项目小结

会计要素是指按照交易或者事项的经济特征所做的基本分类，即对会计对象的具体分类。我国企业会计要素按照其性质分为资产、负债、所有者权益、收入、费用和利润六要素。会计等式又称会计恒等式、会计方程式。它是表明各会计要素之间基本关系的恒等式，最基本的会计等式是"资产＝负债＋所有者权益"。任何一项经济业务都不会影响会计的恒等关系，都不会破坏"资产＝负债＋所有者权益"这一恒等式，即资产总额等于权益总额。

教、学、做一体化训练

一、单项选择题

1. 会计对象在企业中具体表现为（　　）。

A. 会计要素　　　　　　　　　　　B. 会计科目

C. 各种经济业务　　　　　　　　　D. 以货币表现的经济业务

2. 凡是特定对象中能够以货币表现的经济活动，就是（　　）。

A. 经济业务　　　　B. 会计事项　　　　C. 会计对象　　　　D. 会计工作

3. 下列各项中，属于企业资产要素的是（　　）。

A. 应付账款　　　B. 实收资本　　　C. 预付账款　　　D. 预收账款

4. 属于负债项目的是（　　）。

A. 无形资产　　　B. 预收账款　　　C. 应收票据　　　D. 预付账款

5. 属于所有者权益项目的是（　　）。

A. 应付职工薪酬　　　B. 固定资产　　　C. 短期借款　　　D. 盈余公积

6. 最基本的会计等式是（　　）。

A. 收入－费用＝利润　　　　　　　B. 收入－成本＝利润

C．资产＝负债＋所有者权益　　　　　　D．资产＋负债＝所有者权益

7．复式记账、账户试算平衡和编制资产负债表的理论依据是（　　　）。

A．资产＝负债＋所有者权益＋（收入－费用）

B．资产＝负债＋所有者权益＋利润

C．资产＝负债＋所有者权益

D．收入－费用＝利润

8．一个企业的资产总额与权益总额（　　　）。

A．必然相等　　　B．可能相等　　　C．有时相等　　　D．只有在期末时相等

9．某企业9月初的资产总额为60 000元，负债总额为25 000元。9月取得收入共计28 000元，发生费用共计18 000元，则9月末该企业的所有者权益总额为（　　　）元。

A．85 000　　　　B．35 000　　　　C．10 000　　　　D．45 000

10．下列项目中，引起资产和负债同时增加的经济业务是（　　　）。

A．以银行存款购买材料　　　　　　　　B．取得银行借款存入银行

C．以固定资产对外投资　　　　　　　　D．以银行存款偿还应付账款

11．以银行存款发放职工工资，所引起的变动为（　　　）。

A．一项资产减少，一项所有者权益减少　B．一项资产减少，一项负债减少

C．一项所有者权益减少，一项负债减少　D．一项资产减少，另一项资产减少

12．引起资产和负债同时增加的经济业务是（　　　）。

A．以银行存款购买材料　　　　　　　　B．向银行取得借款，存入银行存款户

C．以无形资产向外单位投资　　　　　　D．以银行存款偿还应付账款

13．引起资产和负债同时减少的经济业务是（　　　）。

A．以银行存款支付前欠货款　　　　　　B．以现金支付办公费用

C．购买材料，货款尚未支付　　　　　　D．收回应收账款存入银行

14．引起资产有增有减的经济业务是（　　　）。

A．向银行取得借款，存入银行存款户　　B．以现金支付职工工资

C．收回前欠货款，存入银行存款户　　　D．收到投资者投入的货币资金

15．引起负债有增有减的经济业务是（　　　）。

A．以银行存款偿还银行借款　　　　　　B．开出应付票据抵付应付账款

C．以银行存款上交税费　　　　　　　　D．收到投资者投入的设备

16．某企业采购员预借差旅费，所引起的变动为（　　　）。

A．一项资产增加，一项负债增加　　　　B．一项资产增加，另一项资产减少

C．一项资产减少，一项负债减少　　　　D．一项负债增加，另一项负债减少

17．以银行存款向国家缴纳税费，所引起的变动为（　　　）。

A．一项资产减少，一项所有者权益减少　B．一项资产减少，一项负债减少

C．一项所有者权益增加，一项负债减少　D．一项资产增加，另一项资产减少

18．收到某单位预付货款，存入银行，所引起的变动为（　　　）。

A．一项资产增加，一项负债增加　　　　B．一项资产减少，一项负债减少

C．一项资产增加，一项所有者权益增加　D．一项资产减少，一项所有者权益减少

19. 开出应付票据抵付应付账款，所引起的变动为（　　　）。

A. 一项资产减少，一项负债减少

B. 一项资产增加，一项负债增加

C. 一项所有者权益增加，另一项所有者权益减少

D. 一项负债增加，另一项负债减少

20. 某企业资产总额为 600 万元，如果发生以下经济业务：①收到外单位投资 40 万元存入银行；②以银行存款支付购入材料款 12 万元；③以银行存款偿还银行借款 10 万元。上述业务发生后，企业资产总额应为（　　　）万元。

A. 636　　　　　　B. 628　　　　　　C. 648　　　　　　D. 630

21. 某企业本期期初资产总额为 3 600 000 元，本期期末负债总额减少了 400 000 元，所有者权益比期初增加了 600 000 元，则该企业本期期末资产总额为（　　　）元。

A. 3 400 000　　　　B. 3 800 000　　　　C. 4 200 000　　　　D. 3 200 000

22. 企业月初资产总额 300 万元，本月发生了下列经济业务：①赊购材料 10 万元；②用银行存款偿还短期借款 20 万元；③收到购货单位偿还欠款 15 万元存入银行。月末资产总额为（　　　）万元。

A. 310　　　　　　B. 290　　　　　　C. 295　　　　　　D. 305

23. 一项资产增加，不可能引起（　　　）。

A. 另一项资产的减少　　　　　　　　B. 一项负债的增加

C. 一项所有者权益的增加　　　　　　D. 一项负债的减少

24. 企业以银行存款支付应付账款，表现为（　　　）。

A. 一项资产增加，另一项资产的减少　　B. 一项资产减少，一项负债增加

C. 一项资产减少，一项负债减少　　　　D. 一项负债减少，另一项负债增加

二、多项选择题

1. 下列各项中属于会计要素的是（　　　）。

A. 资产　　　　　　B. 固定资产　　　　C. 负债　　　　　　D. 费用

2. 下列项目中属于资产的是（　　　）。

A. 应收账款　　　　B. 银行存款　　　　C. 原材料　　　　　D. 实收资本

3. 属于企业流动资产的有（　　　）。

A. 库存现金和银行存款　　　　　　　　B. 预收账款

C. 应收账款　　　　　　　　　　　　　D. 存货

E. 应收票据

4. 属于企业无形资产的有（　　　）。

A. 非专利技术　　　B. 专利权　　　　　C. 商标权　　　　　D. 企业开办费

5. 反映企业财务状况的会计要素包括（　　　）。

A. 资产　　　　　　B. 收入　　　　　　C. 费用　　　　　　D. 所有者权益

6. 反映企业经营成果的会计要素包括（　　　）。

A. 负债　　　　　　B. 资产　　　　　　C. 利润　　　　　　D. 费用

7. 企业所有者权益包括（　　　　）。

A. 未分配利润　　　　B. 盈余公积　　　　C. 股本　　　　D. 资本公积

8. 企业负债按其流动性可分为（　　　　）。

A. 固定资产　　　　B. 流动负债　　　　C. 短期借款　　　　D. 非流动负债

9. 下列项目中，属于负债的是（　　　　）。

A. 预收账款　　　　B. 预付账款　　　　C. 应付账款　　　　D. 短期借款

10. 属于流动负债的有（　　　　）。

A. 应付账款　　　　B. 应交税费　　　　C. 预付账款　　　　D. 管理费用

11. 属于长期负债的有（　　　　）。

A. 固定资产　　　　B. 应付股利　　　　C. 长期借款　　　　D. 应付债券

12. 企业取得收入的同时，可能会引起（　　　　）。

A. 资产的增加　　　　B. 资产的减少　　　　C. 负债的增加　　　　D. 负债的减少

13. 下列项目中，正确的经济业务类型有（　　　　）。

A. 一项资产增加，一项所有者权益减少　　　　B. 资产与负债同时减少

C. 一项负债减少，一项所有者权益增加　　　　D. 资产与所有者权益同时增加

14. 若一项经济业务发生后引起银行存款减少 5 000 元，则相应地有可能引起（　　　　）。

A. 固定资产增加 5 000 元　　　　　　　　B. 短期借款增加 5 000 元

C. 财务费用减少 5 000 元　　　　　　　　D. 应付账款减少 5 000 元

15. 下列哪个经济业务发生后，不会使资产或权益总额发生变化？（　　　　）

A. 以银行存款 5 000 元，偿还前欠购料款　　B. 从银行取得借款 20 000 元，存入银行

C. 以银行存款 3 000 元，购买材料　　　　　D. 从银行提取现金 800 元

16. 属于引起会计等式左右两边会计要素变动的经济业务有（　　　　）。

A. 收到甲单位前欠货款存入银行　　　　　　B. 以存款偿还银行借款

C. 收到某单位投来机器一台　　　　　　　　D. 以存款偿还前欠货款

17. 会计平衡公式具体可用公式表示为（　　　　）。

A. 资产＝权益　　　　　　　　　　　　　　B. 资产＝负债＋所有者权益

C. 资金占用＝资金来源　　　　　　　　　　D. 资产＝负债＋所有者权益＋（收入－费用）

三、判断题

1. 会计基本等式所体现的平衡关系原理是设置账户、进行复式记账和编制会计报表的理论依据。　　　　　　　　　　　　　　　　　　　　　　　　　　　　　　　（　　　　）

2. 会计对象各要素之间的平衡关系可用公式表示为：收入－费用＝利润。它通常被称为会计恒等式。　　　　　　　　　　　　　　　　　　　　　　　　　　　　　　（　　　　）

3. 企业获取资产的来源渠道有两条：一是由企业所有者投资形成，二是由债权人贷款形成。

4. 企业的资产按其流动性强弱，可分为流动资产和固定资产。　　　　　（　　　　）

5. 预收账款和预付账款均属于负债。　　　　　　　　　　　　　　　　（　　　　）

四、业务题

实训 1

掌握根据经济业务识别不同的会计要素。

（一）资料

某企业 2019 年 6 月 30 日的资产、负债及所有者权益财务状况见表 2-18。

（二）要求

请根据表 2-18 中的资产、负债及所有者权益经济内容，区分资产、负债及所有者权益，将三者的金额分别填入表中相应的位置，并分别加计资产、负债及所有者权益总额。

表 2-18　　　　　　　某企业资产、负债及所有者权益状况表

2019 年 6 月 30 日

序号	经济内容	资产	负债	所有者权益
1	生产车间使用的机器设备 200 000 元			
2	存在银行的款项 128 000			
3	应付甲工厂的款项 58 000 元			
4	乙企业投入资本 520 000 元			
5	尚未缴纳的税费 8 000 元			
6	存放在财务部保险柜的现金 5 000 元			
7	应收丙公司的货款 23 000 元			
8	存放在仓库的生产用 X 材料 145 000 元			
9	运输用的东风牌大卡车 150 000 元			
10	管理部门使用的台式电脑 30 000 元			
11	出借包装物收取的押金 1 000 元			
12	投资人张敏投入的资本 300 000 元			
13	预借给采购员的差旅费 800 元			
14	预收长江公司的购货款 40 000 元			
15	从光大银行借入的为期 3 个月的款项 100 000 元（已存入银行）			
16	正在生产线上装配的产品 390 000 元			
17	生产车间用厂房 280 000 元			
18	企业提取的盈余公积 16 500 元			
19	存在仓库的机器用润滑油 2 200 元			
20	本月实现的利润 260 000 元			
21	已完工入库的产成品 500 000 元			
22	生产 M 产品的专利权 250 000 元			
合计				

实训2

掌握判断会计要素的增减变化及经济业务类型。

(一) 资料

乐华公司于 2019 年 10 月发生如下经济业务:

1. 用银行存款 100 000 元购买原材料, 已验收入库。
2. 用银行存款 60 000 元支付前欠华融公司货款。
3. 向银行借入 2 年期的借款 200 000 元, 存入银行。
4. 收到客户预付的购货款 50 000 元, 存入银行。
5. 收到客户还来前欠的货款 200 000 元, 存入银行。
6. 从银行提取现金 20 000 元。
7. 接受投资者投入的机器设备, 价值 500 000 元。
8. 向国外购进设备, 款未付, 价值 400 000 元。
9. 公司的法定代表人李卫给自己家买了一台电视机, 放在家里的客厅, 支出 80 000 元。
10. 经协商债权人同意将对公司的长期借款 600 000 元转为投资。
11. 经批准按法定程序以存款退还个人投资款 400 000 元。
12. 将盈余公积 800 000 元转增资本。

(二) 要求

1. 判断上述业务属于哪个会计要素, 将会计要素发生的增减变化情况填入表 2-19 相应的位置。
2. 判断上述经济业务属于哪种类型, 将业务的序号填入表 2-20。

表 2-19   会计要素分类表

序号	资产	负债	所有者权益
1 (例)	银行存款减少 100 000 元, 原材料增加 100 000 元		
2 (例)	银行存款减少 60 000 元	应付账款减少 60 000 元	
3			
4			
5			
6			
7			
8			
9			
10			
11			
12			

表2-20　　　　　　　　　　　　经济业务类型表

经济业务类型	经济业务序号
一项资产增加，另一项资产等额减少	
一项资产增加，一项负债等额增加	
一项资产增加，一项所有者权益等额增加	
一项资产减少，一项负债等额减少	
一项资产减少，一项所有者权益等额减少	
一项负债增加，另一项负债等额减少	
一项负债增加，一项所有者权益等额减少	
一项负债减少，一项所有者权益等额增加	
一项所有者权益增加，另一项所有者权益减少	

实训 3

熟悉和掌握会计等式中各会计要素的关系。

资料及要求：

在表 2-21 的括号中填入金额。

表2-21　　　　　　　　　　　　会计等式表

序号	资产	负债	所有者权益
1	165 000.00	54 000.00	（　　　）
2	538 000.00	（　　　）	342 000.00
3	（　　　）	176 000.00	488 000.00

实训 4

掌握经济业务对会计等式的影响。

（一）资料

迅捷自行车厂于 2019 年 6 月发生如下经济业务：

1. 收回 A 公司之前向我厂采购自行欠下的货款 60 000 元，存入银行。

2. 购入原材料 100 000 元，货款用银行存款支付。

3. 将我厂欠 B 公司的货款 150 000 转为 B 公司对我厂的投资。

4. 购入钢材 80 000 元，货款尚未支付。

5. 用银行存款 30 000 元偿还前欠 C 单位的货款。

6. 接受李明的投资 300 000 元，其中 100 000 元以银行存款方式支付，款项存入银行；另外 200 000 元以原材料的方式入股。该批材料已经交接完毕并验收入库。

（二）要求

1. 判断上述业务属于哪个会计要素，将会计要素发生的增减变化情况填入表 2-22 相应的位置。

2. 判断上述经济业务属于哪种类型，将业务的序号填入表 2-23。

表 2-22   会计要素分类表

单位：元

序号	资　产				负债	所有者权益
	银行存款	应收账款	存货	固定资产	应付账款	实收资本
期初余额	400 000.00	80 000.00	200 000.00	1 600 000.00	180 000.00	2 100 000.00
1（例）	＋60 000.00	－60 000.00				
2						
3						
4						
5						
6						
期末余额						

表 2-23   经济业务类型及其对会计等式的影响

序号	经济业务类型	对会计等式的影响
1（例）	一项资产增加，另一项资产等额减少	资产内部一增一减，资产总额不变，会计等式仍然成立
2		
3		
4		
5		
6		

项目三
会计科目与账户

学习目标

1. 认识会计科目和账户。
2. 能说出会计科目的分类。
3. 理解账户的概念。
4. 能根据账户设置原则，熟练地设置账户。
5. 能正确识别账户的基本结构。
6. 了解设置账户的意义及账户的对应关系。
7. 明确会计科目与账户之间的区别与联系。

会计知识引导

以项目二【例2-1】为背景，由于李美玉刚刚大学毕业，她可以去大学生创业孵化中心申请一笔创业补贴，但是要提交甜品店的会计信息资料去审核。"so good.. 甜品公园"每天都会发生经济业务，如销售甜品糕点和饮品、采购新鲜三文鱼和水果、购买原材料、去银行存现金、支付电话费、向美团支付加盟费，这些业务会引起资金发生增减变化，甜品店也要对此进行简易核算，将资金的增减变化情况及其结果通过对外提供会计信息资料来展示。那会计人员是如何记录的呢？这需要借助专门的记账工具和记账方法。

任务一　会计科目

在实际工作中，企业的经济业务活动是千变万化、多种多样的，为了全面、完整地核算和监督企业的资金运动过程及其结果，系统、连续地记录经济业务的增减变动情况，我们必须对企业的经济业务活动分门别类地加以记录。这种记录是通过设置会计科目和账户来进行的。为了设置账户，首先要确定会计科目。因为账户是根据会计科目开设的。设置会计科目和账户是会计核算的专门方法之一。

一、会计科目的含义

如前所述，企业会计核算的对象是会计要素。在六个会计要素中，每一个要素都包括许多具体内容，如资产包括库存现金、银行存款、应收账款、固定资产等；负债包括短期借款、应付账款、应交税费等。如果我们要把企业所发生的每一笔经济业务都清楚地记录下来，就必须对会计要素进一步分类，并对这种分类赋予一个既简明扼要又通俗易懂的名称。例如，保存在出纳保险柜里的钱称为"库存现金"；存在银行里的钱称为"银行存款"；厂房、建筑物、机器设备、运输工具等属于劳动资料的称为"固定资产"；为生产产品而储存的各种主要材料、辅助材料等都是劳动对象，合称"原材料"；投资者投入的资本称为"实收资本"（或称为"股本"）……所以，会计科目的概念可以表述为：会计科目是对会计要素按照不同的经济内容和管理需要进行分类的项目。通常，在实际工作中，会计科目也可简称为科目。

二、设置会计科目的原则

在设置会计科目时，必须充分考虑会计科目的合法性、相关性和合理性。具体应遵循以下原则：

（1）既要符合企业会计准则规定，又要适应企业的特点。
（2）既要便于反映会计要素的总括情况，又要便于反映经济业务的具体内容。
（3）既要满足本单位经济管理的需要，又要满足国民经济宏观调控对会计信息的要求。
（4）既要适应经济业务发展的需要，又要保持相对稳定。
（5）简单明确、字义相符、通俗易懂。

三、会计科目的分类

企业会计准则按照"资产＝负债＋所有者权益"会计基本等式的要求，根据行业的需要和资金运动的特点，制定了适合不同行业的会计科目。现以企业会计准则为例，简要地加以说明。

（一）按经济内容分类

会计科目按其所反映的经济内容，可分为六大类，即资产类科目、负债类科目、共同类科目、所有者权益类科目、成本类科目和损益类科目。其中共同类科目是既有资产性质又有负债性质的科目，多为金融、保险、投资、基金等公司使用，本书暂不介绍。《企业会计准则——应用指南（2018）》中设置了我国所有企业应用的会计科目名称有159个，其中工业企业常用的会计科目见表3-1。

扫一扫 学一学

表3-1　　　　会计科目分类表

分类	编号	名称	备注	编号	名称	分类
		一、资产类			二、负债类	
流动资产	1001	库存现金	货币资产	2001	短期借款	流动负债
	1002	银行存款		2101	交易性金融负债	
	1012	其他货币资金		2201	应付票据	
	1101	交易性金融资产		2202	应付账款	

分类	编号	名称	备注	编号	名称	分类
流动资产	1121	应收票据	债权	2203	预收账款	流动负债
	1122	应收账款		2211	应付职工薪酬	
	1123	预付账款		2221	应交税费	
	1131	应收股利		2231	应付利息	
	1132	应收利息		2232	应付股利	
	1221	其他应收款		2241	其他应付款	
	1231	坏账准备	备抵科目	2501	长期借款	长期或非流动负债
	1401	材料采购	存货	2502	应付债券	
	1402	在途物资		2801	预计负债	
	1403	原材料		2701	长期应付款	
	1404	材料成本差异		三、所有者权益类		
	1405	库存商品		4001	实收资本	
	1406	发出商品		4002	资本公积	
	1407	商品进销差价		4003	其他综合收益	
	1408	委托加工物资		4101	盈余公积	
	1411	周转材料		4103	本年利润	
	1461	融资租赁资产		4104	利润分配	
	1471	存货跌价准备		四、成本类		
非流动资产	1501	持有至到期投资		5001	生产成本	
	1511	长期股权投资		5101	制造费用	
	1512	长期股权投资减值准备	备抵科目	5201	劳务成本	
	1531	长期应收款		5301	研发支出	
	1601	固定资产		五、损益类（影响利润）		
	1602	累计折旧	备抵科目	6001	主营业务收入	收入收益类
	1603	固定资产减值准备	备抵科目	6051	其他业务收入	
	1604	在建工程		6101	公允价值变动损益	
	1605	工程物资		6111	投资收益	
	1606	固定资产清理		6112	其他收益	
	1701	无形资产		6115	资产处置损益	
	1702	累计摊销		6301	营业外收入（利得）	
	1703	无形资产减值准备	备抵科目	6401	主营业务成本	费用损失类
	1711	商誉		6402	其他业务成本	
	1801	长期待摊费用		6403	税金及附加	
	1901	待处理财产损溢		6601	销售费用	
				6602	管理费用	
				6603	财务费用	
				6701	资产减值损失	
				6711	营业外支出（损失）	
				6801	所得税费用	

（二）按其所提供信息的详细程度分类

会计科目按其所提供信息的详细程度，可分为总分类科目和明细分类科目。

1．总分类科目

总分类科目又称一级科目或总账科目，它是对会计核算的具体内容进行总括分类核算而设置的科目，也是开设总分类账户所依据的科目。总分类科目的名称、编号、核算内容由统一会计制度规定。我国会计准则规定，总分类科目一般由财政部统一制定，表3-1所示的会计科目均为总分类科目。

2．明细分类科目

明细分类科目又称三级科目或明细科目，是对总分类科目所属经济内容作进一步分类，以提供更为详细和具体的会计信息的科目。明细科目除可以使用会计准则规定设置的科目外，还可以根据本单位的实际情况和经济管理工作的需要自行设置。

现以迅捷自行车厂的原材料、库存商品、固定资产三个会计科目为例，列表说明总账科目和明细科目的相互关系，见表3-2。

表3-2　　　　　　　　总账科目和明细科目的相互关系

总分类科目（一级科目）	二级科目（子目）	三级科目（细目）
原材料	原料及主要材料	钢材
	辅助材料	橡胶
	燃料	石油、天然气
库存商品	成人	山地自行车、休闲自行车
	儿童	儿童自行车
	幼童	无脚踏遛遛车
	婴儿	手推迷你推车
固定资产	房屋及建筑物	办公楼、厂房、仓库
	机器设备	装配设备、焊接设备、喷漆设备
	电器	电脑、空调

任务二　会计账户

一、开设会计账户

会计科目只是对会计要素的具体内容进行分类核算的项目或名称。为了连续、分类、系统地记录由于经济业务的发生而引起的会计要素具体内容的增减变动，提供各种会计信息，还必须根据会计科目在账簿中开设会计账户。

二、会计账户的含义

会计账户简称账户，是根据会计科目开设的，具有一定的格式和结构，用来序时、分类、连续地记录各项交易或事项，反映会计要素具体内容增减变动及其结果的一种记账工具。每一个账户都有一个简单、概括的名称，用于说明该账户的经济内容，各个账户之间既有严格的界限，又有科学的联系。如迅捷自行车厂用银行存款 5 万元购买一批钢材，这笔经济业务的发生，一方面使银行存款减少了 5 万元，另一方面使原材料（钢材）增加了 5 万元。设置账户是会计核算的一种专门方法。在实际工作中，会计科目与会计账户名称往往被视为同义语来理解。

账户既有名称又有一定的格式和结构，可以记录和反映某类经济内容的增减变动及其结果。那么，在账户中如何记录各项经济业务的发生呢？

三、会计账户的结构

账户的结构就是账户的格式，是账户的组成部分及其相互关系。

（一）账户的基本结构图

在会计实务中，账户的基本结构（图 3-1）主要有以下内容。

（1）账户的名称，即会计科目。

（2）日期，即所依据记账凭证中注明的日期。

（3）凭证字号，即所依据记账凭证的编号。

（4）摘要，即经济业务的简要说明。

（5）金额，即增加发生额、减少发生额、余额。

原材料 明 细 账

第___页

最高储备量 ___　类　别 ___　储备定额 ___　编　号 ___　规　格 Φ25mm

最低储备量 ___　存放地点 ___　计划单价 ___　计量单位 t　名　称 钢材

2018年 月	日	凭证 种类	号数	摘　　要	收入 数量	单价	金额	发出 数量	单价	金额	借或贷	结存 数量	单价	金额
3	1			期初余额							借	60	5000	300000
3	1	记	007	购入钢材	20	5000	100000				借	80	5000	400000
3	2	记	009	生产车间领用原材料				40	5000	200000	借	40	5000	200000
3	5	记	016	钢材入库	20	5000	100000				借	60	5000	300000
3	31			本月合计及期末余额	40	5000	200000	40	5000	200000	借	60	5000	300000

图 3-1　账户的基本结构图

（二）账户结构中的四要素

各项经济业务所引起的会计要素的变动不是增加就是减少，为了便于记录经济业务，账户也形象地划分为两个部分——增加方和减少方，同时为了反映增减变动后的结果还设置了余额（结余）行列。在会计教学中，为了方便讲授和演练，我们通常将账户简化成"T"型账来向大家展示（图 3-2），在手工实训时给大家发实际的账页进行技能训练。

资产、费用损失、成本类账户			负债、所有者权益、收入收益类账户	
左方	右方		左方	右方
期初余额				期初余额
本期增加发生额	本期减少发生额		本期减少发生额	本期增加发生额
期末余额				期末余额

图 3-2　"T"型账

注意：账户中哪一方记增加数，哪一方记减少数取决于以下两个因素：①账户所记录的会计要素（经济内容）的性质；②在账户中记录经济业务时采用的记账方法。因此，①表示本期增加的金额称为：本期增加发生额；②表示本期减少的金额称为：本期减少发生额；③增减相抵之后的差额称为：余额。余额按照表示的时点不同，分为期初余额和期末余额。

上述四项要素的基本关系可以表示为：

$$期末余额＝期初余额＋本期增加发生额－本期减少发生额 \tag{3-1}$$

【例 3-1】将图 3-1 所示的账户用"T"字账表示，结果如图 3-3 所示。

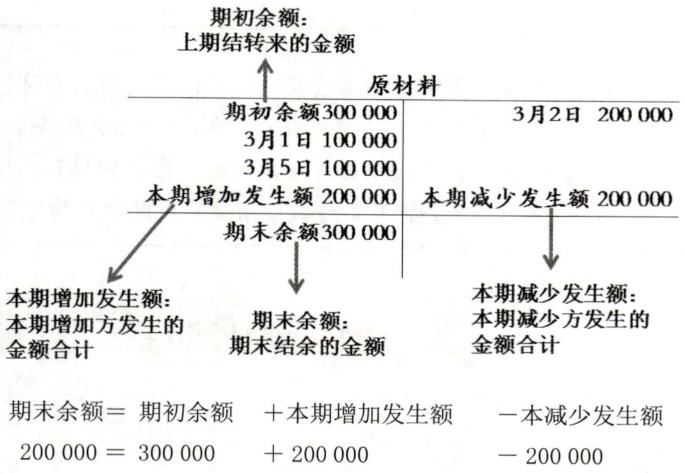

图 3-3　"T"字账示意图

（三）账户的特点

（1）账户左右两边按相反方向进行记录。如果规定在左边记录增加额，右边则记录减少额；反之亦然。

（2）账户金额之间应保持平衡。账户金额之间的关系应满足"本期期末余额＝期初余额＋本期增加发生额－本期减少发生额"。

（3）账户的余额一般与记录的增加额在同一方，本期的期末余额随着时间的跳转自动过渡到下期的期初余额。

四、账户的分类

（一）按账户反映的经济内容分类

由于账户是根据会计科目开设的，因此按反映的经济内容不同，账户也可分为资产类、负债类、共同类、所有者权益类、成本类、损益类六类。

（二）按提供指标详细程度及其统驭关系分类

账户按所反映信息的详细程度及其统驭关系不同，可分为总分类账户和明细分类账户。

总分类账户简称总账，它是根据总分类科目设置的，提供总括核算指标。一般只用货币量度。

明细分类账户简称明细账，它是根据明细分类科目设置的，提供明细核算指标。除了要用货币量度外，有的还要用实物量度。

总账为一级账户，总账以下的账户称为明细账户。

五、会计科目与会计账户的联系与区别

联系：会计科目是设置账户的依据，是账户的名称；账户是会计科目的具体运用。

共同点在于都要对经济业务进行分类，都说明一定的经济业务内容。会计科目所要反映的经济内容，就是账户所要登记的内容。

区别：会计科目仅仅是账户的名称，不存在结构问题，而账户则具有一定的格式和结构。

项目小结

会计科目是对会计要素的具体内容进行分类核算的项目，按反映的经济内容不同，可分为资产类、负债类、共同类、所有者权益类、成本类、损益类科目；按所反映信息的详细程度不同，可分为总分类科目和明细分类科目。会计账户简称账户，是根据会计科目开设的，具有一定格式和结构，用于连续、分类、系统地记录会计要素增减变动情况及其结果的记账工具。

教、学、做一体化训练

一、单项选择题

1. 会计科目是（　　）。

A. 会计要素的名称　　B. 报表的名称　　C. 账户的名称　　D. 账簿的名称

2. 不属于损益类的会计科目是（　　）。

A. 管理费用　　　　B. 主营业务成本　　C. 生产成本　　　　D. 其他业务成本

3. 按记录经济业务方式的不同，记账方法可以分为（　　）。

A. 增减记账法和借贷记账法　　　　　　B. 收付记账法和增减记账法

C. 单式记账法和复式记账法　　　　　　D. 收付记账法和复式记账法

4. 会计科目是对（　　）的具体内容进行分类核算的项目。

A. 会计对象　　　　B. 会计要素　　　　C. 资金运动　　　　D. 会计账户

5. 会计科目按其所反映的会计对象具体内容可分为（　　）。

A. 资产、负债、所有者权益、共同、收入、费用六类

B. 资产、负债、所有者权益、共同、成本、利润六类

C. 资产、负债、所有者权益、共同、利润、损益六类

D．资产、负债、所有者权益、共同、成本、损益六类

6．账户是根据（　　）设置的，具有一定的格式和结构，用于分类反映会计要素增减变动情况及其结果的载体。

A．会计对象　　　　　B．会计要素　　　　　C．会计科目　　　　　D．会计账簿

7．账户分为左方、右方两个方向，当某一账户左方登记增加时，则该账户的右方（　　）。

A．登记增加数　　　　　　　　　　B．登记减少数

C．登记增加数或减少数　　　　　　D．不登记任何数

8．会计账户的四个金额要素是（　　）。

A．期末余额、本期发生额、期初余额、本期余额

B．期初余额、本期增加发生额、本期减少发生额、期末余额

C．期初余额、期末余额、本期借方增加额、本期借方减少额

D．期初余额、本期增加发生额、本期减少发生额、本期发生额

9．账户的"期末余额"一般在（　　）。

A．账户的左方　　　　　B．账户的右方　　　　　C．增加方　　　　　D．减少方

10．下列四项中，对会计账户的四个金额要素之间基本关系表述正确的是（　　）。

A．期末余额＝期末余额＋本期增加发生额－本期减少发生额

B．期末余额＝期初余额＋本期增加发生额－本期减少发生额

C．期初余额＝本期增加发生额－本期减少发生额－期末余额

D．期末余额＝本期增加额－本期减少发生额－期初余额

12．"生产成本"科目属于（　　）。

A．资产类　　　　　B．负债类　　　　　C．成本类　　　　　D．损益类

13．下列项目中，属于一级会计科目的是（　　）。

A．房屋　　　　　B．应交增值税　　　　　C．非专利技术　　　　　D．原材料

14．损益类账户的期末余额及方向表现为（　　）。

A．有借方余额　　　　　B．有贷方余额　　　　　C．有借贷方余额　　　　　D．期末结转后无余额

二、多项选择题

1．属于会计科目的有（　　）。

A．流动资产　　　　　B．短期借款　　　　　C．固定资产　　　　　D．实收资产

2．会计科目按其所提供信息的详细程度及其统驭的关系不同，可以分为（　　）。

A．总分类科目　　　　　B．明细分类科目　　　　　C．权益类科目　　　　　D．利润类科目

3．会计科目设置应遵循的原则有（　　）。

A．合法性原则　　　　　B．相关性原则　　　　　C．全面性原则　　　　　D．实用性原则

4．总分类账户与明细分类账户的区别在于（　　）。

A．反映经济业务内容的详细程度不同　　　　　B．反映的经济业务内容不同

C．登记账簿的依据不同　　　　　D．作用不同

5．账户一般应包括下列内容中的（　　）。

A．账户名称　　　　　　　　　　B．日期和摘要

C．增加和减少的金额及余额　　　　　　D．证号数

6．账户分为左、右两方，至于哪一方登记增加，哪一方登记减少，取决于（　　　）。

A．所记录的经济业务的内容　　　　　　B．企业经营管理的需要

C．会计核算手段　　　　　　　　　　　D．所采用的记账方法

7．下列对会计科目和会计账户之间的关系表述正确的是（　　　）。

A．两者反映的经济内容一致

B．两者口径一致，性质相同

C．会计科目是会计账户的名称

D．会计账户具有一定的格式和结构，而会计科目不具有格式和结构

8．总分类账户和明细分类账户的平行登记的要点是（　　　）。

A．同依据登记　　　B．同期间登记　　　C．同方向登记　　　D．同金额登记

9．总分类账户与明细分类账户的区别在于（　　　）。

A．反映经济业务内容详细程序不同

B．作用不同，总账总括记录经济业务，明细账详细记录经济业务

C．记录的经济业务内容不同

D．登记账簿的依据不同

10．总分类账户与明细分类账户的联系是（　　　）。

A．反映经济业务内容详细程度相同

B．记录的经济业务内容相同

C．总账对明细分账具有统驭控制作用

D．明细分类账户对总分类账户具有补充说明的作用

11．下列账户中，属于所有者权益类账户的有（　　　）。

A．实收资本　　　　B．本年利润　　　　C．盈余公积　　　　D．未分配利润

三、判断题

1．会计科目是对会计对象的具体内容分类核算和监督的工具。　　　　　　　（　　）

2．在不违反国家统一会计制度的前提下，明细科目可以根据企业内部管理需要自行制定。

（　　）

3．会计科目不能记录经济业务的增减变化及结果。　　　　　　　　　　　（　　）

4．为了满足管理的需要，企业的账户设置越细越好。　　　　　　　　　　（　　）

5．如果某一账户的期初余额为 50 000 元，本期增加发生额为 80 000 元，本期减少发生额为 40 000 元，则期末余额为 10 000 元。　　　　　　　　　　　　　　　　　　　　（　　）

6．为了保证核算资料的完整和便于利用，各总分类账户都必须设置明细账户。　（　　）

四、业务题

实训 1

熟悉资产、负债及所有者权益的分类，熟悉会计科目。

（一）资料

红星工厂于 2019 年 6 月 30 日的有关资料如下：

1. 存放在银行的款项 1 600 000 元。

2. 房屋、建筑物、设备等财产 2 400 000 元。

3. 存放在出纳处的现金 8 000 元。

4. 应付外单位的账款 190 000 元。

5. 投资者投入的资本 7 000 000 元。

6. 预付外单位购料款 60 000 元。

7. 从银行借入期限为 3 年的借款 600 000 元。

8. 仓库中存放的待销售的商品 588 000 元。

9. 应收外单位的账款 220 000 元。

10. 款项已支付但尚未入库的材料 116 000 元。

11. 提取的盈余公积 200 000 元。

12. 专利权价值 600 000 元。

13. 尚未缴纳的税费 50 000 元。

14. 从银行借入为期 6 个月的借款 300 000 元。

15. 应向投资者分配的利润 480 000 元。

16. 预收外单位购买商品的货款 80 000 元。

（二）要求

1. 根据上述资料，分清资产、负债、所有者权益，在表 3-3 相应空格里面打"√"。

2. 根据资料内容，确定会计科目和相应的金额，并填入表 3-3 相应空格中。

3. 将同一会计科目的金额统计汇总填入表 3-4 对应的账户余额里面。

表 3-3　　　　　　　　红星工厂资产、负债及所有者权益资料表

序号	资产	负债	所有者权益	会计科目	金额（元）
1（例）	√			银行存款	
2					
3					
4					
5					
6					
7					
8					
9					
10					
12					
13					
14					
15					
16					

表 3-4　　　　　　　　　　　　　　账户余额表

年　月　日

资产		负债		所有者权益	
账户名称	金额（元）	会计科目	金额（元）	会计账户	金额（元）
合计		合计		合计	

实训 2

掌握账户四项要素的相互关系。

（一）资料

甲公司有关账户的发生额及余额资料见表 3-5。

（二）要求

1. 将表 3-5 括号中的金额补充完整。

2. 在"借或贷"栏中注明余额的借贷方向。

表 3-5　　　　　　　　　　　　　　甲公司账户余额表

年　月　日　　　　　　　　　　　　单位：元

账户名称	期初余额	本期增加发生额	本期减少发生额	期末余额	
				借或贷	金额
银行存款	350 000.00	420 000.00	550 000.00		（　　　）
实收资本	1 100 000.00	200 000.00	（　　　）		1 300 000.00
其他应收款	32 000.00	（　　　）	20 000.00		18 000.00
库存现金	（　　　）	8 800.00	9 200.00		400.00
应付账款	60 000.00	（　　　）	30 000.00		70 000.00
盈余公积	500 000.00	200 000.00	（　　　）		400 000.00
库存商品	760 000.00	（　　　）	420 000.00		540 000.00
应交税费	100 000.00	240 000.00	（　　　）		80 000.00

学习目标

1. 能说出借贷记账法的概念和基本内容。
2. 明确账户的对应关系和对应账户的含义。
3. 能借助试算平衡原理编制试算平衡表。
4. 能熟练地编制简单的会计分录。

会计知识引导

迅捷自行车厂在 2019 年 9 月发生下列经济业务：

（1）3 日，购进一批钢材 100 000 元，材料已验收入库，货款尚未支付。

（2）6 日，用银行存款归还某工商银行的短期借款 60 000 元。

（3）12 日，从银行提取现金 10 000 元作为备用金。

如果我们不学会计，可能做出的记录是这样的：

2019 年 9 月 3 日，赊购 100 000 元的材料。

2019 年 9 月 6 日，还给银行 60 000 元。

2019 年 9 月 12 日，从银行取了 10 000 元来用。

由于现在我们正在学会计，需要学会采用借贷记账法对迅捷自行车厂的经济业务进行会计账务处理。

任务一　会计的记账方法

会计的记账方法是指按照一定的规则，使用一定的符号，在账户中登记各项经济业务的技术方法。记账方法有单式记账法和复式记账法两种。复式记账是从单式记账演变而来的。

一、单式记账法

单式记账法是对所发生的每一项经济业务只在一个账户中登记的方法。通常只考虑现金、银行存款以及债权债务方面发生的业务，而不登记其他实物收付业务。

这种方法只单方面反映资金的增加或减少，记账手续简单。但是这种方法不能全面、完整地反映资金运动的来龙去脉，也无法检查账户记录的正确性，在实际工作中极少运用。

二、复式记账法

复式记账法是对发生的每一项经济业务，都以相等的金额，在相互联系的两个或两个以上的账户中进行记录的记账方法。这种方法一方面可以反映出每项经济业务的来龙去脉，另一方面可以对结果进行试算平衡，以检查账户记录的正确性。

扫一扫 学一学

假设用银行存款购买一辆价值 20 万元的丰田凯美瑞汽车。①采用单式记账法，应该如何记账；②采用复式记账法，应该如何记账；③比较以上两种方法，哪种比较好？

复式记账法按记账符号、记账规则和试算平衡的方法不同，可以分为借贷记账法、增减记账法和收付记账法。其中借贷记账法是国际上通用的记账方法，我国《企业会计准则——基本准则》规定企业应当采用借贷记账法记账。《事业单位会计准则》和《行政单位会计制度》也要求采用借贷记账法记账，因此，借贷记账法也是我国通用的记账方法。

任务二　借贷记账法

借贷记账法是以会计基本等式的平衡关系为基础，以"借""贷"作为记账符号，反映各项会计要素增减变动情况的一种复式记账方法。

借贷记账法的基本内容包括记账符号、账户结构、记账规则和试算平衡等。

一、记账符号

记账符号，是会计核算中采用的一种抽象标记，表示经济业务的增减变动和记账方向。

如前所述，借贷记账法以"借"和"贷"作为记账符号。"借"（英文简写 Dr）表示记入账户的借方；"贷"（英文简写 Cr）表示记入账户的贷方。

在借贷记账法下，"借""贷"两个符号对会计扩展等式两边的会计要素规定了相反的含义。笼统地说，无论是"借"还是"贷"都既表示增加，又表示减少。具体要看"借"和"贷"反映的是何种经济内容（会计要素）的增减变动，"借""贷"的具体含义如图 4-1 所示。

$$资产 \; + \; 费用 \; = \; 负债 \; + \; 所有者权益 \; + \; 收入$$

资产、费用支出、成本		负债、所有者权益、收入（收益）	
增加 记录在 借方	减少 记录在 贷方	减少 记录在 借方	增加 记录在 贷方

图 4-1 "借""贷"的具体含义

由此可见：

（1）"借"。对于会计扩展等式左边的账户，即资产、费用（包括损失）类账户，表示增加；对于会计等式右边的账户，即负债、所有者权益、收入和利润类账户，则表示减少。

（2）"贷"。对于会计等式左边的资产、费用类账户表示减少；对于会计等式右边的负债、所有者权益、收入（包括利得）类账户则表示增加。

二、借贷记账法下的账户结构

借贷记账法下，每一个账户都可以分为借方和贷方两个基本部分，通常将账户左方定为借方，右方定为贷方。借贷记账法下"T"型账户的形式如图4-2所示。所有账户的借方和贷方都要按相反的方向记录其增减变动金额，即一方登记增加额，另一方就登记减少额，至于是借方登记增加还是贷方登记增加，取决于账户所反映的经济内容。账户按反映的经济内容不同可分为是资产类、负债类、所有者权益类、成本类、损益类等账户。下面将分别说明各类账户的账户结构。

账户名称

借方	贷方

图 4-2 借贷记账法下的"T"型账户结构

（一）资产、费用（包括损失）、成本类账户的结构

资产、费用、成本处于会计扩展等式的左方，借方记录增加额，贷方记录减少额。每一会计期间借方记录的增加金额合计称为本期借方发生额，贷方记录的减少金额合计称为本期贷方发生额。一个会计期间结束时，资产、费用、成本类账户若有期末余额，一般为借方余额。资产、费用、成本类账户的结构如图4-3所示，其计算公式为：

期末余额（借方）＝期初借方余额＋本期借方发生额－本期贷方发生额　　　　（4-1）

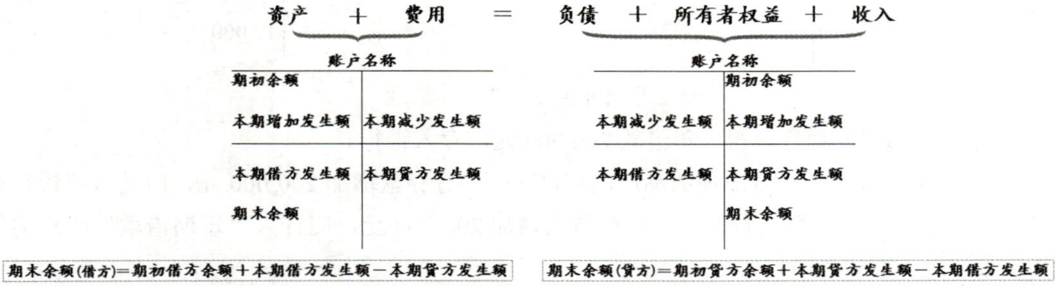

图 4-3 借贷记账法下的账户结构

（二）负债、所有者权益、收入（包括收益利得）的结构

负债、所有者权益、收入处于会计扩展等式的右方，贷方记录增加额，借方记录减少额。每一会计期间贷方记录的增加金额合计称为本期借方发生额，借方记录的减少金额合计称为本期贷方发生额。一个会计期间结束时，负债、所有者权益、收入类账户若有期末余额，一般为贷方余额。负债、所有者权益、收入类账户的结构如图4-3所示，其计算公式为：

期末余额（贷方）＝期初贷方余额＋本期贷方发生额－本期借方发生额　　　　（4-2）

三、记账规则

记账规则是指采用某种记账方法登记具体经济业务时应当遵循的规则。按照复式记账的原理，每发生一项可以用货币计量的交易或事项都要以相等的金额，在两个或两个以上相互联系的账户中进行记录。在借贷记账法下，如何记录这些交易或事项呢？以下通过举例来阐述。

【例4-1】"so good.. 甜品公园"部分经济业务如下：

【业务1】甜品店的第一笔交易就是李美玉自己给甜品店投入资金，2019年5月1日，她在甜品店的账户中存入400 000元人民币。

【解析】该项经济业务一方面引起资产——银行存款增加400 000元，应计入"银行存款"账户的借方；另一方面使所有者权益——实收资本增加400 000元，应计入"实收资本"账户的贷方，因此在账户的记录如图4-4所示。

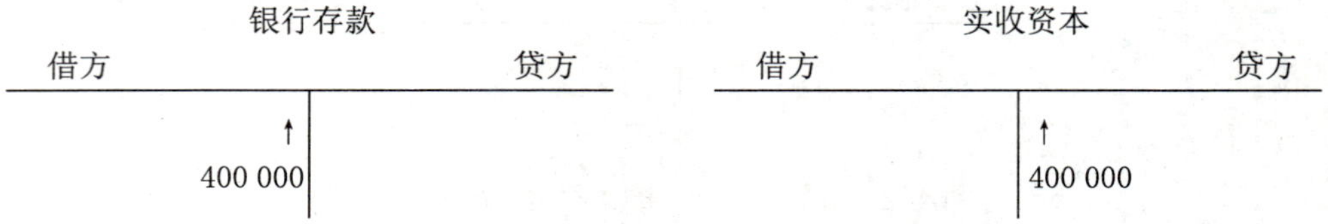

图4-4 【业务1】登账示意图

【业务2】甜品店用银行存款12 000元购买4辆送货用的绿源电动车。

【解析】这项经济业务一方面使甜品店的资产——固定资产增加12 000元，应计入"固定资产"账户的借方；另一方面使资产——银行存款减少12 000元，应计入"银行存款"账户的贷方。其登账结果如图4-5所示。

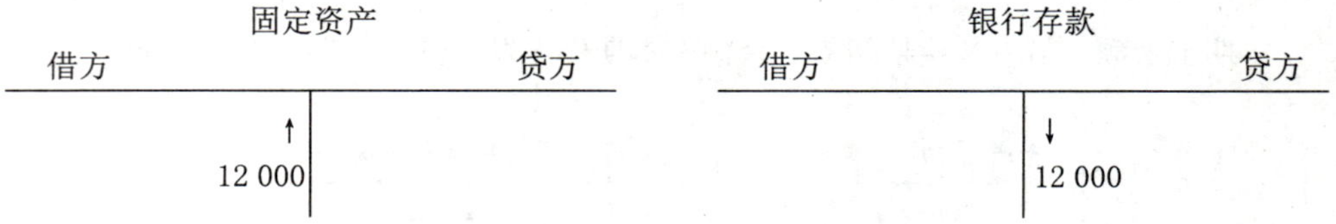

图4-5 【业务2】登账示意图

【业务3】甜品店向银行取得半年借款200 000元，存入银行。

【解析】这项经济业务一方面使甜品店的资产——银行存款增加200 000元，应计入"银行存款"账户的借方；另一方面使负债——短期借款增加200 000元，应计入"短期借款"账户的贷方。其登账结果如图4-6所示。

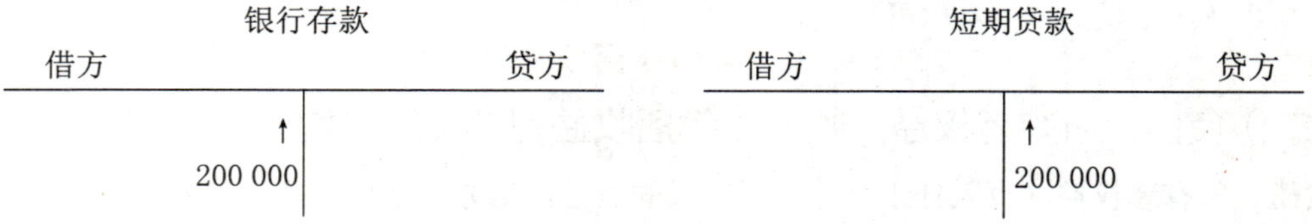

图4-6 【业务3】登账示意图

【业务4】股东兼员工赵小明之前外出参加学习培训自己垫支出差途中的一些费用，现在带回相应的住宿、餐饮发票向甜品店报销差旅费1 600元，以现金支付。

【解析】这项经济业务一方面使甜品店的费用——管理费用（差旅费）增加1 600元，应计入"管理费用"账户的借方；另一方面使资产——库存现金减少1 600元，应计入"库存现金"账户的贷方。其登账结果如图4-7所示。

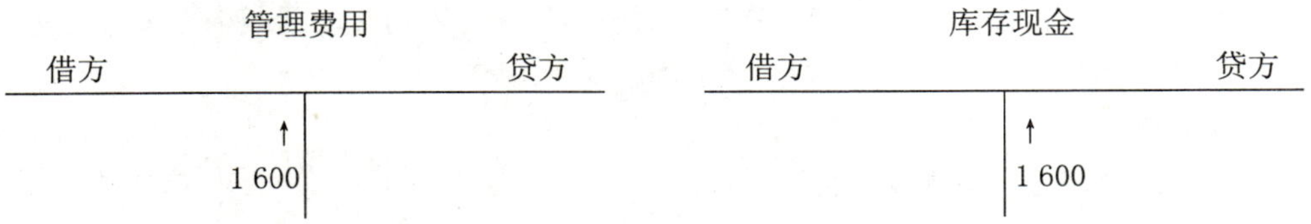

图 4-7　【业务 4】登账示意图

从以上几个案例可以看出，每一项经济业务发生之后，运用借贷记账法进行账务处理，都必须是同时记入某一个账户的借方和另一个账户的贷方，而且记入借方与记入贷方的金额总是相等。因此，借贷记账法的记账规则可以总结为："有借必有贷，借贷必相等"。

四、借贷记账法下的账户对应关系和会计分录

（一）账户对应关系

在同一笔会计分录中，账户之间的应借、应贷关系称为账户的对应关系。存在对应关系的账户称为对应账户（对应科目）。

例如，"so good.. 甜品公园"用银行存款 12 000 元购买 4 辆送货用的绿源电动车，就要在"固定资产"账户的借方和"银行存款"账户的贷方进行记录。这样，"固定资产"账户与"银行存款"账户之间就产生了对应关系，两个账户就成了对应账户。账户之间的对应关系有助于了解经济业务的来踪和去迹，检查对经济业务的会计处理是否合理合法。

（二）会计分录

为了保证账户对应关系的正确性，一般在经济业务记入账户之前，应在记账凭证上编制会计分录。

1. 会计分录的含义和要素

会计分录简称分录，是指对每一项经济业务，按照借贷记账法的规则，分别在应借应贷方向列示账户名称及其金额的一种记录方式。账户名称（会计科目）、记账方向（应借、应贷方向）和记账金额是会计分录的三大要素，缺一不可。

每一笔会计分录应包括三项要素：一是记账符号，表明记账方向，即应该记入借方还是贷方；二是会计科目，即经济业务涉及的科目名称；三是金额。

2. 会计分录的基本格式和编制步骤

会计分录是会计特有的记录语言，实务中需要将其填写在具有一定格式的记账凭证中。在教学过程中，为了便于理解，形成了一些基本规范和编制方法，包括基本格式和编制步骤。

（1）基本格式。

①左借右贷，上下错开。

②在"借"和"贷"的后面加冒号。

③借贷两方的总金额必须相等。

基本格式规范如下：

借：会计科目 1　　　　　　　　　　　　　　　　　　　　　×××

　　贷：会计科目 2　　　　　　　　　　　　　　　　　　　　　×××

会计科目（账户）前面的"借"和"贷"何时表示增加方，何时表示减少方参考前文"借贷记账法下的账户结构"。

（2）编制步骤。

①定性：分析经济业务所涉及的会计科目。

②定向：确定经济业务使各会计科目增加了还是减少了，根据会计科目所属类别及其用途，明确各会计科目应借应贷的方向。

③定量：分析计算各会计科目增加或减少的金额。

④定验：按正确的格式编制会计分录，并检查是否符合记账规则。

⑤书写分录：按格式编制会计分录。

【例4-2】根据天佑制造企业在2019年9月发生的如下经济业务，编制相关会计分录。

（1）6日，收到万方公司投入资金100 000元，存入银行。

（2）8日，由鸿天工厂购进材料250千克，单价50元，计12 500元，款项以存款支付，材料已入库。

（3）9日，向银行取得半年借款200 000元，存入银行。

（4）12日，刘季预借差旅费5 000元，以现金支付。

（5）15日，向银行提现12 000元备用。

（6）17日，以存款4 000元归还前欠东方公司货款。

（7）21日，以存款8 000元购入设备一台。

【解析】

（1）这项经济业务的发生，使企业的银行存款增加100 000元，计入"银行存款"账户的借方；同时，公司的实收资本增加100 000元，计入"实收资本"账户的贷方。编制会计分录如下：

借：银行存款　　　　　　　　　　　　　　　　　　　100 000
　　贷：实收资本　　　　　　　　　　　　　　　　　　100 000

（2）这项经济业务的发生，使企业的原材料增加12 500元，计入"原材料"账户的借方；同时，公司的银行存款减少12 500元，计入"银行存款"账户的贷方。编制会计分录如下：

借：原材料　　　　　　　　　　　　　　　　　　　　12 500
　　贷：银行存款　　　　　　　　　　　　　　　　　　12 500

（3）这项经济业务的发生，使企业的银行存款增加200 000元，计入"银行存款"账户的借方；同时，公司的短期借款增加200 000元，计入"短期借款"账户的贷方。编制会计分录如下：

借：银行存款　　　　　　　　　　　　　　　　　　　200 000
　　贷：短期借款　　　　　　　　　　　　　　　　　　200 000

（4）这项经济业务的发生，使企业的其他应收款增加5 000元，计入"其他应收款"账户的借方；同时，公司的库存现金减少5 000元，计入"库存现金"账户的贷方。编制会计分录如下：

借：其他应收款　　　　　　　　　　　　　　　　　　5 000
　　贷：库存现金　　　　　　　　　　　　　　　　　　5 000

（5）这项经济业务的发生，使企业的库存现金增加12 000元，计入"库存现金"账户的借方；同时，公司的银行存款减少12 000元，计入"银行存款"账户的贷方。编制会计分录如下：

借：库存现金　　　　　　　　　　　　　　　　　　　12 000
　　贷：银行存款　　　　　　　　　　　　　　　　　　12 000

（6）这项经济业务的发生，使企业的应付账款减少 4 000 元，计入"应付账款"账户的借方；同时，公司的银行存款减少 4 000 元，计入"银行存款"账户的贷方。编制会计分录如下：

借：应付账款　　　　　　　　　　　　　　　　　　　　　　　　4 000

　　贷：银行存款　　　　　　　　　　　　　　　　　　　　　　　　4 000

（7）这项经济业务的发生，使企业的固定资产增加 8 000 元，计入"固定资产"账户的借方；同时，公司的银行存款减少 8 000 元，计入"银行存款"账户的贷方。编制会计分录如下：

借：固定资产　　　　　　　　　　　　　　　　　　　　　　　　8 000

　　贷：银行存款　　　　　　　　　　　　　　　　　　　　　　　　8 000

按照所涉及账户的多少，会计分录分为简单分录和复合会计分录。

简单分录即一借一贷的会计分录。

复合会计分录即一借多贷、多贷一借或多借多贷的会计分录。

任何一笔复合会计分录均可分解成若干笔简单分录。

五、借贷记账法下的试算平衡

试算平衡是根据会计等式的平衡关系，按照记账规则的要求，通过编制试算平衡表，以检查各类账户记录是否正确、完善的验证方法。试算平衡有发生额试算平衡和余额试算平衡。

1．发生额试算平衡

发生额试算平衡是以借贷记账法"有借必有贷，借贷必相等"的记账规则为依据，全部账户发生额试算平衡，即

全部账户本期借方发生额合计数＝全部账户本期贷方发生额合计数　　　　（4-3）

2．余额试算平衡

余额试算平衡是以会计恒等式为依据，全部账户余额试算平衡，即：

全部账户本期借方余额合计数＝全部账户本期贷方余额合计数　　　　（4-4）

在实际工作中，试算平衡一般是通过编制"试算平衡表"来完成的。现以【例4-2】编制的会计分录编制总分类账户发生额和余额试算平衡表，见表4-1。

表4-1　　　　　　　　　　总分类账户发生额和余额试算平衡表

账户	期初余额		本期发生额		期末余额	
	借方	贷方	借方	贷方	借方	贷方
库存现金	2 000.00		12 000.00	5 000.00	9 000.00	
银行存款	248 000.00		300 000.00	36 500.00	511 500.00	
原材料	120 000.00		12 500.00		132 500.00	
其他应收款	80 000.00		5 000.00		85 000.00	
固定资产	550 000.00		8 000.00		558 000.00	
短期借款		150 000.00		200 000.00		350 000.00
应付账款		200 000.00	4 000.00			196 000.00
实收资本		650 000.00		100 000.00		750 000.00
合计	1 000 000.00	1 000 000.00	341 500.00	341 500.00	1 296 000.00	1 296 000.00

需要注意的是，试算平衡只是通过借贷金额是否平衡来检查账户的记录是否正确。如果借贷不平衡，可以肯定账户记录或计算有错，应查找原因并予以更正。如果借贷平衡，并不能肯定记账完全没有错误，因为有的记账错误不会影响借贷双方的平衡，例如重记、漏记、用错账户等就难以通过账户的平衡关系检查出来。因此，为了纠正账簿记录的其他错误，需要对所有的会计记录进行日常或定期的复核，以保证账户记录的正确性。

项目小结

借贷记账法是以"借""贷"作为记账符号，以会计基本等式的平衡关系为基础，反映各项会计要素增减变动情况的一种复式记账方法。借贷记账法是历史上最早的一种复式记账法。借方可以反映资产增加、负债减少、所有者权益减少、费用增加及成本增加；贷方反映资产减少、负债增加、所有者权益增加、收入增加、费用减少或转销及成本减少。借贷记账法的记账规则是"有借必有贷，借贷必相等"。为了保证账户对应关系的正确性，一般在经济业务记入账户之前，应在记账凭证上编制会计分录。

教、学、做一体化训练

一、单项选择题

1. 在复式记账法下，对每项经济业务都可以以相等的金额在（   ）。

A. 一个或一个以上账户中登记　　　　B. 两个账户中登记

C. 两个或两个以上账户中登记　　　　D. 相互关联的两个或两个以上账户中登记

2. 我国《企业会计准则》规定，企业应采用（   ）。

A. 增减记账法　　　B. 借贷记账法　　　C. 收付记账法　　　D. 单式记账法

3. 借贷记账法的借方表示（   ）。

A. 资产增加，负债及所有者权益减少　　　B. 资产增加，负债及所有者权益增加

C. 资产减少，负债及所有者权益减少　　　D. 资产减少，负债及所有者权益增加

4. 借贷记账法的贷方表示（   ）。

A. 资产减少，负债及所有者权益减少　　　B. 资产增加，负债及所有者权益增加

C. 资产减少，负债及所有者权益增加　　　D. 资产增加，负债及所有者权益减少

5. 存在对应关系的账户，彼此称为（   ）。

A. 对应账户　　　　B. 相对账户　　　　C. 对称账户　　　　D. 相对账户

6. 在借贷记账法下，将账户划分为借、贷两方，哪一方登记增加，哪一方登记减少的依据是（   ）。

A. 凡借方都登记增加，贷方都登记减少　　　B. 记账方法

C. 核算方法　　　　　　　　　　　　　　　D. 账户的性质及结构

7. 在账户中，关于用借方和贷方登记资产、负债、所有者权益的增加、减少数额，说法正

确的是（　　）。

A. 借方登记资产、负债及所有者权益的增加，贷方登记其减少

B. 借方登记资产、负债及所有者权益的减少，贷方登记其增加

C. 借方登记资产的增加、负债及所有者权益的减少，贷方反之

D. 借方登记负债的减少、资产及所有者权益的增加，贷方反之

8. 期末一般有借方余额的账户是（　　）。

A. 应付账款账户　　　B. 应收账款账户　　　C. 实收资本账户　　　D. 预收账款账户

9. 属于简单分录的是（　　）。

A. 一贷多借　　　　　B. 一借多贷　　　　　C. 一借一贷　　　　　D. 多借多贷

10. 复合会计分录是指（　　）。

A. 涉及四个账户的会计分录　　　　　B. 涉及两个或两个以上账户的会计分录

C. 涉及三个或三个以上账户的会计记录　　　D. 涉及四个或四个以上账户的会计记录

11. 在借贷记账法下，余额试算平衡法的平衡公式是（　　）。

A. 全部总分类账户的借方发生额合计＝全部总分类账户的贷方发生额合计

B. 全部总分类账户的借方期初余额合计＝全部总分类账户的借方期末余额合计

C. 全部总分类账户的贷方期初余额合计＝全部总分类账户的贷方期末余额合计

D. 全部总分类账户的借方期末余额合计＝全部总分类账户的贷方期末余额合计

12. 借贷记账法是以"借""贷"作为（　　）的一种复式记账方法。

A. 账户结构　　　　　B. 账户对应关系　　　C. 记账规则　　　　　D. 记账符号

13. 某企业购入原材料 6 000 元，以存款支付货款 4 000 元，余款暂欠。关于该项经济业务，下列各项与"原材料"账户存在对应关系的账户是（　　）账户。

A. "其他应付款"　　　B. "应付账款"　　　C. "预付账款"　　　D. "生产成本"

14. "应收账款"账户期初借方余额为 7 000 元，借方本期发生额为 3 000 元，贷方本期发生额为 12 000 元，该账户期末余额应为（　　）。

A. 借方余额 8 000 元　　　　　　　　B. 贷方余额 9 000 元

C. 借方余额 2 000 元　　　　　　　　D. 借方余额 2 000 元

15. 借贷记账法试算平衡的方法是（　　）。

A. 总账及所属明细账的余额平衡　　　B. 差额平衡

C. 所有资产类和负债类的余额平衡　　　D. 发生额平衡、余额平衡

二、多项选择题

1. 下列关于复式记账法的特点表述中正确的是（　　）。

A. 对于每项经济业务，都在两个或两个以上相互关联的账户中进行记录

B. 以相等金额在有关账户中进行记录，因而可以据此进行试算平衡，以检查账户记录是否正确

C. 通过账户记录可以了解经济业务的来龙去脉

D. 相对于单式记账法而言，更具有操作简单的优势

2. 在借贷记账法下，账户借方登记的内容是（　　　）。

A. 资产的增加　　　　　　　　　　B. 所有者权益的增加

C. 收入的减少或期末结转数　　　　D. 成本的增加数

3. 在借贷记账法下，账户贷方登记的内容是（　　　）。

A. 资产的减少　　　　　　　　　　B. 负债的增加

C. 费用的减少数及期末结转数　　　D. 成本减少数或结转数

4. 下列关于账户余额的表述中正确的是（　　　）。

A. 资产类账户的期末余额＝期初余额＋本期借方发生额－本期贷方发生额

B. 资产类账户的期末余额＝期初余额＋本期贷方发生额－本期借方发生额

C. 权益类账户的期末余额＝期初余额＋本期借方发生额－本期贷方发生额

D. 权益类账户的期末余额＝期初余额＋本期贷方发生额－本期借方发生额

5. 构成会计分录的基本内容是（　　　）。

A. 应记账户的名称　　B. 应记账户的方向　　C. 应记金额　　　　　D. 记账时间

6. 借贷记账方法下的试算平衡方法有（　　　）。

A. 发生额试算平衡法　　　　　　　B. 总额试算平衡法

C. 差额试算平衡法　　　　　　　　D. 余额试算平衡法

7. 在发生（　　　）的情况下，试算平衡表依然是平衡的。

A. 少记某一账户发生额　　　　　　B. 整笔经济业务漏记

C. 整笔经济业务重记　　　　　　　D. 某一账户的金额记错

三、判断题

1. 企业会计准则规定，企业会计记账只能采用复式记账法。　　　　　　　（　　　）

2. 在借贷记账法下，账户的借方登记增加数，贷方登记减少数。　　　　　（　　　）

3. 资产类账户的余额，一般在借方；权益类账户的余额，一般在贷方。　　（　　　）

4. 一般地说，各类账户的期末余额与记录增加额的一方都在同一方向。　　（　　　）

5. 账户的本期发生额是动态资料，而期初和期末余额则是静态资料。　　　（　　　）

6. 编制会计分录是会计核算的方法之一。　　　　　　　　　　　　　　　（　　　）

7. 一个账户的借方如果用来登记减少额，其贷方一定用来登记增加额。　　（　　　）

8. "期末余额＝期初余额＋本期增加发生额－本期减少发生额"这一公式适用于任何性质账户的结账。　　　　　　　　　　　　　　　　　　　　　　　　　　　　　　　（　　　）

9. 通过试算平衡检查账簿记录，若借贷平衡就可以肯定记账准确无误。　　（　　　）

10. 在借贷记账法下，账户的基本结构是：借方栏、贷方栏和余额栏。　　（　　　）

四、业务题

实训 1

掌握借贷记账法下账户的基本结构。

（一）资料

虽然借贷记账法对账户不要求固定分类，但企业会计准则规定账户共分为六类，以下为部分账户的"T"型账。

（二）要求

1．分别计算各类账户的本期发生额和期末余额，填入有关账户的空格内。

2．写出账户结账公式。

（1）资产类账户的基本结构。

库存商品

借方		贷方	
期初余额　129 000			
235 000			
171 000	325 000		
48 000	60 000		
本期发生额（　　　　）		本期发生额（　　　　　　）	
期末余额（　　　　）			

资产类账户的期末余额与本期发生额之间的关系，可用下列公式表示：

期末余额（＿＿方）＝期末余额（＿＿方）＋本期（＿＿方）发生额－本期（＿＿方）发生额

（2）负债类账户的基本结构。

短期借款

借方		贷方	
		期初余额　400 000	
400 000		200 000	
200 000		300 000	
本期发生额（　　　　）		本期发生额（　　　　　）	
		期末余额（　　　　）	

负债类账户的期末余额与本期发生额之间的关系，可用下列公式表示：

期末余额（＿＿方）＝期末余额（＿＿方）＋本期（＿＿方）发生额－本期（＿＿方）发生额

（3）所有者权益类账户的基本结构。

实收资本

借方		贷方	
		期初余额　6 000 000	
200 000		500 000	
本期发生额（　　　　）		本期发生额（　　　　　）	
		期末余额（　　　　）	

权益类账户的期末余额与本期发生额之间的关系，可用下列公式表示：

期末余额（＿＿方）＝期末余额（＿＿方）＋本期（＿＿方）发生额－本期（＿＿方）发生额

（4）成本类账户的基本结构。

生产成本

借方		贷方
期初余额	96 000	
	428 000	
	20 500	
	13 500	410 000
本期发生额（ ）		本期发生额（ ）
期末余额（ ）		

成本类账户的期末余额与本期发生额之间的关系，可用下列公式表示：

期末余额（___方）＝期末余额（___方）＋本期（___方）发生额－本期（___方）发生额

（5）损益类账户的基本结构。

①收益增加账户（收入、利得）。

主营业务收入

借方		贷方
		300 000
		600 000
	1 800 000	900 000
本期发生额（ ）		本期发生额（ ）
		期末余额（ ）

收益增加账户的期末余额与本期发生额之间的关系，可用下列公式表示：

期末余额（___方）＝期末余额（___方）＋本期（___方）发生额－本期（___方）发生额

②收益减少账户（费用、损失）。

主营业务成本

借方		贷方
	1 400 000	1 400 000
本期发生额（ ）		本期发生额（ ）
期末余额（ ）		

收益减少账户的期末余额与本期发生额之间的关系，可用下列公式表示：

期末余额（___方）＝期末余额（___方）＋本期（___方）发生额－本期（___方）发生额

3. 归纳各类账户借方和贷方的含义：

账户名称

借方	贷方
反映资产：	反映资产：
反映负债：	反映负债：
反映所有者权益：	反映所有者权益：
反映成本：	反映成本：
反映收入：	反映收入：
反映费用：	反映费用：

实训 2

掌握借贷记账法下账户余额与发生额之间的关系。

（一）资料

某公司 2019 年 4 月的有关账户余额、本期发生额的关系见表 4-2。

（二）要求

1. 在表 4-2 的括号中填入正确的金额。

2. 在"借或贷"栏中注明余额的方向。

表 4-2　　　　　某公司有关账户余额与本期发生额关系表

2019 年 4 月 30 日　　　　　　　单位：元

账户名称	期初余额	本期借方发生额	本期贷方发生额	期末余额	
				借或贷	金额
银行存款	（　　　）	60 000.00	30 000.00		70 000.00
固定资产	100 000.00	5 000.00			（　　　）
原材料	70 000.00	30 000.00	（　　　）		80 000.00
应付账款	9 000.00	（　　　）	11 000.00		10 000.00
短期借款	500 000.00	500 000.00	800 000.00		（　　　）
实收资本	（　　　）	60 000.00	50 000.00		250 000.00
盈余公积	120 000.00	5 000.00	9 500.00		（　　　）

实训 3

掌握采用借贷记账法，运用会计科目，编制会计分录。

（一）资料

某企业在 2018 年 10 月发生下列经济业务：

1. 1 日，以现金预借采购员夏伟出差差旅费 3 000 元。

2. 5 日，为生产甲产品领用 A 材料 1 300 元，B 材料 500 元。

3. 7 日，收到投资者投入机器设备 10 台，价值 70 000 元。

4. 8 日，购入材料一批，价值 8 000 元，材料已入库，款项尚未支付。

5. 15 日，以存款发放职工工资 350 000 元。

6. 26 日，采购员夏伟出差回来报销差旅费 2 800 元，余款 200 元收回。

7. 27 日，收到某单位前欠货款 2 900 元，存入银行。

（二）要求 +

根据上述业务编制会计分录（写在表 4-3 相应的位置）。

表 4-3 会计分录书写表

序号	日期	摘要	会计分录
1			
2			
3			
4			
5			
6			
7			

实训 4

掌握编制试算平衡表。

（一）资料

冠华公司在 2018 年 12 月初的账户余额见表 4-4。

表 4-4 冠华公司 2018 年 12 月初的账户余额表

单位：元

账户	借或贷	余额	账户	借或贷	余额
库存现金	借	8 000.00	银行存款	借	200 000.00
应收账款	借	115 000.00	原材料	借	2 000 000.00
固定资产	借	5 000 000.00	短期借款	贷	1 200 000.00
应付账款	贷	123 000.00	实收资本	贷	6 000 000.00

冠华公司在 2018 年 12 月发生如下经济业务：

1. 甲企业投入新设备一台，价值 500 000 元。
2. 向银行借入短期借款 200 000 元，存入银行。
3. 以存款偿还某单位货款 3 000 元。
4. 从银行提现 4 000 元备用。
5. 收回某单位前货款 25 000 元，存入银行。
6. 以存款购入 5 台设备，价值 100 000 元。
7. 收到某单位投入原材料一批，价值 600 000 元。

（二）要求

根据冠华公司上述资料编制会计分录，登记"T"型账户，并编制"发生额及余额试算平衡表"。

模块 二

会计基本经济业务核算

生产企业基本经济业务核算

学习目标

1. 了解制造企业经济业务的基础内容。
2. 熟悉有关账户的设置和运用。
3. 掌握制造企业经济业务的账务处理方法。

会计知识引导

湖南某高职院校学生王平在大学毕业后应聘到湖南省双林木业制造有限公司财务部担任会计凭证填制人员。在入职考核中，有一道题目问的是"制造业资金运动有哪几个环节？"王平马上想到学"基础会计"这门课程时，老师就强调过"企业的资金运动分为资金的投入、资金的循环和周转、资金的退出三个基本环节。"最终王平凭借自己扎实的财务功底在本次考核中获得了优异的成绩。

那么我们再来分析一下制造业资金运动和企业基本经济业务之间又存在什么样的联系呢？

以制造业为例，资金运动分为资金的投入、资金的循环和周转、资金的退出三个基本环节。制造业资金运动和企业基本经济业务的关系如图 5-1 所示。

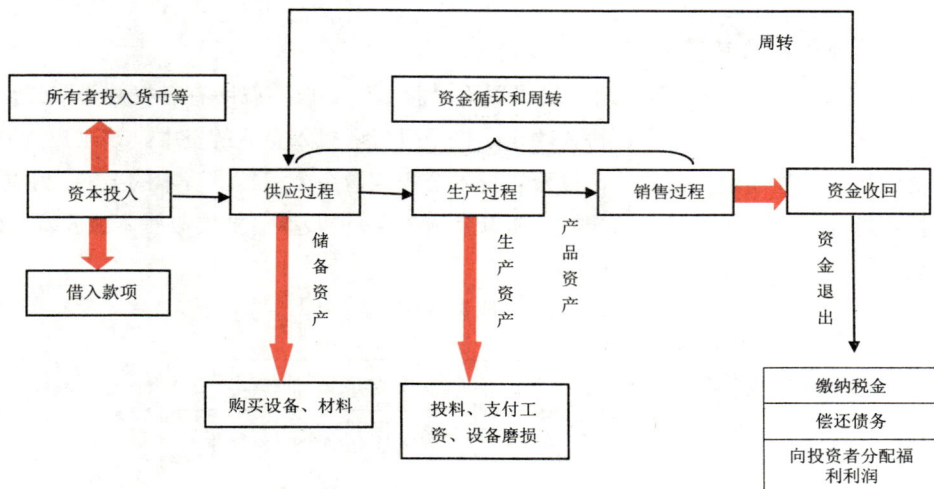

图 5-1　制造业资金运动和企业基本经济业务的关系图

任务一 资金筹集业务的核算

为了独立进行生产经营活动，企业必须拥有一定数量的财产物资。这些财产物资的货币表现就是资金，是制造企业从事产品生产经营活动的物质基础。制造企业的资金筹集渠道主要有两个：一是接受所有者投入资本；二是向债权人借款。所有者权益筹资即投资人投入的资本（通常称为权益资本），包括投资者的投资及其增值，这部分资本的所有者既享有企业的经营收益，也承担企业的经营风险。负债筹资即向债权人借款形成企业的负债（通常称为债务资本），主要包括企业向债权人借入的资金和结算形成的负债资金等。

一、所有者权益筹资业务

（一）所有者投入资本的构成

企业通过接受所有者投入资本形成企业的法定资本金。所有者向企业投入的资本，在一般情况下无须偿还，可供企业长期周转使用，是企业重要的长期资金来源之一，其变化会引起企业所有者权益的增减变动。所有者投入的资本按照投资主体可分为国家投入资本、法人投入资本、个人投入资本和外商投入资本等。

所有者投入的资本主要包括实收资本（或股本）和资本公积。实收资本（或股本）是指企业的投资者按照企业章程、合同或协议的约定，实际投入企业的资本金以及按照有关规定由资本公积、盈余公积等转增资本的资金。《中华人民共和国公司法》（以下简称《公司法》）规定，股东可以用货币资金出资，也可以用实物、知识产权、土地使用权等可以用货币估价并可依法转让的非货币财产作价出资；但是，法律、行政法规规定不得作为出资的财产除外。

资本公积是企业收到投资者投入的超出其在企业注册资本（或股本）中所占份额的投资，以及直接计入所有者权益的利得和损失等。资本公积作为企业所有者权益的重要组成部分，主要用于转增资本。

（二）账户设置

1. "实收资本（或股本）"账户

"实收资本"账户（股份有限公司一般设置为"股本"账户）属所有者权益类账户，用以反映和监督企业按照章程规定或合同、协议约定，接受投资者投入企业的资本。该账户贷方登记企业接受投资者投入的注册资本或股本，以及以资本公积或盈余公积转增资本的金额，借方登记按法定程序报经批准减少的注册资本的金额。期末余额在贷方，反映企业实收资本或股本总额。"实收资本"账户的结构和内容如图 5-2 所示。

实收资本

借方	贷方
投入资本的减少数	收到投资者投入的资本
	余额：投入资本的实有数

图 5-2 "实收资本"账户的结构和内容

2. "资本公积"账户

"资本公积"账户属于所有者权益类账户，用以反映和监督企业收到投资者出资额超出其在注册资本或股本中所占份额的部分，以及直接计入所有者权益的利得和损失等。该账户借方登记资本公积的减少额，贷方登记资本公积的增加额。期末余额在贷方，反映企业期末资本公积的结余数额。该账户可按资本公积的来源不同，分别以"资本溢价（或股本溢价）""其他资本公积"进行明细核算。"资本公积"账户的结构和内容如图5-3所示。

资本公积

借方	贷方
以资本公积转增资本的金额	出资额中资本溢价或股本溢价金额增加的其他资本公积
	余额：资本公积的实有数

图5-3　"资本公积"账户的结构和内容

3. "银行存款"账户

"银行存款"账户属于资产类账户，用以反映和监督企业存入银行或其他金融机构的各种款项。该账户借方登记存入的款项，贷方登记提取或支出的存款。期末余额在借方，反映企业存在银行或其他金融机构的各种款项。该账户应当按照开户银行、存款种类等分别进行明细核算。需要注意的是银行汇票存款、银行本票存款、信用卡存款、信用保证金存款、存出投资款、外埠存款等，通过"其他货币资金"账户核算。"银行存款"账户的结构和内容如图5-4所示。

银行存款

借方	贷方
银行存款的增加数	银行存款的减少数
余额：银行存款的实有数	

图5-4　"银行存款"账户的结构和内容

（三）账务处理

1. 接受货币资金投资

湖南省双林木业制造有限公司（以下简称"双林木业"）的基本情况见表5-1。

表5-1　　　　　　　　　　　　　企业基本情况

项目	内容
企业名称	湖南省双林木业制造有限公司
主要业务、产品类型	实木板、大芯板、细芯板、刨花板、强化复合木地板、木质防火门、装饰门、隔音门等
单位地址、联系电话	湖南省长沙市望城区丁字镇688号，电话：0731-88561960
开户行及账号	中国建设银行丁字镇支行 6620325410032656721
纳税人识别号	94010065985323X72
适应税率	增值税税率13%，企业所得税税率25%，城建税税率7%，教育费附加税率3%
企业相关人员	法人代表：杨百万　　财务总监：陆海 总账会计：朱上　　出纳：张艺　　制单：王平

【例 5-1】湖南省双林木业制造有限公司于 2019 年 6 月 1 日收到投资者湖南永顺投资公司投入的资本 1 000 000 元，并存入银行。投资入股协议书见单据 5-1，银行进账单见单据 5-2。

单据 5-1

投 资 入 股 协 议 书

协议编号：20190601

本协议的投资方分别为：

甲方：湖南省双林木业制造有限公司

乙方：湖南永顺投资公司

甲、乙双方一致认同，乙方作为新的投资人与甲方共同经营湖南省双林木业制造有限公司（以下简称"公司"），成为该公司股东。双方本着互利互惠、共同发展的原则，经充分协商，依据《中华人民共和国公司法》以及相关法律法规之规定，特订立本协议。各方按如下条款，享有权利，履行义务。

第一条　出资金额、方式

乙方以货币方式出资，出资金额为人民币 100 万元（大写：人民币壹佰万元），占公司股份总数的 14.285%。

第二条　入股及股份的转让

依法履行了法定入股程序后，方视为乙方业已入股，成为公司股东。乙方转让股份，须提前两个月通知甲方，且履行相应的法律程序。

第三条　股东（乙方）的权利及义务

1. 依公司章程享有股东权利，承担股东义务。

2. 依据 14.285% 的出资比例享有公司利润，承担公司亏损。

3. 对成为公司股东之前的公司经营利润不享有任何权益、对营业损失及债务亦不承担任何责任；乙方成为公司股东之后，若由于公司清偿乙方成为股东之前的债务致使乙方遭受损失的，由甲方向乙方承担赔偿责任。

4. 全面负责公司的财务和业务工作。

5. 应按本协议书之约定及时支付相应款项。

第四条　承诺

甲方承诺，湖南省双林木业制造有限公司系合法注册，现依法经营的合法公司，否则，向乙方承担缔约过失责任，如还有其他损失，应据实赔偿。

第五条　违约责任

乙方若迟延支付款项致使公司遭受重大损失的，应向甲方给予相应的赔偿；若甲方因重大过错，致使公司遭受资金损失的，应当向乙方承担相应的赔偿责任。

第六条　争议的解决

因执行本合同所发生的或与本合同有关的一切争议，双方应通过友好协商解决，如协商不能解决，应向有管辖权的法院起诉。

第七条　合同生效及其他

本协议未尽事宜，双方应共同协商，并且须签订补充协议。

本协议书共两份，双方各一份，自双方签字之日起生效。

甲方：湖南省双林木业制造有限公司　　　　　乙方：湖南永顺投资公司

法定代表人签字：杨百万　　　　　　　　　　法定代表人签字：吴明

日期：2019 年 6 月 1 日　　　　　　　　　　日期：2019 年 6 月 1 日

单据 5-2

中国建设银行进账单（收账通知）

2019年6月1日　　　　　　　　　　　　No4581910

<table>
<tr><td rowspan="3">收款人</td><td>全　称</td><td>湖南省双林木业制造有限公司</td><td rowspan="3">付款人</td><td>全　称</td><td colspan="10">湖南永顺投资公司</td><td rowspan="7">此联是银行交收款人的收账通知</td></tr>
<tr><td>账　号</td><td>6620325410032656721</td><td>账　号</td><td colspan="10">6589745895214656265</td></tr>
<tr><td>开户行</td><td>中国建设银行丁字镇支行</td><td>开户行</td><td colspan="10">中国建设银行含浦支行</td></tr>
<tr><td colspan="2">人民币（大写）</td><td colspan="2">壹佰万元整</td><td></td><td>千</td><td>百</td><td>十</td><td>万</td><td>千</td><td>百</td><td>十</td><td>元</td><td>角</td><td>分</td></tr>
<tr><td colspan="2"></td><td colspan="2"></td><td>￥</td><td>1</td><td>0</td><td>0</td><td>0</td><td>0</td><td>0</td><td>0</td><td>0</td><td>0</td><td>0</td></tr>
<tr><td colspan="2">票据种类</td><td colspan="2">转账支票</td><td colspan="11">收款人开户行盖章</td></tr>
<tr><td colspan="2">票据张数</td><td colspan="2">1 张</td><td colspan="11">2019 年 6 月 1 日</td></tr>
<tr><td colspan="2">单位主管　会计　复核　记账</td><td colspan="13"></td></tr>
</table>

【解析】

　　借：银行存款　　　　　　　　　　　　　　　　　　　　　　　　1 000 000

　　　　贷：实收资本——永顺投资　　　　　　　　　　　　　　　　　　1 000 000

【例 5-2】2019 年 6 月 1 日，湖南省双林木业制造有限公司经批准内部发行股票 1 000 000 股，面值 2 元。公司按每股 3 元的价格发行。收到股款 3 000 000 元存入银行。银行进账单见单据 5-3。

单据 5-3

中国建设银行进账单（收账通知）

2019年6月1日　　　　　　　　　　　　No4581910

<table>
<tr><td rowspan="3">收款人</td><td>全　称</td><td>湖南省双林木业制造有限公司</td><td rowspan="3">付款人</td><td>全　称</td><td colspan="10">湖南嘉禾科技制造有限公司</td><td rowspan="7">此联是银行交收款人的收账通知</td></tr>
<tr><td>账　号</td><td>6620325410032656721</td><td>账　号</td><td colspan="10">6589745895214656265</td></tr>
<tr><td>开户行</td><td>中国建设银行丁字镇支行</td><td>开户行</td><td colspan="10">中国建设银行含浦支行</td></tr>
<tr><td colspan="2">人民币（大写）</td><td colspan="2">叁佰万元整</td><td></td><td>千</td><td>百</td><td>十</td><td>万</td><td>千</td><td>百</td><td>十</td><td>元</td><td>角</td><td>分</td></tr>
<tr><td colspan="2"></td><td colspan="2"></td><td>￥</td><td>3</td><td>0</td><td>0</td><td>0</td><td>0</td><td>0</td><td>0</td><td>0</td><td>0</td><td>0</td></tr>
<tr><td colspan="2">票据种类</td><td colspan="2"></td><td colspan="11">收款人开户行盖章</td></tr>
<tr><td colspan="2">票据张数</td><td colspan="2"></td><td colspan="11">2019 年 6 月 1 日</td></tr>
<tr><td colspan="2">单位主管　会计　复核　记账</td><td colspan="13"></td></tr>
</table>

【解析】

借：银行存款 3 000 000
　贷：股本 2 000 000
　　　资本公积 1 000 000

2．接受非货币资金投资

【例 5-3】 2019 年 6 月 3 日，湖南省双林木业制造有限责任公司收到湖南嘉禾科技制造有限公司（以下简称"嘉禾科技"）作为实收资本投入的不需要安装的机器设备一台。合同约定该机器设备的价值为 100 000 元，增值税进项税额为 13 000 元。相关单据见单据 5-4 至单据 5-6。

单据 5-4

固 定 资 产 出 资 协 议

协议编号：20190602

甲方：湖南省双林木业制造有限公司

乙方：湖南嘉禾科技制造有限公司

协议事项：乙方有一套全新的热压拼板机（不需要安装），通过甲乙双方协商，该设备作价人民币 116 000 元，当作固定资产入股。此协议一式叁份，签字后立即生效。

甲方：湖南省双林木业制造有限公司　　　　乙方：湖南嘉禾科技制造有限公司
法定代表人签字：杨百万　　　　　　　　　法定代表人签字：赵信

日期：2019 年 6 月 3 日　　　　　　　　　日期：2019 年 6 月 3 日

单据 5-5

捐 赠 资 产 交 接 单

2019 年 6 月 3 日

捐赠单位	湖南嘉禾科技制造有限公司	接收单位	湖南省双林木业制造有限公司
捐赠资产名称	原始价值	评估确认价值	计提折旧
机器设备	100 000.00	100 000.00	0
合计人民币（大写）：壹拾万元整			
备　注：			

单据 5-6

湖南增值税专用发票

4300094073

发票联

№00213130

开票日期：2019年6月3日

购货单位	名　　　称：湖南省双林木业制造有限公司 纳税人识别号：94010065985323X72 地　址、电　话：湖南省长沙市望城区丁字镇688号 电话：0731-88561960 开户行及账号：中国建设银行丁字镇支行6620325410032656721					密码区	（略）	
货物或应税劳务名称	规格型号	单位	数量	单价	金　　额	税率	税　额
热压拼板机		台	1	100 000.00	100 000.00	13%	13 000.00
合　　计					¥100 000.00		¥13 000.00
价税合计（大写）		⊗壹拾壹万叁仟元整			（小写）¥113 000.00		
销货单位	名　　　称：湖南嘉禾科技制造有限公司 纳税人识别号：430612210278903 地　址、电　话：湖南郴州嘉禾县人民北路91号0735-8689446 开户行及账号：中国建设银行嘉禾支行19563224568523654123					备注		

收款人：　　　　复核：　　　　开票人：赵丽　　　　销货单位：（章）

第三联　发票联　购货方记账凭证

【解析】

借：固定资产——热压拼板机　　　　　　　　　　　　100 000
　　应交税费——应交增值税（进项税额）　　　　　　 13 000
　　　贷：实收资本——嘉禾科技　　　　　　　　　　　　　　 113 000

【例5-4】2019年6月3日，湖南省双林木业制造有限公司收到湖南林森木业有限公司（以下简称"林森木业"）作为实收资本投入一批投资合同约定价值（不含可抵扣的增值税进项税额部分）为300 000元的原材料（实木板），该批原材料的增值税进项税额为39 000元。林森木业已开具了增值税专用发票。假设合同约定的价值与公允价值相符，该进项税额允许抵扣，不考虑其他因素，原材料按实际成本进行日常核算。相关单据见单据5-7、单据5-8。

单据 5-7

湖南增值税专用发票

4300082140

发票联

№30372012

开票日期：2019年6月3日

购货单位	名　称：湖南省双林木业制造有限公司 纳税人识别号：94010065985323X72 地址、电话：湖南省长沙市望城区丁字镇688号 　　　　电话：0731-88561960 开户行及账号：中国建设银行丁字镇支行6620325410032656721	密码区	（略）

货物或应税劳务名称	规格型号	单位	数量	单价	金　额	税率	税　额
实木板		张	750	400.00	300 000.00	13%	39 000.00
合　计					¥300 000.00		¥39 000.00

价税合计（大写）	⊗叁拾叁万玖仟元整	（小写）¥339 000.00

销货单位	名　称：湖南林森木业有限公司 纳税人识别号：431125600098724 地址、电话：湖南永州江永县允山黄家木园07461-83677765 开户行及账号：中国建设银行江永支行3222516812253151923	备注	湖南林森木业有限公司 43112560 0098724 发票专用章

收款人：　　　复核：　　　开票人：李华　　　销货单位：（章）

第三联　发票联　购货方记账凭证

单据 5-8

湖南省双林木业制造有限公司入库单

供货单位：湖南林森木业有限公司　　　2019年6月3日　　　第 1 号

材料编码	材料名称	送验数量	实收数量	单位	实际单价	金　额								
						百	十	万	千	百	十	元	角	分
	实木板	750	750	张	400.00	¥	3	0	0	0	0	0	0	0
附件：　　张			合　计			¥	3	0	0	0	0	0	0	0

仓库主管：　　　记账：　　　复核：张成　　　制单：李美

第二联：交会计部门

【解析】

借：原材料——实木板	300 000
应交税费——应交增值税（进项税额）	39 000
贷：实收资本——林森木业	339 000

【例 5-5】2019 年 6 月 5 日，湖南省双林木业制造有限公司接受湖南林森木业有限公司（以下简称"林森木业"）作为资本投入的商标权一项，投资合同约定价值为 70 000 元。同时接受湖南嘉禾科技制造有限公司（以下简称"嘉禾科技"）作为资本投入的专利技术一项，投资合同约定价值为 80 000 元。假设双林木业公司接受该专利技术和商标权符合国家注册资本管理的有关规定，可按合同约定价值作为实收资本入账。合同约定的价值与公允价值相符，不考虑税收及其他因素。相关协议及文件见单据 5-9、单据 5-10。

单据 5-9

无形资产出资协议

协议编号：20190603

甲方：湖南省双林木业制造有限公司

乙方：湖南嘉禾科技制造有限公司

协议事项：经甲乙双方友好协商，甲方接受乙方投入风机扇叶生产专利一项，期限 5 年，专利价值及出资额以会计师事务所对该项专利评估价值为准。

本协议自双方签字开始生效。

甲方：湖南省双林木业制造有限公司　　　　　乙方：湖南嘉禾科技制造有限公司

法定代表人签字：杨百万　　　　　　　　　　法定代表人签字：赵信

日期：2019 年 6 月 5 日　　　　　　　　　　日期：2019 年 6 月 5 日

星城会计师事务所文件

星城〔2019〕字第026号

★

资产评估报告

湖南省双林木业制造有限公司：

我所受贵单位委托，依据《中华人民共和国国有资产评估管理办法》、《中华人民共和国注册会计师法》和《企业会计准则》等的规定，对贵公司接受湖南林森木业有限公司投入的商标权一项进行评估。该商标权确定价值为 70 000 元。

评估员：江帆

中国注册会计师：张军

2019 年 6 月 5 日

单据 5-10

星城会计师事务所文件
星城〔2019〕字第027号

★ ————————

资 产 评 估 报 告

湖南省双林木业制造有限公司：

　　我所受贵单位委托，依据《中华人民共和国国有资产评估管理办法》、《中华人民共和国注册会计师法》和《企业会计准则》等的规定，对贵公司接受湖南嘉禾科技制造有限公司投入的专利技术一项进行评估。该商标权确定价值为 80 000 元。

评估员：江帆

中国注册会计师：张军

星城会计师事务所
2019 年 6 月 5 日

【解析】

借：无形资产——商标权　　　　　　　　　　　　　　　　　　　70 000
　　　　　　——专利技术　　　　　　　　　　　　　　　　　　80 000
　　贷：实收资本——林森木业　　　　　　　　　　　　　　　　70 000
　　　　　　　　——嘉禾科技　　　　　　　　　　　　　　　　80 000

二、负债筹资业务

（一）负债筹资的构成

　　企业在生产经营过程中，为了弥补生产周转资金的不足，经常需要通过负债的方式来筹集资金。负债筹资主要包括向银行或其他金融机构借入的短期、长期借款以及结算形成的负债等。

　　短期借款是指企业为了满足其生产经营对资金的临时性需要而向银行或其他金融机构等借入的偿还期限在一年以内（含一年）的各种借款。长期借款是指企业向银行或其他金融机构等借入的偿还期限在一年以上（不含一年）的各种借款。结算形成的负债主要有应付账款、应付职工薪酬、应交税费等。

　　企业向银行或其他金融机构借入的各种借款，必须按照规定的用途使用，按期支付利息和按期归还。本节主要介绍短期借款的核算，包括取得借款、支付借款利息和归还借款三项主要内容。

（二）账户设置

1.“短期借款”账户

　　“短期借款”账户属于负债类账户，用以反映和监督企业的短期借款。该账户可按借款种类、贷款人和币种等分别进行明细核算。该账户贷方登记短期借款本金的增加额，借方登记短期借款本金的减少额。期末余额在贷方，反映企业期末尚未归还的短期借款。“短期借款”账户的结构和内容如图 5-5 所示。

短期借款

借方	贷方
短期借款的归还数	短期借款的借入数
	余额：尚未归还的短期借款数

图 5-5　"短期借款"账户的结构和内容

2. "应付利息"账户

"应付利息"账户属于负债类账户，用以反映和监督企业按照借款合同约定应支付的利息，包括吸收存款、分期付息到期还本的长期借款、企业债券等应支付的利息。该账户可按存款人或债权人进行明细核算。该账户贷方登记企业按合同利率计算确定的应付未付利息，借方登记归还的利息。期末余额在贷方，反映企业应付未付的利息。"应付利息"账户的结构和内容如图 5-6 所示。

应付利息

借方	贷方
实际支付的利息	计算应支付的利息
	余额：尚未支付的应付利息

图 5-6　"应付利息"账户的结构和内容

3. "财务费用"账户

"财务费用"账户属于损益类账户，用以核算企业为筹集生产经营所需资金等而发生的筹资费用，包括利息支出（减利息收入）、汇兑损益以及相关的手续费、企业发生的现金折扣或收到的现金折扣等。该账户可以按费用项目进行明细核算。需要注意的是，为购建或生产满足资本化条件的资产发生的应予资本化的借款费用，通过"在建工程""制造费用"等账户核算。该账户借方登记手续费、利息费用等的增加额，贷方登记应冲减财务费用的利息收入等。期末结转后，该账户无余额。"财务费用"账户的结构和内容如图 5-7 所示。

财务费用

借方	贷方
企业发生的各种筹资费用	发生的应冲减财务费用的利息收入 期末结转到"本年利润"账户的余额

图 5-7　"财务费用"账户的结构和内容

（三）账务处理

【例 5-6】湖南省双林木业制造有限公司于 2019 年 6 月 1 日向银行借入期限为三个月的资金 150 000 元，年利息率为 6%，到期还本付息，款项存入银行。根据与银行签署的借款合同，该项借款的本金到期后一次归还。相关手续见单据 5-11 至单据 5-14。

单据 5-11

（临时贷款）借款凭证（回单）③

单位编号：000462　　　　　　　2019年6月1日　　　　　　银行编号：000165

<table>
<tr><td rowspan="3">借款人</td><td>全　称</td><td>湖南省双林木业制造有限公司</td><td rowspan="3">贷款人</td><td>全　称</td><td colspan="2">贷款</td></tr>
<tr><td>放款户账号</td><td>6620325410032656721</td><td>往来户账号</td><td colspan="2">4304759847512457515</td></tr>
<tr><td>开户银行</td><td>中国建设银行丁字镇支行</td><td>开户银行</td><td colspan="2">中国建设银行</td></tr>
</table>

借款期（最后还款日）2019年8月31日　　年利率　　6%

| | 百 | 十 | 万 | 千 | 百 | 十 | 元 | 角 | 分 |
|借款申请金额　人民币（大写）壹拾伍万元整| ￥ |1|5|0|0|0|0|0|0|0|

借款原因及用途　生产周转借款　银行核定金额 ￥ 1 5 0 0 0 0 0 0 0

期限	计划还款日期	√	计划还款金额	分次还款	期次	还款日期	还款金额	结欠
1	2019年8月31日		150 000.00					

中国建设银行丁字镇支行 2019.06.01

备注：上述借款业已同意贷给并转入你单位往来户账借款到期时应按期归还，此致
放款单位：中国建设银行丁字镇支行

此联是借款人借款凭证

单据 5-12

中国建设银行转账进账单（回单）1 No.5416503

开户银行：　　　　　2019年6月1日　　　　　第25号

| 进账单位名称 | 湖南省双林木业制造有限公司 | 进账单位账号 | 6620325410032656721 |

| | | | 金　额 | 百 | 十 | 万 | 千 | 百 | 十 | 元 | 角 | 分 |
| 款项来源 | 银行借款 | | | ￥ | 1 | 5 | 0 | 0 | 0 | 0 | 0 | 0 | 0 |

人民币（大写）壹拾伍万元整　中国建设银行潇湘支行 2019.06.01

付款银行名称	金　额									银行签章
	百	十	万	千	百	十	元	角	分	
中国工商银行	￥	1	5	0	0	0	0	0	0	0	2019年6月1日

此联是银行交收款人的收款通知

单据 5-13

中 国 银 行 流 动 资 金 借 款 合 同

立合同单位：__中国建设银行股份有限公司长沙丁字镇支行__（以下称贷款方）

　　　　　　__湖南省双林木业制造有限公司__（以下称借款方）

为明确责任，恪守信用，特签订本合同，共同信守。

一、贷款种类：__流动资金借款__

二、借款金额（大写）：__壹拾伍万元整__

三、借款用途：__资金周转__

四、借款利率：借款利率为年息__6%__按月收息，到期还本。

五、借款期限：自 2019 年 6 月 1 日至 2019 年 8 月 31 日止。

六、违约责任：

（一）签订本合同后，贷款方应在借款方提出借据___日内（假日顺延）将贷款放出，转入借款方账户。如贷款方不按期发放贷款，应按违约的数额和延期天数的贷款利息的 20% 计算向借款方偿付违约金。

（二）借款方如不按合同规定的用途使用借款，贷款方有权收回部分或全部贷款。对违约使用部分，按银行规定加收罚息。

（三）借款方应按合同规定的时间还款。如借款方需要将借款展期，应在借款到期前五日内向银行提出申请，经贷款方审查同意后办理展期手续。如借款方不按期偿还借款，贷款方有权限期追回贷款，并按银行规定加收逾期利息和罚息。如企业经营不善发生亏损或虚盈实亏，危及贷款安全时，贷款方有权提前收回贷款。

七、其他：除因《借款合同条例》规定允许变更或解除合同的情况外，任何一方当事人不得擅自变更或解除合同。当事人一方依据《借款合同条例》要求变更或解除合同时，应及时采用书面形式通知其他当事人，并达成书面协议。本合同变更或解除后，借款方占用的借款和应付的利息，仍应按本合同的规定偿付。

本合同经各方签字后生效，贷款本息全部清偿后自动失效。

本合同正本一式两份。贷款方、借款方各执一份，具有同等法律效力。

贷款方：（公章）　　　　　　　　借款方：（公章）

法人代表：杨百万　　　　　　　　法人代表：张冬

开户银行和账号：中国建设银行丁字镇支行 6620325410032655701

2019 年 6 月 1 日　　　　　　　　2019 年 6 月 1 日

单据 5-14

银 行 借 款 利 息 计 算 表

2019 年 6 月 30 日

贷款银行	贷款种类	贷款用途	本金	年利率	月利息
建设银行	短期借款（利息按月计提，到期一次还本付息）	日常周转	150 000.00	6%	750.00
合计					

会计主管：　　复核：朱上　　记账：　　制单：王平

【解析】

（1）6月1日借入短期借款。

借：银行存款   150 000

  贷：短期借款   150 000

（2）6月末，计提1月应计提利息。

本月应计提的利息金额＝150 000×6%/12＝750（元）

借：财务费用   750

  贷：应付利息   750

2019年7月末计提2月利息费用的账务处理与1月相同。

（3）2019年8月末支付利息并偿还本金。

借：财务费用   750

  应付利息   1 500（750×2）

  短期借款   150 000

  贷：银行存款   152 250

任务二　供应过程业务的核算

  制造企业为了进行产品生产，企业要有厂房、建筑物、机器设备和原材料等。一般情况下，企业的厂房、大型生产设备的取得主要是通过基本建设完成的。因此，供应过程主要是进行采购和储存生产经营所需的各种材料物资，以及零星的设备购置，目的是为企业后续的生产经营活动做好必要的准备工作。由此可见，供应过程的主要经济业务包括：设备的购置、进行材料物资采购、正确计算材料的采购成本、与供应单位办理货款的结算工资。

一、设备购置业务的核算

（一）固定资产的概念与特征

  《企业会计准则——固定资产》规定，固定资产是指具有以下特征的有形资产：①为生产商品、提供劳务、出租或经营管理而持有；②使用年限超过一年；③单位价值较高。固定资产的最基本特征在于，企业持有固定资产的目的是为了生产商品、提供劳务、出租或经营管理而不是直接用于出售，从而明显区别于流动资产。有些无形资产可能同时符合固定资产的其他特征，但是，由于其没有实物形态，因此不属于固定资产。该准则除强调持有固定资产的持有目的和具有实物形态这两个特征外，还强调了另外两个特征：一个是固定资产的使用年限超过一年，另一个是单位价值较高。

  企业的固定资产主要可以通过外购、自行建造、投资者投入、非货币性资产交换、债务重组、企业合并和融资租赁等方式取得。本节主要介绍外购方式下取得固定资产的核算和计价。企业外购方式下取得固定资产的成本包括购买买价、相关税金［2009年1月1日增值税改革后，企业构建（含购进、接受捐赠、实务投资、自制、改扩建和安装）生产用固定资产发生的增值税进项税可以从销项税额中抵扣]、使固定资产达到预定可使用状态前所发生的可归属于该项资产的运杂费、包装费、安装费和专业人员的安装成本等。

（二）账户设置

1."在建工程"账户

"在建工程"账户属于资产类账户，用以反映和监督企业基建、更新改造等在建工程发生的支出。该账户可按"建筑工程""安装工程""在安装设备""待摊支出"以及单项工程等进行明细核算。该账户借方登记企业各项在建工程的实际支出，贷方登记工程达到预定可使用状态时转出的成本等。期末余额在借方反映企业期末尚未达到预定可使用状态的在建工程的成本。"在建工程"账户的结构和内容如图 5-8 所示。

在建工程

借方	贷方
各项在建工程的实际支出	工程达到预定可使用状态时转出的成本
余额：尚未达到预定可使用状态的在建工程的成本	

图 5-8　"在建工程"账户的结构和内容

2."固定资产"账户

"固定资产"账户属于资产类账户，用以反映和监督企业持有的固定资产原价。该账户可按固定资产类别和项目进行明细核算。该账户的借方登记固定资产原价的增加，贷方登记固定资产原价的减少。期末余额在借方，反映企业期末固定资产的原价。"固定资产"账户的结构和内容如图 5-9 所示。

固定资产

借方	贷方
固定资产原价的增加	固定资产原价的减少
余额：期末固定资产的原价	

图 5-9　"固定资产"账户的结构和内容

（三）账务处理

1. 购入不需要安装的机器设备

【例 5-7】2019 年 6 月 8 日，湖南省双林木业制造有限公司从武汉邦德科技有限公司购入不需要安装的机器设备（板材切割机）一台，增值税专用发票上记载的价款为 50 000 元，增值税税额为 6 500 元，运费和包装费 1 800 元，全部款项已用银行存款支付。相关手续见单据 5-15 至单据 5-19。

单据 5-15

中国建设银行
转账支票存根（湘）

DH 20182324

附加信息 _____

_____

_____

出票日期 2019 年 6 月 18 日

| 收款人：武汉邦德科技有限公司 |
| 金　　额：56 500.00 |
| 用　　途：购买板材切割机 |

单位主管：　　　会　计：

复　核：　　　记　账：

单据 5-16

湖南增值税专用发票

发票联

300082140

№02245825

开票日期：2019年6月8日

购货单位	名　　称：湖南省双林木业制造有限公司	密码区	
	纳税人识别号：94010065985323X72		（略）
	地址、电话：湖南省长沙市望城区丁字镇688号		
	电话：0731-88561960		
	开户行及账号：中国建设银行丁字镇支行6620325410032656721		

货物或应税劳务名称	规格型号	单位	数量	单价	金　　额	税率	税　　额
板材切割机		台	1	5 000.00	50 000.00	13%	6 500.00
合　　计					¥50 000.00		¥6 500.00

价税合计（大写）	⊗伍万陆仟伍佰元整	（小写）¥56 500.00

销货单位	名　　称：武汉邦德科技有限公司	备注	
	纳税人识别号：150201000130047		
	地址、电话：湖南省武汉市滨江路27号027-37586599		
	开户行及账号：中国建设银行银行江汉支行86476532791780		

收款人：　　　复核：　　　开票人：马林　　　销货单位：（章）

单据 5-17

固 定 资 产 交 接 单

2019 年 6 月 8 日

供应单位	武汉邦德科技有限公司	接收单位	湖南省双林木业制造有限公司
固定资产名称	原始价值	评估确认价值	计提折旧
板材切割机	50 000.00	50 000.00	0

合计人民币（大写）：伍万元整

备 注：

【解析】

借：固定资产——板材切割机　　　　　　　　　　　　　　　51 800

应交税费——应交增值税（进项税）　　　　　　　　　　6 500

贷：银行存款　　　　　　　　　　　　　　　　　　　　　　58 300

2．购入需要安装的机器设备

【例 5-8】2019 年 6 月 10 日湖南省双林木业制造有限公司从武汉邦德科技有限公司（以下简称"武汉邦德"）购入一台需要安装的机器设备（数控精准板材切割机），增值税专用发票上记载的价款为 80 000 元，增值税税额为 10 400 元，运费和包装费 1 800 元，全部款项已用银行存款支付。在安装过程中，支付武汉邦德公司安装工人安装费 4 000 元，税率 9%，增值税税额为 360 元。安装完毕，经验收合格交付使用。相关手续见单据 5-18 至单据 5-21。

单据 5-18

湖南增值税专用发票

3700082140　　　　　　　发 票 联　　　　　　№00213130

开票日期：2019 年 6 月 10 日

购货单位	名　　称：湖南省双林木业制造有限公司 纳税人识别号：94010065985323X72 地址、电话：湖南省长沙市望城区丁字镇688号 电话：0731-88561960 开户行及账号：中国建设银行丁字镇支行6620325410032656721	密码区	（略）	第三联　发票联　购货方记账凭证

货物或应税劳务名称	规格型号	单位	数量	单价	金　额	税率	税　额
数控精准板材切割机		台	1	80 000.00	80 000.00	13%	10 400.00
合　计					¥80 000.00		¥10 400.00

| 价税合计（大写） | ⊗玖万零肆佰元整 | | | | （小写）¥90 400.00 | | |

销货单位	名　　称：武汉邦德科技有限公司 纳税人识别号：150201000130047 地址、电话：湖南省武汉市滨江路27号027-37586599 开户行及账号：中国建设银行银行江汉支行86476532791780	备注	武汉邦德科技有限公司 15020100 0130047 发票专用章

收款人：　　　复核：　　　开票人：马林　　　销货单位：（章）

单据 5-19

中国建设银行
转账支票存根（湘）

DH 20172324

附加信息
_____
_____
_____

出票日期 2019 年 6 月 10 日

收款人：	武汉邦德科技有限公司
金　额：	92 200.00
用　途：	购买数控精准板材切割机

单位主管：　　会　计：
复　核：　　记　账：

单据 5-20

固 定 资 产 交 接 单

2019 年 6 月 10 日

供应单位	武汉邦德科技有限公司	接收单位	湖南省双林木业制造有限公司
固定资产名称	原始价值	评估确认价值	计提折旧
数控精准板材切割机	80 000.00	80 000.00	0

合计人民币（大写）：捌万元整

备　注：

单据 5-21

湖南增值税专用发票

3700082140

发 票 联

№001145258

开票日期：2019年6月10日

购货单位	名 称：湖南省双林木业制造有限公司 纳税人识别号：94010065985323X72 地 址、电话：湖南省长沙市望城区丁字镇688号 电话：0731-88561960 开户行及账号：中国建设银行丁字镇支行6620325410032656721	密码区	（略）

第三联 发票联 购货方记账凭证

货物或应税劳务名称	规格型号	单位	数量	单价	金 额	税率	税 额
安装费					4 000.00	9%	360.00
合 计					¥4 000.00		¥360.00

价税合计（大写）	⊗肆仟叁佰陆拾元整	（小写）¥4 360.00

销货单位	名 称：武汉邦德科技有限公司 纳税人识别号：150201000130047 地 址、电话：湖南省武汉市滨江路27号027-37586599 开户行及账号：中国建设银行银行江汉支行86476532791780	备注	武汉邦德科技有限公司 15020100 0130047 发票专用章

收款人： 复核： 开票人：马林 销货单位：（章）

（1）购入设备。

【解析】

借：在建工程——数控精准板材切割机　　　　　　　　81 800

　　应交税费——应交增值税（进项税）　　　　　　　10 400

　　　贷：银行存款　　　　　　　　　　　　　　　　　　　92 200

（2）进行设备的安装。

【解析】

借：在建工程——数控精准板材切割机　　　　　　　　4 000

　　应交税费——应交增值税（进项税）　　　　　　　360

　　　贷：银行存款　　　　　　　　　　　　　　　　　　　4 360

（3）设备安装完毕，交付使用。

【解析】

借：固定资产——数控精准板材切割机　　　　　　　　85 800

　　　贷：在建工程——数控精准板材切割机　　　　　　　　85 800

二、材料采购业务的核算

（一）材料的采购成本

材料采购是制造企业供应过程的主要经济业务。为了保证生产任务的正常进行，企业需要购进生产产品所需的各种原材料，形成企业的原材料存货。这里的原材料是指企业购入或从其他来源取得的、直接用于制造产品并构成产品主要实体的各种原材料及主要材料、辅助材料、外购半成品、修理用备件、包装材料、燃料等。

材料的采购成本是指企业物资从采购到入库前所发生的全部支出，包括购买价款、相关税费、运输费、装卸费、保险费以及其他可归属于采购成本的费用。

在实务中，企业也可以将发生的运输费、装卸费、保险费以及其他可归属于采购成本的费用等先进行归集，在期末，按照所购材料的存销情况进行分摊。

（二）账户设置

1.“在途物资”账户

“在途物资”账户属于资产类账户，用以反映和监督企业采用实际成本进行材料、商品等物资的日常核算、货款已付尚未验收入库的在途物资的采购成本。该账户可按供应单位和物资品种进行明细核算。该账户借方登记购入的但尚未验收入库的材料、商品等物资的买价和采购费用（采购实际成本），贷方登记已验收入库的材料、商品等物资应结转的实际采购成本。期末余额在借方，反映企业期末在途材料、商品等物资的采购成本。“在途物资”账户的结构和内容如图5-10所示。

在途物资

借方	贷方
企业购入的尚未入库的材料的实际采购成本	已验收入库的材料的实际采购成本
余额：期末尚未入库的在途材料的实际采购成本	

图 5-10 “在途物资”账户的结构和内容

2.“原材料”账户

“原材料”账户属于资产类账户，用以反映和监督企业库存的各种材料，包括原料及主要材料、辅助材料、外购半成品（外购件）、修理用备件（备品备件）、包装材料、燃料等的计划成本或实际成本。该账户可按供应单位和物资品种进行明细核算。企业收到来料加工装配业务的原料、零件等，应当设置备查簿进行登记。该账户借方登记已验收入库材料的成本，贷方登记发出材料的成本。期末余额在借方，反映企业库存材料的计划成本或实际成本。该账户可按材料的保管地点（仓库）、材料的类别、品种和规格等进行明细核算。“原材料”账户的结构和内容如图5-11所示。

原材料

借方	贷方
企业购入的并已验收入库的材料成本	生产经营领用的材料成本
余额：期末库存材料的成本	

图 5-11 “原材料”账户的结构和内容

3.“应付账款”账户

“应付账款”账户属于负债类账户，用以反映和监督企业因购买材料、商品和接受劳务等经营活动应支付的款项。该账户可按债权人进行明细核算。该账户贷方登记企业因购入材料、商品和接受劳务等尚未支付的款项，借方登记偿还的应付账款。期末余额一般在贷方，反映企业期末尚未支付的应付账款余额；如果在借方，反映企业期末预付账款余额。"应付账款"账户的结构和内容如图 5-12 所示。

应付账款

借方	贷方
实际支付供应商的款项	因购买材料、商品而应付供应商的款项
	余额：期末尚未支付的应付账款余额

图 5-12　"应付账款"账户的结构和内容

4."应付票据"账户

"应付票据"账户属于负债类账户，用以反映和监督企业购买材料、商品和接受劳务等开出、承兑的商业汇票，包括银行承兑汇票和商业承兑汇票。该账户可按债权人进行明细核算。该账户贷方登记企业开出、承兑的商业汇票，借方登记企业已经支付或者到期无力支付的商业汇票。期末余额在贷方，反映企业尚未到期的商业汇票的票面金额。"应付票据"账户的结构和内容如图 5-13 所示。

应付票据

借方	贷方
企业已经支付或者到期无力支付的商业汇票	企业开出、承兑的商业汇票
	余额：尚未到期的商业汇票的票面金额

图 5-13　"应付票据"账户的结构和内容

5."预付账款"账户

"预付账款"账户属于资产类账户，用以反映和监督企业按照合同规定预付的款项。如果企业预付款项情况不多，也可以不设置该账户，将预付的款项直接记入"应付账款"账户。该账户可按供货单位进行明细核算。该账户的借方登记企业因购货等业务预付的款项，贷方登记企业收到货物后应支付的款项等。期末余额在借方，反映企业预付的款项；期末余额在贷方，反映企业尚需补付的款项。"预付账款"账户的结构和内容如图 5-14 所示。

预付账款

借方	贷方
企业因购货等业务预付的款项 补付少付的款项	企业收到货物后应支付的款项 退回多付的款项
余额：企业预付的款项	余额：尚未补付的货款

图 5-14　"预付账款"账户的结构和内容

6."应交税费"账户

"应交税费"账户属于负债类账户，用以反映和监督企业按照税法等规定计算应缴纳的各种税费，包括增值税、消费税、所得税、土地增值税、城市维护建设税、资源税、教育费附加、矿产资源补偿费等。企业代扣代缴的个人所得税等，也通过本账户核算。

"应交税费"账户贷方登记各种应交未交税费的增加额，借方登记实际缴纳的各种税费。期末余额在贷方，反映企业尚未缴纳的税费；期末余额在借方，反映企业多交或尚未抵扣的税费。该账户可按应交的税费项目进行明细核算。"应交税费"账户的结构和内容如图 5-15 所示。

应交税费

借方	贷方
企业实际缴纳的各种税费	应交未交税费的增加额
余额：企业多交或尚未抵扣的税费	余额：企业尚未缴纳的税费

图 5-15 "应交税费"账户的结构和内容

需要注意的是，供应过程核算和销售过程核算涉及"应交税费"的业务主要是有关增值税的账务处理。增值税是以商品（含应税劳务、应税行为）在流转过程中实现的增值额作为计税依据而征收的一种流转税。我国增值税法律规定，在我国境内销售货物、提供加工修理或修配劳务（简称应税劳务）、销售应税服务、无形资产和不动产（简称应税行为）以及进口货物的企业单位和个人为增值税的纳税人。其中，"应税服务"包括交通运输服务、邮政服务、电信服务、金融服务、现代服务、生活服务。增值税的纳税义务人可以分为一般纳税人和小规模纳税人两类，本书只讨论企业为增值税一般纳税人的情况，企业为小规模纳税人的情况在此暂不予阐述。

按照增值税条例规定：一般纳税人采用的税率分为 13%、9%、6%、零税率。"应交税费——应交增值税"明细账户的结构和内容如图 5-16 所示。

扫一扫 学一学

应交税费——应交增值税

借方	贷方
进项税额 已交税额	销项税 进项税额转出 出口退税
余额：尚未抵扣的增值税额	余额：应交增值税额

图 5-16 "应交税费——应交增值税"明细账户的结构和内容

一般纳税人当期应纳税额的计算公式为：

$$应交增值税额 = 销项税额 - 进项税额 \qquad (5-1)$$

公式中的"销项税额"是指纳税人当期销售货物、提供应税劳务、发生应税行为时按照（不含税）销售额和增值税税率计算并收取的增值税税额。公式中的"进项税额"是指纳税人当期购进货物、接受加工修理或修配劳务、应税服务、无形资产和不动产所支付或承担的增值税税额。通常包括：①从销售方取得的增值税专用发票上注明的增值税税额；②从海关取得的完税凭证上注明的增值税税额；③购进农产品，按照农产品收购发票或者销售发票上注明的农产品买价和 10% 的扣除率计算的进项税额；④接受境外单位或者个人提供的应税服务，从税务机关或者境内代理人取得的解缴税款的中华人民共和国税收缴款凭证（以下称税收缴款凭证）上注明的增值税额。当期销项税额小于当期进项税额不足抵扣时，其不足部分可以结转下期继续抵扣。

扫一扫 学一学

（三）账务处理

材料的日常收发结存可以采用实际成本核算，也可以采用计划成本核算。本任务只介绍实际成本核算的相关核算内容。

【例5-9】（1）湖南省双林木业制造有限公司（以下简称"双林木业"）为增值税一般纳税人，适用的增值税税率为13%，原材料按实际成本核算。2019年6月10日，从东莞市华盾实业有限公司购入原材料（单木板）一批，增值税专用发票上注明的价款为12 000元，增值税税额为1 560元，材料尚未到达。同日，与运输公司结清运输费用，增值税专用发票注明的运输费用为2 000元，增值税税额为180元。全部款项已用银行存款支付。相关手续见单据5-22至单据5-26。

单据5-22

```
          中国建设银行
        转账支票存根（湘）
          DH 20172324
附加信息
_____
_____
_____
出票日期 2019 年 6 月 10 日
收款人：东莞市华盾实业有限公司
金　额：13 560.00
用　途：购买原材料
单位主管：      会　计：
复　核：       记　账：
```

单据5-23

广东省增值税专用发票

1330111608　　　　　　　　　发票联　　　　　　　№06218895

开票日期：2019年6月10日

购货单位	名　称：湖南省双林木业制造有限公司 纳税人识别号：94010065985323X72 地址、电话：湖南省长沙市望城区丁字镇688号　电话：0731-88561960 开户行及账号：中国建设银行丁字镇支行6620325410032656721	密码区	（略）

货物或应税劳务名称	规格型号	单位	数量	单价	金　额	税率	税　额
单木板		块	600	20.00	12 000.00	13%	1 560.00
合　计					¥12 000.00		¥1 560.00

价税合计（大写）	⊗壹万叁仟伍佰陆拾元整	（小写）¥13 560.00

销货单位	名　称：东莞市华盾实业有限公司 纳税人识别号：330003742046666 地址、电话：广东省东莞市人民北路91号0769-8689446 开户行及账号：光大银行东莞湾田支行2288453967825337110	备注	东莞市华盾实业有限公司 33000374 2046666 发票专用章

收款人：　　复核：　　开票人：黄萍　　销货单位：（章）

第三联 发票联 购货方记账凭证

单据 5-24

货物运输业增值税专用发票

4300133760　　　　　　　　发 票 联　　　　　　　№ 00561254

开票日期：2019年6月10日

承运人及纳税人识别号	东莞市凌风汽车运输有限责任公司 纳税人识别号：430102153530742	密码区	039*0—7＞＊＞953＊35/*57＞＜114284＞1032＞13＞1032*1711/2*2-2/139471*7/*095 802＞6*＞358-095*＞0130457/209*54＞085*＜/5-24*60897＞663/701/21＞092/42/100
实际受票方及纳税人识别号	湖南省双林木业制造有限公司 94010065985323X72		

收货人及纳税人识别号	湖南省双林木业制造有限公司 94010065985323X72	发货人及纳税人识别号	东莞市华盾实业有限公司 330003742046666

起运地、经由、到达地		湘潭至长沙星沙		

费用项目及金额	费用项目 运费	金额 2 000.00	费用项目	金额	运输信息货物	单木板

合计金额	¥2 000.00	税率	9%	税额	¥180.00	机器编号	539900002477

价税合计（大写）	贰仟壹佰捌拾元整	（小写）¥2 180.00

车种车号	粤 S6XF85	车船吨位	40	备注	东莞市凌风汽车运输有限责任公司 43010215 3530742 发票专用章
主营税务机关及代码	国税局第一税务分局 143080200				

收款人：　　　复核人：　　　开票人：刘兵　　　承运人（章）

第三联 发票联 受票方记账凭证

单据 5-25

中国建设银行
转账支票存根（湘）

DH 20172324

附加信息

_____

_____

出票日期 2019 年 6 月 15 日

收款人：	东莞恒运输公司
金　额：	2 180.00
用　途：	运费

单位主管：　　会　计：

复　核：　　记　账：

单据5-26

中国建设银行托收承付结算凭证（回单）1 第0880657号

委托日期　2019年6月10日

付款人	全　称	湖南省双林木业制造有限公司	收款人	全　称	东莞市华盾实业有限公司
	账　号	6620325410032656721		账　号	2288453967825337110
	开户银行	中国建设银行丁字镇支行		开户银行	光大银行东莞湾田支行

托收金额	人民币 （大写）壹万伍仟捌佰贰拾元整	百	十	万	千	百	十	元	角	分
			¥	1	5	8	2	0	0	0

附件		商品发运情况		合同名称号码	
附 寄单证张数或册数		已发运			
备注：					中国建设银行 丁字镇支行 2019.06.10
			款项收妥日期 2019 年 6 月 10 日		收款人开户行（银行盖章）

此联是收款人办妥托收手续后的回单

单位主管：王兴发　　　会计：于波　　　复核：王林　　　记账：于波

【解析】

借：在途物资——单木板　　　　　　　　　　　　　　　　　　14 000

　　应交税费——应交增值税（进项税额）　　　　　　　　　　　1 820

　　贷：银行存款　　　　　　　　　　　　　　　　　　　　　　15 820

（2）2019年6月15日，双林木业公司收到10日购入的原材料（单木板）并验收入库，实际成本总额为14 000元。收料单见单据5-27。

单据5-27

收料单

供货单位：东莞市华盾实业有限公司　　　　　2019 年 6 月 15 日　　　　　材料类别：原材料

材料编码	材料名称	送验数量	实收数量	单位	实际单价	金　额									第二联：交会计部门
						百	十	万	千	百	十	元	角	分	
	单木板	600	600	块	23.33			1	4	0	0	0	0	0	
	附件：　　张		合　计			¥		1	4	0	0	0	0	0	

核算：　　　主管：　　　保管：　　　检验：　　　交库：

【解析】

借：原材料——单木板　　　　　　　　　　　　　　　　　　　　　　　14 000
　　贷：在途物资——单木板　　　　　　　　　　　　　　　　　　　　　　　14 000

【例 5-10】 2019 年 6 月 11 日，湖南省双林木业制造有限公司从东莞市华盾实业有限公司购入木材碎料一批，增值税专用发票上记载的货款为 50 000 元，增值税税额 6 500 元，材料已验收入库。双林木业公司未支付货款，开出一张金额为 56 500 元的商业汇票。该公司采用实际成本法核算原材料。相关手续见单据 5-28 至单据 5-30。

单据 5-28

广东省增值税专用发票

1330111608　　　　　　　　　　　　发票联　　　　　　　　　№06218898

开票日期：2019年6月11日

购货单位	名　　　称：湖南省双林木业制造有限公司 纳税人识别号：94010065985323X72 地　址、电话：湖南省长沙市望城区丁字镇688号 电话：0731-88561960 开户行及账号：中国建设银行丁字镇支行6620325410032656721					密码区	（略）		
货物或应税劳务名称	规格型号	单位	数量	单价	金　额		税率	税　额	
木材碎料 合　计		斤	250	200.00	50 000.00 ¥50 000.00		13%	6 500.00 ¥6 500.00	
价税合计（大写）	⊗伍万陆仟伍佰元整						（小写）¥56 500.00		
销货单位	名　　　称：东莞市华盾实业有限公司 纳税人识别号：330003742046666 地　址、电话：广东省东莞市人民北路91号0769-8589446 开户行及账号：光大银行东莞湾田支行2288453967825337110					备注	东莞市华盾实业有限公司 33000374 2046666 发票专用章		

收款人：　　　复核：　　　开票人：黄萍　　　销货单位：（章）

第三联　发票联　购货方记账凭证

单据 5-29

商 业 承 兑 汇 票

签发日期　2019 年 6 月 11 日　　　　　　　　　汇票号码　SC2458

付款人	全　称	湖南省双林木业制造有限公司	收款人	全　称	东莞市华盾实业有限公司
	账　号	6620325410032656721		账　号	2288453967825337110
	开户银行	中国建设银行丁字镇支行		开户银行	光大银行东莞湾田支行

托收金额	人民币（大写）伍万陆仟伍佰元整	十	万	千	百	十	元	角	分
		¥	5	6	5	0	0	0	0

汇票到期日	2018 年 9 月 30 日	合同名称号码	

本汇票已经本单位承兑，到期日无条件支付票款。
此致
收款人　　　　　　　　付款人盖章
负责：　经办　　2019 年 6 月 11 日

汇票人签发盖章

负责　　　　经办

此联是收款人办妥托收手续后的回单

单据 5-30

收 料 单

供货单位：东莞市华盾实业有限公司　　　　2019 年 6 月 11 日　　　　材料类别：原材料

材料编码	材料名称	送验数量	实收数量	单位	实际单价	金额								
						百	十	万	千	百	十	元	角	分
	木材碎料	250	250	斤	200.00			5	0	0	0	0	0	0
附件：　张			合　计			¥		5	0	0	0	0	0	0

核算：　　　主管：　　　保管：　　　检验：　　　交库：

第二联：交会计部门

【解析】

借：原材料——木材碎料　　　　　　　　　　　　　　　　　　　　　　　50 000

　　应交税费——应交增值税（进项税额）　　　　　　　　　　　　　　　　6 500

　　贷：应付票据——华盾实业　　　　　　　　　　　　　　　　　　　　　　56 500

【例5-11】2019年6月12日，湖南省双林木业制造有限公司（以下简称"双林木业"）从东莞市华盾实业有限公司购入原材料（实木板材）一批，按照合同约定先付款200 000元。一个月后，双林木业公司收到专用发票，记载货款400 000元，增值税税额52 000元，材料已验收入库，补付余款。双林木业公司采用实际成本法核算原材料。相关手续见单据5-31至单据5-35。

单据5-31

```
          中国建设银行
         转账支票存根（湘）
           DH 20172324
附加信息
_____
_____
_____

出票日期 2019 年 6 月 12 日
收款人：东莞市华盾实业有限公司
金  额：200 0C0.00
用  途：预付账款
单位主管：     会  计：
复  核：     记  账：
```

单据5-32

```
          中国建设银行
         转账支票存根（湘）
           DH 20172324
附加信息
_____
_____
_____

出票日期 2019 年 6 月 12 日
收款人：东莞市华盾实业有限公司
金  额：252 0C0.00
用  途：购买原材料
单位主管：     会  计：
复  核：     记  账：
```

单据 5-33

广东省增值税专用发票

1330111608

发 票 联

№06218910

开票日期：2019年6月12日

购货单位	名　　称：湖南省双林木业制造有限公司 纳税人识别号：94010065985323X72 地　址、电话：湖南省长沙市望城区丁字镇688号 　　　　　电话：0731-88561960 开户行及账号：中国建设银行丁字镇支行6620325410032656721	密码区	（略）

货物或应税劳务名称	规格型号	单位	数量	单价	金　额	税率	税　额
实木板材		块	2 000	200.00	400 000.00	13%	52 000.00
合　计					¥400 000.00		¥52 000.00

价税合计（大写）	⊗肆拾伍万贰仟元整	（小写）¥452 000.00

销货单位	名　　称：东莞市华盾实业有限公司 纳税人识别号：330003742046666 地　址、电话：广东省东莞市人民北路91号0769-8689446 开户行及账号：光大银行东莞湾田支行2288453967825337110	备注	东莞市华盾实业有限公司 33000374 2046666 发票专用章

收款人：　　　　复核：　　　　开票：黄萍　　　　销货单位：（章）

第三联　发票联　购货方记账凭证

单据 5-34

收 料 单

供货单位：东莞市华盾实业有限公司　　　　2019 年 6 月 12 日　　　　材料类别：原材料

材料编码	材料名称	送验数量	实收数量	单位	实际单价	金　额								
						百	十	万	千	百	十	元	角	分
	实木板材	2 000	2 000	块	200.00		4	0	0	0	0	0	0	0
附件：　　张			合　计			¥	4	0	0	0	0	0	0	0

第二联：交会计部门

核算：　　　　主管：　　　　保管：　　　　检验：　　　　交库：

单据 5-35

商品购销合同

合同编号：0006256111

甲方：__湖南省双林木业制造有限公司__

乙方：__东莞市华盾实业有限公司__

根据《中华人民共和国合同法》及有关法律、法规规定，甲、乙双方本着平等、自愿、公平、互惠互利和诚实守信的原则，就产品供销的有关事宜协商一致订立本合同，以便共同遵守。

一、合同价款及付款方式：

本合同总价款为人民币__肆拾伍万贰仟元整（¥452 000 元）__（其中包括包装费、运费、相关税费及开具 13% 的增值税）。

本合同签订后，甲方向乙方支付货物定金人民币__贰拾万元整（¥200 000 元）__，在乙方将上述产品送至甲方指定的地点并经甲方验收后，甲方于 10 日内将剩余款项付给乙方。

二、产品质量：

1. 乙方保证所提供的产品货真价实，来源合泛，无任何法律纠纷和质量问题。如果乙方所提供产品与第三方出现了纠纷，由此引起的一切法律后果均由乙方承担。

2. 如果甲方在使用上述产品过程中，出现产品质量问题，乙方负责调换。若不能调换，予以退还。

三、违约责任

1. 甲乙双方均应全面履行本合同约定，一方违约给另一方造成损失的，应当承担赔偿责任。

2. 乙方未按合同约定供货的，按延迟供货的部分款，每延迟一日承担货款的万分之五违约金。延迟 10 日以上的，除支付违约金外，甲方有权解除合同。

3. 甲方未按照合同约定的期限结算的，应按照中国人民银行有关延期付款的规定，延迟一日，需支付结算货款的万分之五的违约金；延迟__10__日以上的，除支付违约金外，乙方有权解除合同。

4. 甲方不得无故拒绝接货，否则应当承担由此造成的损失和运输费用。

5. 合同解除后，双方应当按照本合同的约定进行对账和结算，不得刁难。

四、其他约定事项

本合同一式两份，自双方签字之日起生效。如果出现纠纷，双方均可向有管辖权的人民法院提起诉讼。

五、其他事项

甲方：__湖南省双林木业制造有限公司__　　　　乙方：__东莞市华盾实业有限公司__

签约代表：杨百万　　　　　　　　　　　　　签约代表：亮

开户银行：__中国建设银行丁字湾支行__　　　开户银行：__光大银行__

账号：6620325410032656721　　　　　　　账号：2288453967823331110

2019 年 6 月 12 日　　　　　　　　　　　　2019 年 6 月 12 日

（1）双森木业公司预付账款时，账务处理如下：

【解析】

借：预付账款——华盾实业　　　　　　　　　　　　　　　　　　200 000

　　贷：银行存款　　　　　　　　　　　　　　　　　　　　　　　　　200 000

（2）材料验收入库时，账务处理如下：

【解析】

借：原材料——实木板材　　　　　　　　　　　　　　　　　　　400 000

　　　　应交税费——应交增值税（进项税额）　　　　　　　　　52 000
　　　　　贷：预付账款——华盾实业　　　　　　　　　　　　　　452 000
（3）双林木业公司补付预付款时，账务处理如下：

【解析】
　　借：预付账款——华盾实业　　　　　　　　　　　　　　　252 000
　　　　贷：银行存款　　　　　　　　　　　　　　　　　　　　　252 000
　　同时注意的是，如果双林木业公司预付账款金额大于最终应支付的金额，则需做相反会计分录。

任务三　生产过程业务的核算

　　生产业务是制造企业经营的核心。制造业企业的生产过程是指从原材料投入生产到产品完工入库的过程。制造企业在生产过程中发生的各项生产费用，是企业为获得收入而预先垫支并需要得到补偿的资金耗费。这些费用最终都要归集、分配给特定的产品，形成产品的成本。产品成本的核算是指把一定时期内企业生产过程中所发生的费用，按其性质和发生地点进行分类归集、汇总、核算，计算出该时期内生产费用发生总额，并按适当方法分别计算出各种产品的实际成本和单位成本等。

　　综上所述，制造业企业生产过程的主要经济业务是：按照一定的成本计算对象归集和分配生产过程中已发生的各种耗费，以确定完工产品的生产成本；对已确认为管理费用的各种耗费，将其作为与某一期间收入相关的期间费用，直接抵减当期收入。

一、产品生产成本的构成

　　生产费用是指与企业日常生产经营活动有关的费用，按其经济用途可分为直接材料、直接人工和制造费用。

（一）直接材料

　　直接材料成本指企业直接用于产品生产，构成产品实体的原材料及主要材料、外购半成品等的成本。

（二）直接人工

　　直接人工是指支付给生产工人的各种薪酬，包括工资以及为职工支付的其他费用，如福利费、工会经费、职工教育经费、职工养老保险支出等。

（三）制造费用

　　制造费用是指企业生产车间为生产产品而发生的各项间接费用，主要包括生产车间发生的物料消耗、生产车间管理人员的工资等各种薪酬、生产车间计提的固定资产折旧、支付的办公费、水电费，以及其他间接生产费用。制造费用属于间接生产费用，不能直接计入成本计算对象，应先进行归集，然后按照一定的分配标准分配计入有关的成本计算对象。

二、生产业务核算的账户设置

　　企业通常设置以下账户对生产费用业务进行会计核算：

（一）"生产成本"账户

"生产成本"账户属于成本类账户，用以核算和监督企业生产各种产品（产成品、自制半成品等）、自制材料、自制工具、自制设备等发生的各项生产成本。该账户可按基本生产成本和辅助生产成本进行明细分类核算。基本生产成本应当分别按照基本生产车间和成本核算对象（如产品的品种、类别、订单、批别、生产阶段等）设置明细账（或成本计算单），并按照规定的成本项目设置专栏。

该账户借方登记应计入产品生产成本的各项费用，包括直接计入产品生产成本的直接材料费、直接人工费和其他直接支出，以及期末按照一定的方法分配计入产品生产成本的制造费用。贷方登记完工入库产成品应结转的生产成本。期末余额在借方，反映企业期末尚未加工完成的在产品成本。"生产成本"账户的结构和内容如图5-17所示。

生产成本

借方	贷方
生产过程中发生的直接材料成本、直接人工成本和分配计入有关成本计算对象的制造费用	已经完成生产并已验收入库的产成品的生产成本
余额：期末尚未加工完成的在产品成本	

图5-17 "生产成本"账户结构和内容

（二）"制造费用"账户

"制造费用"账户属于成本类账户，用以核算企业生产车间（部门）为生产产品和提供劳务而发生的各项间接费用。该账户可按不同的生产车间、部门和费用项目进行明细核算。该账户借方登记实际发生的各项制造费用，贷方登记期末按照一定标准分配转入"生产成本"账户借方的应计入产品成本的制造费用，期末结转后，该账户一般无余额。"制造费用"账户的结构和内容如图5-18所示。

制造费用

借方	贷方
企业为生产产品而发生的各项制造费用	分配转出计入有关成本计算对象的制造费用

图5-18 "制造费用"账户的结构和内容

（三）"管理费用"账户

管理费用是指企业为组织和管理生产经营发生的各种费用，包括企业在筹建期间发生的开办费、董事会和行政管理部门在企业的经营管理中发生的以及应由企业统一负担的公司经费（包括行政管理部门职工工资及福利费、物料消耗、低值易耗品摊销、办公费和差旅费等）、行政管理部门负担的工会经费、董事会费（包括董事会成员津贴、会议费和差旅费等）、聘请中介机构费、咨询费（含顾问费）、诉讼费、业务招待费、技术转让费、矿产资源补偿费、研究费用、排污费等。企业生产车间（部门）和行政管理部门发生的固定资产修理费用等后续支出，也作为管理费用核算。

"管理费用"账户属于损益类账户，用以核算和监督管理费用的发生和结转情况。该账户按管理费用的费用项目进行明细核算。该账户借方登记企业发生的各项管理费用，贷方登记期末转入"本年利润"科目的管理费用，结转后该科目无余额。"管理费用"账户的结构和内容如图5-19所示。

管理费用

借方	贷方
企业为组织和管理生产经营而发生的各项管理费用	期末结转到"本年利润"账户的管理费用

图 5-19 "管理费用"账户的结构和内容

（四）"应付职工薪酬"账户

"应付职工薪酬"账户属于负债类账户，用以核算和监督应付职工薪酬的计提、结算、使用等情况。"应付职工薪酬"账户应当按照"工资、奖金、津贴和补贴""职工福利费""非货币性福利""社会保险费""工会经费和职工教育经费""带薪缺勤""利润分享计划""住房公积金""设定提存计划""设定受益计划义务""辞退福利"等职工薪酬项目设置明细账进行明细核算。

扫一扫 学一学

该账户的贷方登记已分配计入有关成本费用项目的职工薪酬的数额，借方登记实际发放职工薪酬的数额，包括扣还的款项等。该账户期末余额在贷方，反映企业应付未付的职工薪酬。"应付职工薪酬"账户的结构和内容如图5-20所示。

应付职工薪酬

借方	贷方
企业实际支付的各种职工薪酬	企业应支付给职工的各种职工薪酬
	余额：期末企业应付未付的职工薪酬

图 5-20 "应付职工薪酬"账户的结构和内容

（五）"累计折旧"账户

"累计折旧"账户属于资产类账户，而且是"固定资产"账户的备抵账户，用以反映和监督企业固定资产在使用过程中因损耗而减少的价值。一般按照固定资产的类别或项目设置明细账。"累计折旧"账户贷方登记企业按期计提的固定资产折旧额。借方登记处置固定资产时结转的累计折旧额。期末余额在贷方，反应企业固定资产的累计析旧额。"累计折旧"账户的结构和内容如图5-21所示。

累计折旧

借方	贷方
处置固定资产时结转的累计折旧额	企业按期计提的固定资产折旧额
	余额：期末企业固定资产的累计折旧额

图 5-21 "累计折旧"账户的结构和内容

（六）"库存商品"账户

"库存商品"账户属于资产类账户，用以反映和监督企业库存的各种商品的实际成本（或进价）或计划成本（或售价），包括库存产成品、外购商品、不包括在门市部准备出售的商品、发出展览的商品以及寄存在外的商品等。该账户可按库存商品的种类、品种和规格等进行明细核算。该账户借方登记验收入库的库存商品成本，贷方登记发出的库存商品成本。期末余额在借方，反映企业期末库存商品的实际成本（或进厂价）或计划成本（或售价）。"库存商品"账户的结构和内容如图5-22所示。

库存商品

借方	贷方
企业已经生产完成并验收入库的产成品成本	对外销售产品而结转的产品销售成本
余额：期末企业库存产成品的成本	

图 5-22 "库存商品"账户的结构和内容

三、账务处理

生产业务的账务处理主要包括材料费用的归集与分配、职工薪酬的归集与分配、制造费用的归集与分配、完工产品的生产成本的计算与结转等。下面举例说明产品生产业务的账务处理以及产品成本的计算。

【例5-12】湖南省双林木业制造有限公司（以下简称"双林木业"）2019年6月发生如下产品生产业务。

（1）双林木业公司会计部门根据2019年6月的领料单编制发料凭证汇总表，见单据5-36。

单据5-36

发 料 凭 证 汇 总 表

2019 年 6 月 30 日 　　　　　单位：元

用途及领料部门		实木板材	单木板	木材碎料	合计
生产领用	实木板	2 000 000.00	1 000 000.00		3 000 000.00
	大芯板	800 000.00	1 200 000.00		2 000 000.00
车间一般耗用			700 000.00		700 000.00
行政管理部门耗用				100 000.00	100 000.00
合 计		2 800 000.00	2 900 000.00	100 000.00	5 800 000.00

【解析】

```
借：生产成本——实木板                                    3 000 000
        ——大芯板                                    2 000 000
    制造费用                                          700 000
    管理费用                                          100 000
    贷：原材料——实木板材                                    2 800 000
        ——单木板                                    2 900 000
        ——木材碎料                                    100 000
```

（2）双林木业公司 6 月末分配应付的职工薪酬，结算出 6 月应付职工薪酬总额为 2 680 000 元。其中，应付实木板生产工人的职工薪酬 1 600 000 元，应付大芯板生产工人的职工薪酬 400 000 元，应付车间管理人员的职工薪酬 280 000 元，应付企业行政管理人员的职工薪酬 400 000 元，见单据 5-37。

单据 5-37

职 工 工 资 分 配 表

2019 年 6 月 30 日

部　门	人员类别	应分配金额	备　注
生产车间	生产实木板工人	1 600 000.00	
	生产大芯板工人	400 000.00	
	管理人员	280 000.00	
企业管理部门	行政管理人员	400 000.00	
合　计		2 680 000.00	

审核：朱上　　　　　　　　制单：王平

【解析】

借：生产成本——实木板　　　　　　　　　　　　　　　　1 600 000
　　　　　　——大芯板　　　　　　　　　　　　　　　　　400 000
　　制造费用　　　　　　　　　　　　　　　　　　　　　　280 000
　　管理费用　　　　　　　　　　　　　　　　　　　　　　400 000
　　贷：应付职工薪酬　　　　　　　　　　　　　　　　　　　2 680 000

（3）双林木业公司 6 月计提固定资产折旧共计 440 000 元。其中：生产车间固定资产应计提折旧 360 000 元，行政管理部门固定资产应计提折旧 80 000 元，见单据 5-38。

单据 5-38

固定资产折旧计算表

2019 年 6 月 30 日

使用部门或用途	月初固定资产原值	月综合折旧率	月折旧额
生产车间	36 000 000.00		360 000.00
行政管理部门	8 000 000.00	1%	80 000.00
合计	44 000 000.00		440 000.00

会计主管：　　　　　复核：朱上　　　记账：　　　　　制单：王平

【解析】

借：制造费用　　　　　　　　　　　　　　　　　　　　　360 000
　　管理费用　　　　　　　　　　　　　　　　　　　　　　80 000
　　贷：累计折旧　　　　　　　　　　　　　　　　　　　　440 000

（4）双林木业公司以银行存款支付 6 月电费共计 100 000 元，其中生产车间发生 60 000 元，行政管理部门发生 40 000 元。见单据 5-39、单据 5-40。

单据 5-39

湖南增值税专用发票

4300082140　　　　　　　发票联　　　　　　　№05304028

开票日期：2019年6月28日

| 购货单位 | 名　称：湖南省双林木业制造有限公司
纳税人识别号：94010065985323X72
地址、电话：湖南省长沙市望城区丁字镇688号
　　　　　电话：0731-88561960
开户行及账号：中国建设银行丁字镇支行6620325410032656721 | | | 密码区 | （略） | | |

货物或应税劳务名称	规格型号	单位	数量	单价	金　额	税率	税　额
电费		千瓦时			100 000.00	13%	13 000.00
合　计					¥100 000.00		¥13 000.00

价税合计（大写）	⊗壹拾壹万叁仟元整	（小写）¥113 000.00

| 销货单位 | 名　称：湖南省电力有限公司长沙市望城区供电分公司
纳税人识别号：91430122707233019M
地址、电话：长沙市望城区高塘岭街道郭亮中路211号
　　　　　电话：0731-88568444
开户行及账号：中国建设银行丁字镇支行 358962514568712 | 备注 | 湖南省长沙市望城区税务
43112560
0098724
发票专用章 |

收款人：　　　复核：　　　开票人：朱上　　　销货单位：（章）

第三联 发票联 购货方记账凭证

单据 5-40

```
中国建设银行
转账支票存根（湘）
DH 20172324

附加信息 _____
_____
_____

出票日期 2019 年 6 月 30 日
┌─────────────────┐
│收款人：湖南省电力有限公司 │
├─────────────────┤
│金　额：113 000.00      │
├─────────────────┤
│用　途：电费           │
└─────────────────┘
单位主管：　　会　计：
复　核：　　　记　账：
```

【解析】

借：制造费用		60 000
管理费用		40 000
应交税费——应交增值税（进项税额）		13 000
贷：银行存款		113 000

（5）根据双林木业公司 6 月发生的上述经济业务，汇总 6 月实际发生的制造费用总额，见单据 5-41、单据 5-42。

单据 5-41

制造费用汇总表

单位：元

项　目	金　额
生产车间一般耗用材料	700 000.00
生产车间管理人员的职工薪酬	280 000.00
生产车间固定资产折旧	360 000.00
生产车间发生的电费	60 000.00
合计（元）	1 400 000.00

单据 5-42

制造费用结转分配表

2019 年 6 月 30 日

制造费用		分配标准（生产工时）	分配率	应分配金额	备　注
生产成本	实木板	400	1 400 元 / 小时	560 000.00	
	大芯板	600	1 400 元 / 小时	840 000.00	
合　计		1 000		1 400 000.00	

双林木业公司归集 6 月发生的制造费用后，应按照一定的分配标准，将制造费用发生额分配计入各种产品的生产成本中。实务中，制造费用的分配标准一般有生产工人工时、机器工时、生产工人工资等。

①生产工人工时比例分配法。生产工人工时比例分配法是按照各种产品所用生产工人实际工时的比例分配制造费用。这种方法适用于机械化程度较低或生产单位生产的各种产品工艺过程机械化程度大致相同的企业。其计算公式为：

$$制造费用分配率 = \frac{制造费用总额}{各种产品生产工时之和} \qquad (5-2)$$

$$某种产品应负担的制作费用 = 该产品的生产工时数 × 制造费用分配率 \qquad (5-3)$$

假定双林木业公司按生产工人工时比例在实木板、大芯板两种产品之间分配制造费用。6 月统计的两种产品发生的生产工人工时为：实木板 400 小时，大芯板 600 小时。分配制造费用的计算如下：

制造费用分配率 = 1 400 000 ÷（400 ＋ 600）= 1 400 元 / 小时

实木板应负担的制造费用＝400×1 400＝560 000 元

大芯板应负担的制造费用＝600×1 400＝840 000 元

【解析】

借：生产成本——实木板　　　　　　　　　　　　　　　　　　　5 600 000

　　　　　　——大芯板　　　　　　　　　　　　　　　　　　　8 400 000

　　贷：制造费用　　　　　　　　　　　　　　　　　　　　　　　　　1 400 000

②生产工人工资比例分配法。生产工人工资比例分配法是以直接计入各种产品的生产工人实际工资的比例作为分配标准分配制造费用的一种方法。其计算公式为：

$$制造费用分配率＝\frac{制造费用总额}{各种产品生产工人工资之和}\qquad(5-4)$$

某种产品应负担的制作费用＝该产品的生产工人工资数 × 制造费用分配率　　　(5-5)

假定双林木业公司按生产工人工资比例在实木板、大芯板两种产品之间分配制造费用。6 月统计的两种产品发生的生产工人工资为：实木板工人工资 1 600 000 元，大芯板工人工资 400 000 元。分配制造费用的计算如下：

制造费用分配率＝1 400 000÷（1 600 000 ＋ 400000）＝0.7

实木板应负担的制造费用＝1 600 000×0.7＝1 120 000 元

大芯板应负担的制造费用＝400 000×0.7＝280 000 元

【解析】

借：生产成本——实木板　　　　　　　　　　　　　　　　　　　1 120 000

　　　　　　——大芯板　　　　　　　　　　　　　　　　　　　280 000

　　贷：制造费用　　　　　　　　　　　　　　　　　　　　　　　　　1 400 000

③机器工时比例分配法。机器工时比例分配法是以各种产品生产所用机器设备的工作时间的比例作为分配标准分配制造费用的一种方法。对机械化、自动化程度较高的车间，其制造费用可以按机器工时的比例进行分配。其计算公式为：

$$制造费用分配率＝\frac{制造费用总额}{各种产品机器工时总和}\qquad(5-6)$$

某种产品应负担的制作费用＝该产品生产耗用机器工时数 × 制造费用分配率　　　(5-7)

假定双林木业公司按生产产品机器工时比例在实木板、大芯板两种产品之间分配制造费用。6 月统计的两种产品发生的机器工时为：生产实木板机器工时为 1 600 小时，生产大芯板机器工时为 400 小时。分配制造费用的计算如下：

制造费用分配率＝1 400 000÷（1 600 ＋ 400）＝700 元 / 小时

实木板应负担的制造费用＝1 600×700＝1 120 000 元

大芯板应负担的制造费用＝400×700＝280 000 元

【解析】

借：生产成本——实木板　　　　　　　　　　　　　　　　　　　1 120 000

　　——大芯板　　　　　　　　　　　　　　　　　　　280 000
　　贷：制造费用　　　　　　　　　　　　　　　　　1 400 000

　　（6）双林木业公司 6 月生产的实木板 50 000 件全部完工并验收入库，结转完工产成品成本
5 220 000 元；生产的大芯板已完工 35 000 件并验收入库，结转完工产成品成本 2 800 000 元。期
末大芯板还有 500 件尚未完工的在产品，成本为 300 000 元，也就是月末"生产成本——大芯板"
账户的借方余额。本月初，"生产成本"总账账户余额为 200 000 元，其中，实木板月初在产品成
本为 60 000 元，大芯板月初在产品成本为 140 000 元。实木板和大芯板简化的生产成本明细账（即
产品成本计算单）见单据 5-43、单据 5-44。

单据 5-43

实 木 板 成 本 计 算 单

2019 年 6 月 30 日　　　　　　　　　　　　　　　　　　　　　单位：元

摘要		成本项目			成本合计
		直接材料	直接人工	制造费用	
月初余额		35 000.00	15 000.00	10 000.00	60 000.00
本月发生额	领用材料	3 000 000.00			3 000 000.00
	分配职工薪酬		1 600 000.00		1 600 000.00
	分配制造费用			560 000.00	560 000.00
合计		3 035 000.00	1 615 000.00	570 000.00	5 220 000.00
转出完工产成品成本		3 035 000.00	1 615 000.00	570 000.00	5 220 000.00
月末在产品成本		0	0	0	0

单据 5-44

大 芯 板 成 本 计 算 单

2019 年 6 月 30 日　　　　　　　　　　　　　　　　　　　　　单位：元

摘要		成本项目			成本合计
		直接材料	直接人工	制造费用	
月初余额		90 000.00	20 000.00	30 000.00	140 000.00
本月发生额	领用材料	2 000 000.00			2 000 000.00
	分配职工薪酬		400 000.00		400 000.00
	分配制造费用			840 000.00	840 000.00
合计		2 090 000.00	420 000.00	870 000.00	3 380 000.00
转出完工产成品成本		1 890 000.00	382 000.00	808 000.00	3 080 000.00
月末在产品成本		200 000.00	38 000.00	62 000.00	300 000.00

　　【解析】完工产品成本的基本计算公式为：
　　　　完工产品生产成本＝期初在产品成本＋本期发生的生产费用－期末在产品成本　　（5-8）
　　实木板完工产品生产成本＝ 60 000 ＋ 5 160 000 － 0 ＝ 5 220 000
　　大芯板完工产品生产成本＝ 140 000 ＋ 3 240 000 － 300 000 ＝ 3 080 000
　　结转完工产品成本业务，一方面使库存产品增加了 8 300 000 元（5 220 000 ＋ 3 080000），应
记入"库存商品"账户的借方；另一方面，使生产成本减少了 8 300 000 元，应记入"生产成本"

账户的贷方。这项经济业务编制的会计分录如下：

  借：库存商品——实木板   5 220 000

      ——大芯板   3 080 000

    贷：生产成本——实木板   5 220 000

       ——大芯板   3 080 000

  同时，根据完工的实木板、大芯板总成本以及完工产品数量，可分别计算出实木板和大芯板的单位成本如下：

  实木板单位成本 = 5 220 000 ÷ 50 000 = 104.40 元 / 件

  大芯板单位成本 = 3 080 000 ÷ 35 000 = 88 元 / 件

任务四　销售过程业务的核算

  制造企业从产成品验收入库起到销售给购买方为止的过程称为销售过程，它是企业生产经营活动的最后一个环节。在销售过程中，企业将生产的产品销售给购买方，并按产品的销售价格向买方办理货款结算，收回销货款，从而实现销售收入。由于在销售过程中企业必须付出相应数量的产品，因而企业在确认和计量销售收入的同时，还应当结转为制造这些产品而耗费的生产成本，通常将已销售产品的生产成本称为产品销售成本。此外，企业为了推销产品，在销售过程中还会发生包装费、广咨费、运输费、销售人员职工薪酬等各种耗费。这些耗费与销售产品有关，应抵减当期的销售收入。企业在取得销售收入时，还应按国家税法的规定，计算并缴纳相关税费。只有实现的销售收入能够补偿销售成本和相应的费用，企业的经营才可能持续进行。综上所述，制造业企业销售过程的主要经济业务是：将产品销售出去，并办理货款的结算，确定产品销售成本、销售费用和相关税费。

一、商品销售收入的确认和计量

  企业销售商品收入的确认，必须同时符合以下条件：

1．企业已将商品所有权上的主要风险和报酬转移给购货方

  企业已将商品所有权上的主要风险和报酬转移给购货方，是指与商品所有权有关的主要风险和报酬同时转移。其中，与商品所有权有关的风险是指商品可能发生减值或毁损等形成的损失；与商品所有权有关的报酬，是指商品价值增值或通过使用商品等形成的经济利益。

2．企业既没有保留通常与商品所有权相联系的继续管理权，也没有对已售出的商品实施控制

  通常情况下，企业售出商品后不再保留与商品所有权相联系的继续管理权，也不再对售出商品实施有效控制，表明商品所有权上的主要风险和报酬已经转移给购货方，通常应在发出商品且满足收入确认的其他条件时确认收入。

3．收入的金额能够可靠地计量

  收入的金额能够可靠地计量，是指收入的金额能够合理地估计。如果收入的金额不能合理估计，则无法确认收入。

4. 相关的经济利益很可能流入企业

相关的经济利益很可能流入企业，是指销售商品价款收回的可能性大于不能收回的可能性，即销售商品价款收回的可能性超过 50%。

5. 相关的已发生或将发生的成本能够可靠地计量

通常情况下，销售商品相关的已发生或将发生的成本能够合理地估计，如库存商品成本、商品运输费用等。有时，销售商品相关的已发生或将发生的成本不能够合理地估计，此时企业不应确认收入。若已收到价款，应将已收到的价款确认为负债。

二、账户设置

（一）"主营业务收入"账户

"主营业务收入"账户属于损益类账户，用以反映和监督企业确认的销售商品、提供劳务等主营业务的收入。该账户应按照主营业务的种类设置明细账户，进行明细分类核算。该账户贷方登记企业实现的主营业务收入，即主营业务收入的增加额；借方登记期末转入"本年利润"账户的主营业务收入（按净额结转），以及发生销售退回和销售折让时应冲减本期的主营业务收入。期末结转后，该账户无余额。"主营业务收入"账户的结构和内容如图 5-23 所示。

主营业务收入

借方	贷方
本期发生销售退回应冲减的销售收入、期末结转到"本年利润"账户的余额	企业销售产品实现的销售收入

图 5-23 "主营业务收入"账户的结构和内容

（二）"其他业务收入"账户

"其他业务收入"账户属于损益类账户，用以反映和监督企业确认的除主营业务活动以外的其他经营活动实现的收入，包括出租固定资产、出租无形资产、出租包装物和商品、销售材料等。该账户可按其他业务的种类设置明细账户，进行明细分类核算。该账户贷方登记企业实现的其他业务收入，其他业务收入的增加额；借方登记期末转入"本年利润"账户的其他业务收入。期末结转后，该账户无余额。"其他业务收入"账户的结构和内容如图 5-24 所示。

其他业务收入

借方	贷方
期末结转到"本年利润"账户的余额	企业实现的除主营业务活动以外的其他经营活动的收入

图 5-24 "其他业务收入"账户的结构和内容

（三）"应收账款"账户

"应收账款"账户属于资产类账户，用以反映和监督企业因销售商品、提供劳务等经营活动应收取的款项。该账户应按不同的债务人进行明细分类核算。该账户借方登记由于销售商品以及提供劳务等发生的应收账款，包括应收取的价款、税款和代垫款等；贷方登记已经收回的应收账款。期末余额通常在借方，反映企业尚未收回的应收账款；期末余额如果在贷方，反映企业预收的账款。"应收账款"账户的结构和内容如图 5-25 所示。

应收账款

借方	贷方
企业因销售产品及提供劳务应收的金额、代购货单位垫付的运杂费和包装费	企业已经收回的应收账款
余额：企业尚未收回的应收账款	

图 5-25　"应收账款"账户的结构和内容

（四）"应收票据"账户

"应收票据"账户属于资产类账户，用以反映和监督企业因销售商品、提供劳务等而收到的商业汇票。该账户可按开出、承兑商业汇票的单位进行明细核算。该账户借方登记企业收到的应收票据，贷方登记票据到期收回的应收票据。期末余额在借方，反映企业持有的商业汇票的票面金额。"应收票据"账户的结构和内容如图 5-26 所示。

应收票据

借方	贷方
企业因销售产品及提供劳务收到的应收票据	票据到期收回的应收票据
余额：企业持有的商业汇票的票面金额	

图 5-26　"应收票据"账户的结构和内容

（五）"预收账款"账户

"预收账款"账户属于负债类账户，用以反映和监督企业按照合同规定预收的款项。预收账款情况不多的，也可以不设置本账户，将预收的款项直接记入"应收账款"账户。该账户可按购货单位进行明细核算。该账户贷方登记企业向购货单位预收的款项等，借方登记销售实现时按实现的收入转销的预收款项等。期末余额在贷方，反映企业预收的款项；期末余额在借方，反映企业已转销但尚未收取的款项。"预收账款"账户的结构和内容如图 5-27 所示。

预收账款

借方	贷方
企业因销售实现时按实现的收入转销的预收款项	企业向购货单位预收的款项
余额：企业已转销但尚未收取的款项	余额：企业预收的款项

图 5-27　"预收账款"账户的结构和内容

（六）"主营业务成本"账户

"主营业务成本"账户属于损益类账户，用以反映和监督企业确认销售商品、提供劳务等主营业务收入时应结转的成本。该账户可按主营业务的种类设置明细账户，进行明细分类核算。该账户借方登记主营业务发生的实际成本，贷方登记期末转入"本年利润"账户的主营业务成本。期末结转后，该账户无余额。"主营业务成本"账户的结构和内容如图 5-28 所示。

主营业务成本

借方	贷方
企业主营业务发生的实际成本	期末结转到"本年利润"账户的余额

图 5-28 "主营业务成本"账户的结构和内容

（七）"其他业务成本"账户

"其他业务成本"账户属于损益类账户，用以反映和监督企业确认的除主营业务活动以外的其他经营活动所发生的支出，包括销售材料的成本、出租固定资产的折旧额、出租无形资产的摊销额；出租包装物的成本或摊销额等。该账户可按其他业务的种类设置明细账户，进行明细分类核算。该账户借方登记其他业务的支出额，贷方登记期末转入"本年利润"账户的其他业务支出额。期末结转后，该账户无余额。"其他业务成本"账户的结构和内容如图 5-29 所示。

其他业务成本

借方	贷方
企业其他业务的支出额	期末结转到"本年利润"账户的余额

图 5-29 "其他业务成本"账户的结构和内容

（八）"税金及附加"账户

"税金及附加"账户属于损益类账户，用以反映和监督企业经营业务所应负担的税金及附加费，包括消费税、城市维护建设税、资源税和教育费附加及房产税、土地使用税、车船使用税、印花税等相关税费。该账户的借方登记企业计提各项税费，贷方登记期末转入"本年利润"账户的税金及附加。期末结转后该账户无余额。"税金及附加"账户的结构和内容如图 5-30 所示。

税金及附加

借方	贷方
企业计提各项税费	期末结转到"本年利润"账户的税金及附加

图 5-30 "税金及附加"账户的结构和内容

（九）"销售费用"账户

"销售费用"账户属于损益类账户，用以反映和监督企业发生的各项销售费用。该账户可按费用项目设置明细账户，进行明细分类核算。该账户借方登记发生的各项销售费用，贷方登记期末转入"本年利润"账户的销售费用额。期末结转后，该账户无余额。"销售费用"账户的结构和内容如图 5-31 所示。

销售费用

借方	贷方
企业发生的各项销售费用	期末结转到"本年利润"账户的销售费用额

图 5-31 "销售费用"账户的结构和内容

三、账户处理

根据销售收入的确认条件和回收货款的时间是否一致，销售方式一般可以分为销售产品同时收到货款、销售产品前预收购货方货款、销售产品后收回货款等三种货款结算方式。

（一）销售产品同时收到货款的账务处理

【例5-13】2019年6月15日，湖南省双林木业制造有限公司（以下简称"双林木业"）向湖南木生家具制造有限公司（以下简称"木生家具"）销售一批实木板，开出的增值税专用发票上注明售价为2 000 000元，增值税税额为260 000元。双林木业公司收到木生家具公司签发的支票1张2 260 000元，存入银行。双林木业公司已经发货并将提货单送交木生家具公司。该批商品成本为522 000元。相关手续见单据5-45至单据5-47。

单据5-45

商品购销合同

合同编号：0004526111

甲方： 湖南木生家具制造有限公司

乙方： 湖南省双林木业制造有限公司

根据《中华人民共和国合同法》及有关法律、法规规定，甲、乙双方本着平等、自愿、公平、互惠互利和诚实守信的原则，就产品供销的有关事宜协商一致订立本合同，以便共同遵守。

一、合同价款及付款方式：

本合同总价款为人民币 贰佰贰拾陆万元整（¥2 260 000元）（其中包括包装费、运费、相关税费及开具13%的增值税）。

二、产品质量：

1. 乙方保证所提供的产品货真价实，来源合法，无任何法律纠纷和质量问题。如果乙方所提供产品与第三方出现了纠纷，由此引起的一切法律后果均曰乙方承担。

2. 如果甲方在使用上述产品过程中，出现产品质量问题，乙方负责调换，若不能调换，予以退还。

三、违约责任：

1. 甲乙双方均应全面履行本合同约定，一方违约给另一方造成损失的，应当承担赔偿责任。

2. 乙方未按合同约定供货的，按延迟供货的部分款，每延迟一日承担货款的万分之五违约金；延迟 10 日以上的，除支付违约金外，甲方有权解除合同。

3. 甲方未按照合同约定的期限结算的，应按照中国人民银行有关延期付款的规定，延迟一日，需支付结算货款的万分之五的违约金；延迟 10 日以上的，除支付违约金外，乙方有权解除合同。

4. 甲方不得无故拒绝接货，否则应当承担由此造成的损失和运输费用。

5. 合同解除后，双方应当按照本合同的约定进行对账和结算，不得刁难。

四、其他约定事项：

本合同一式两份，自双方签字之日起生效。如果出现纠纷，双方均可向有管辖权的人民法院提起诉讼。

五、其他事项：

甲方：湖南木生家具制造有限公司   乙方：湖南省双林木业制造有限公司

签约代表：朱 亮   签约代费：杨百万

开户银行：华融湘江银行星沙支行   开户银行：中国建设银行丁字支行

账号：610 9326594512566   账号：662032541C652656721

2019 年 6 月 15 日   2019 年 6 月 15 日

单据5-46

湖南增值税专用发票

4300082140　　　　　　　　　　　№05303928

开票日期：2019年6月15日

| 购货单位 | 名　　称：湖南木生家具制造有限公司
纳税人识别号：410705114875837
地址、电话：湖南省长沙县星沙经开区688号
电话：0731-88561960
开户行及账号：华融湘江银行星沙支行61010326594512566 | | | | 密码区 | （略） | | |

货物或应税劳务名称	规格型号	单位	数量	单价	金　额	税率	税　额
实木板		件	500	400.00	2 000 000.00	13%	260 000.00
合　计					¥2 000 000.00		¥260 000.00

价税合计（大写）　⊗贰佰贰拾陆万元整　　　　　　（小写）¥2 260 000.00

| 销货单位 | 名　　称：湖南省双林木业制造有限公司
纳税人识别号：94010065985323X72
地址、电话：湖南省长沙市望城区丁字镇688号
电话：0731-88561960
开户行及账号：中国建设银行丁字镇支行662032541003265672 | 备注 | 43112560
0098724
发票专用章 |

收款人：　　　复核：　　　开票人：朱上　　　销货单位：（章）

第三联　发票联　购货方记账凭证

单据5-47

中国建设银行进账单（收账通知）

2019年6月15日　　　　　　　No 4581909

收款人	全　称	湖南省双林木业制造有限公司	付款人	全　称	湖南木生家具制造有限公司
	账　号	6620325410032656721		账　号	61010326594512566
	开户行	中国建设银行丁字镇支行		开户行	华融湘江银行星沙支行

人民币（大写）	贰佰贰拾陆万元整	千	百	十	万	千	百	十	元	角	分
			¥	2	2	6	0	0	0	0	0

票据种类		收款人开户行盖章
票据张数		2019 年 6 月 15 日

单位主管　　会计　　复核　　记账

此联是银行交收款人的收账通知

【解析】

（1）双林木业公司收到销售货款时。

借：银行存款　　　　　　　　　　　　　　　　　　2 260 000

　　　　贷：主营业务收入——实木板　　　　　　　　　　　　2 000 000
　　　　　　应交税费——应交增值税（销项税额）　　　　　　260 000
（2）双林木业公司结转销售成本。
　　借：主营业务成本——实木板　　　　　　　　　　　　　522 000
　　　　贷：库存商品　　　　　　　　　　　　　　　　　　522 000

（二）销售产品后收回货款的账务处理

　　【例5-14】2019年6月18日，湖南省双林木业制造有限公司（以下简称"双林木业"）向湖南苹果装饰有限公司（以下简称"苹果装饰"）销售一批大芯板，开出的增值税专用发票上注明售价为100 000元，增值税税额为13 000元。双林木业公司收到苹果装饰公司开出的商业承兑汇票1张113 000元。双林木业已经发货并将提货单送交苹果装饰公司。该批商品成本为35 200元。相关手续见单据5-48至单据5-50。

　　单据5-48

商 品 购 销 合 同

合同编号：0004526112

　　甲方：　湖南苹果装饰有限公司　
　　乙方：　湖南省双林木业制造有限公司　
　　根据《中华人民共和国合同法》及有关法律、法规规定，甲、乙双方本着平等、自愿、公平、互惠互利和诚实守信的原则，就产品供销的有关事宜协商一致订立本合同，以便共同遵守。
　　一、合同价款及付款方式：
　　本合同总价款为人民币　壹拾壹万叁仟元整（¥113 000元）　（其中包括包装费、运费、相关税费及开具13%的增值税）。
　　本合同签订后，甲方向乙方支付人民币　壹拾壹万叁仟元整（¥113 000元）　，乙方需将上述产品送至甲方指定的地点并经甲方验收。
　　二、产品质量：
　　1. 乙方保证所提供的产品货真价实，来源合法，无任何法律纠纷和质量问题。如果需乙方所提供产品与第三方出现了纠纷，由此引起的一切法律后果均由乙方承担。
　　2. 如果甲方在使用上述产品过程中，出现产品质量问题，乙方负责调换，若不能调换，予以退还。
　　三、违约责任：
　　1. 甲乙双方均应全面履行本合同约定，一方违约给另一方造成损失的，应当承担赔偿责任。
　　2. 乙方未按合同约定供货的，按延迟供货的部分款，每延迟一日承担货款的万分之五违约金；延迟10日以上的，除支付违约金外，甲方有权解除合同。
　　3. 甲方未按照合同约定的期限结算的，应按照中国人民银行有关延期付款的规定，延迟一日，需支付结算货款的万分之五的违约金；延迟　10　日以上的，除支付违约金外，乙方有权解除合同。
　　4. 甲方不得无故拒绝接货，否则应当承担由此造成的损失和运输费用。
　　5. 合同解除后，双方应当按照本合同的约定进行对账和结算，不得刁难。
　　四、其他约定事项：
　　本合同一式两份，自双方签字之日起生效。如果出现纠纷，双方均可向有管辖权的人民法院提起诉讼。
　　五、其他事项：
　　甲方：　湖南苹果装饰有限公司　　　　　乙方：　湖南省双林木业制造有限公司　
　　签约代表：傅钱　　　　　　　　　　　　签约代费：杜百万
　　开户银行：中国农业银行德雅支行　　　　开户银行：中国建设银行宁乡镇支行
　　账号：633021216786132x　　　　　　　账号：662035410032656x21
　　2019年 6 月 18 日　　　　　　　　　　2019年 6 月 18 日

单据5-49

湖南增值税专用发票

发 票 联

4300082140

№05303929

开票日期：2019年6月18日

购货单位	名　　　称：湖南苹果装饰有限公司 纳税人识别号：611436620068033 地址、电话：湖南省长沙市开福区德雅路108号 　　　　　　电话：0731-80686678 开户行及账号：中国农业银行德雅支行6330212167861320	密码区	（略）

货物或应税劳务名称	规格型号	单位	数量	单价	金　额	税率	税　额
大芯板		件	400	250.00	100 000.00	13%	13 000.00
合　计					¥100 000.00		¥13 000.00

价税合计（大写）	⊗壹拾壹万叁仟元整	（小写）¥113 000.00

销货单位	名　　　称：湖南省双林木业制造有限公司 纳税人识别号：94010065985323X72 地址、电话：湖南省长沙市望城区丁字镇688号 　　　　　　电话：0731-88561960 开户行及账号：中国建设银行丁字镇支行662032541003265672	备注	湖南双林木业制造有限公司 43112560 0098724 发票专用章

收款人：　　　复核：　　　开票人：朱上　　　销货单位：（章）

第三联　发票联　购货方记账凭证

单据5-50

商 业 承 兑 汇 票

签发日期　2019年6月18日

汇票号码　SC2458

付款人	全　称	湖南苹果装饰有限公司	收款人	全　称	湖南省双林木业制造有限公司
	账　号	6330212167861320		账　号	6620325410032656721
	开户银行	中国农业银行德雅支行		开户银行	中国建设银行丁字镇支行

托收金额	人民币（大写）壹拾壹万叁仟元整	百	十	万	千	百	十	元	角	分
		¥	1	1	3	0	0	0	0	0

汇票到期日	2018年6月28日	合同名称号码	

本汇票已经本单位承兑，到期日无条件支付票款。
此致
收款人
负责　　经办　　2019年6月19日

付款人盖章

汇票人签发盖章

负责　　经办

此联是收款人办妥托收手续后的回单

【解析】

（1）双林木业收到销售货款时。

借：应收票据——苹果装饰　　　　　　　　　　　　　　　　113 000

贷：主营业务收入——大芯板　　　　　　　　　　　　　100 000

应交税费——应交增值税（销项税额）　　　　　13 000

（2）双林木业结转销售成本。

借：主营业务成本——大芯板　　　　　　　　　　　　　35 200

贷：库存商品——大芯板　　　　　　　　　　　　　35 200

（三）销售产品前预收购货方贷款的账务处理

【例 5-15】2019 年 6 月 20 日，湖南省双林木业制造有限公司（以下简称"双林木业"）与湖南金辉装饰有限公司（以下简称"金辉装饰"）签订销售细芯板合同，相关手续见单据 5-51 至单据 5-55。

单据 5-51

商 品 购 销 合 同

合同编号：0004526118

　　甲方：　　湖南金辉装饰有限公司　　　　　　　　　　　　

　　乙方：　　湖南省双林木业制造有限公司　　　　　　　　　

　　根据《中华人民共和国合同法》及有关法律、法规规定，甲、乙双方本着平等、自愿、公平、互惠互利和诚实守信的原则，就产品供销的有关事宜协商一致订立本合同，以便共同遵守。

　　一、合同价款及付款方式：

　　本合同总价款为人民币　贰拾贰万陆仟元整 (¥226 000 元)　（其中包括包装费、运费、相关税费及开具 13% 的增值税）。

　　本合同签订后，甲方向乙方支付人民币　贰拾贰万陆仟元整（¥226 000 元）　，乙方需将上述产品送至甲方指定的地点并经甲方验收。

　　二、产品质量：

　　1. 乙方保证所提供的产品货真价实，来源合法，无任何法律纠纷和质量问题。如果乙方所提供产品与第三方出现了纠纷，由此引起的一切法律后果均由乙方承担。

　　2. 如果甲方在使用上述产品过程中，出现产品质量问题，乙方负责调换，若不能调换，予以退还。

　　三、违约责任：

　　1. 甲乙双方均应全面履行本合同约定，一方违约给另一方造成损失的，应当承担赔偿责任。

　　2. 乙方未按合同约定供货的，按延迟供货的部分款，每延迟一日承担货款的万分之五违约金；延迟 10 日以上的，除支付违约金外，甲方有权解除合同。

　　3. 甲方未按照合同约定的期限结算的，应按照中国人民银行有关延期付款的规定，延迟一日，需支付结算货款的万分之五的违约金；延迟　10　日以上的，除支付违约金外，乙方有权解除合同。

　　4. 甲方不得无故拒绝接货，否则应当承担由此造成的损失和运输费用。

　　5. 合同解除后，双方应当按照本合同的约定进行对账和结算，不得刁难。

　　四、其他约定事项：

　　本合同一式两份，自双方签字之日起生效。如果出现纠纷，双方均可向有管辖权的人民法院提起诉讼。

　　五、其他事项：

　　甲方：　湖南金辉装饰有限公司　　　　　　乙方：湖南省双林木业制造有限公司

　　签约代表：张明　　　　　　　　　　　　　签约代表：杨百万

　　开户银行：　　工商银行　　　　　　　　　开户银行：中国建设银行　字镇支行

　　账号：　6330212167861880　　　　　　　　账号：　6620325410032656721

　　2019 年 6 月 20 日　　　　　　　　　　　　2019 年 6 月 20 日

单据 5-52

湖南增值税专用发票

4300082140

№05303930

开票日期：2019年6月20日

<table>
<tr><td rowspan="5">购货单位</td><td colspan="3">名　　　　称：湖南金辉装饰有限公司</td><td rowspan="5">密码区</td><td rowspan="5">（略）</td></tr>
<tr><td colspan="3">纳税人识别号：611436620068033</td></tr>
<tr><td colspan="3">地址、电话：湖南省长沙市天心区芙蓉路216号</td></tr>
<tr><td colspan="3">电话：0731-80652333</td></tr>
<tr><td colspan="3">开户行及账号：长沙银行银德支行670902278090356</td></tr>
<tr><td>货物或应税劳务名称</td><td>规格型号</td><td>单位</td><td>数量</td><td>单价</td><td>金　额</td><td>税率</td><td>税　额</td></tr>
<tr><td>大芯板</td><td></td><td>件</td><td>1 000</td><td>200.00</td><td>200 000.00</td><td>13%</td><td>26 000.00</td></tr>
<tr><td>合　计</td><td></td><td></td><td></td><td></td><td>¥200 000.00</td><td></td><td>¥26 000.00</td></tr>
<tr><td>价税合计（大写）</td><td colspan="5">⊗ 贰拾贰万陆仟元整</td><td colspan="2">（小写）¥226 000.00</td></tr>
<tr><td rowspan="5">销货单位</td><td colspan="3">名　　　　称：湖南省双林木业制造有限公司</td><td rowspan="5">备注</td><td rowspan="5"></td></tr>
<tr><td colspan="3">纳税人识别号：94010065985323X72</td></tr>
<tr><td colspan="3">地址、电话：湖南省长沙市望城区丁字镇688号</td></tr>
<tr><td colspan="3">电话：0731-88561960</td></tr>
<tr><td colspan="3">开户行及账号：中国建设银行丁字镇支行662032541003265672</td></tr>
</table>

收款人：　　　　复核：朱上　　　　开票人：王平　　　　销货单位：（章）

第三联 发票联 购货方记账凭证

单据 5-53

中国建设银行进账单（收账通知）

2019年6月20日　　　　　　　　　No 4581909

<table>
<tr><td rowspan="3">收款人</td><td>全　称</td><td colspan="2">湖南省双林木业制造有限公司</td><td rowspan="3">付款人</td><td>全　称</td><td colspan="8">湖南金辉装饰有限公司</td><td rowspan="11">此联是银行交收款人的收账通知</td></tr>
<tr><td>账　号</td><td colspan="2">6620325410032656721</td><td>账　号</td><td colspan="8">611436620068033</td></tr>
<tr><td>开户行</td><td colspan="2">中国建设银行丁字镇支行</td><td>开户行</td><td colspan="8">长沙银行银德支行</td></tr>
<tr><td colspan="3" rowspan="2">人民币
（大写）</td><td colspan="3" rowspan="2">壹拾伍万元整</td><td>千</td><td>百</td><td>十</td><td>万</td><td>千</td><td>百</td><td>十</td><td>元</td><td>角</td><td>分</td></tr>
<tr><td>¥</td><td>1</td><td>5</td><td>0</td><td>0</td><td>0</td><td>0</td><td>0</td><td>0</td><td>0</td></tr>
<tr><td>票据种类</td><td colspan="5"></td><td colspan="10" rowspan="3">收款人开户行盖章

2019 年 6 月 20 日</td></tr>
<tr><td>票据张数</td><td colspan="5"></td></tr>
<tr><td>单位主管　　会计　　复核　　记账</td><td colspan="5"></td></tr>
</table>

单据 5-54

发 货 单

购货单位：湖南苹果装饰有限公司　　　　　2019 年 6 月 20 日　　　　　编号：20411408

产品编号	产品名称	规格	单位	数 量		单价	金　　　额								
				请 发	实 发		十万	千	百	十	元	角	分	
	细芯板		件	1 000	1 000	200.00	2	0	0	0	0	0	0	0
合计							2	0	0	0	0	0	0	0

第二联　会计部门记账

审批：孙力珂　　　　发货人：章经　　　　提货人：　　　　记账：

单据 5-55

中国建设银行进账单（收账通知）

2019年6月20日　　　　　No 4581909

收款人	全　称	湖南省双林木业制造有限公司	付款人	全　称	湖南金辉装饰有限公司									
	账　号	6620325410032656721		账　号	611436620068033									
	开户行	中国建设银行丁字镇支行		开户行	长沙银行银德支行									
人民币（大写）		柒万陆仟元整			千	百	十	万	千	百	十	元	角	分
							¥	7	6	0	0	0	0	0
票据种类			收款人开户行盖章											
票据张数														
单位主管　会计　复核　记账			2019 年 6 月 20 日											

此联是银行交收款人的收账通知

中国建设银行
丁字镇支行
2019.06.20
收讫

（1）按照合同规定预收一笔货款 150 000 元，存入银行。

【解析】

借：银行存款　　　　　　　　　　　　　　　　　　　　　　150 000

　　贷：预收账款——金辉装饰　　　　　　　　　　　　　　　　150 000

（2）双林木业公司按照合同规定发出细芯板 1 000 件，发票注明的价款为 200 000 元，增值税销项税额为 26 000 元。该产品的成本为每件 90 元。

【解析】

借：预收账款——金辉装饰　　　　　　　　　　　　　　　　226 000

　　贷：主营业务收入——细芯板　　　　　　　　　　　　　　200 000

　　　　应交税费——应交增值税（销项税额）　　　　　　　　　26 000

借：主营业务成本——细芯板　　　　　　　　　　　90 000 = 90 × 1 000

　　贷：库存商品——细芯板　　　　　　　　　　　　　　　　　90 000

（3）双林木业公司随后收到补付款项 82 000 元。

【解析】

借：银行存款   76 000

  贷：预收账款——金辉装饰   76 000

（四）与销售业务有关的其他账务处理

【例 5-16】 2019 年 6 月 30 日，湖南省双林木业制造有限公司（以下简称"双林木业"）销售部 6 月共发生费用 250 000 元，其中：销售人员薪酬 120 000 元，销售部专用办公设备折旧费 50 000 元，广告费 80 000 元（广告费用银行存款支付）。相关手续见单据 5-56 至单据 5-57。

单据 5-56

中国建设银行
转账支票存根（湘）
DH 20182324

附加信息 _____
_____
_____

出票日期 2019 年 6 月 30 日

| 收款人：东莞市华盾实业有限公司 |
| 金　额：80 000.00 |
| 用　途：广告费 |

单位主管：　　　会　　计：
复　　核：　　　记　　账：

单据 5-57

付 款 申 请 单

2019 年 6 月 30 日　　　　　　　　　　　　　　　　字　号 ××××

收款单位	湖南艺兴文化传播有限公司	付款原因
账户	6022315415688712358	
开户行	长沙银行香樟路支行	一点宣传费用
大写金额	⊗ 捌万零仟零佰零拾零元零角零分	
附件	小写：¥80 000.00	
审　批	同意付款　　杨百万	财　务　同意付款　　陆海	

长沙银行
香樟路支行
2019.06.30
付讫

会计主管：陆海　　　　复核：朱上　　　　出纳：张艺

【解析】

借：销售费用　　　　　　　　　　　　　　　　　　　　　　　250 000

　　贷：应付职工薪酬　　　　　　　　　　　　　　　　　　　　120 000

　　　　累计折旧　　　　　　　　　　　　　　　　　　　　　　50 000

　　　　银行存款　　　　　　　　　　　　　　　　　　　　　　80 000

【例 5-17】2019 年 6 月 30 日，湖南省双林木业制造有限公司（以下简称"双林木业"）按规定计算本月与销售有关的税费共计 8 000 元。税费计算表见单据 5-58。

单据 5-58

应 交 税 费 计 算 表

2019 年 6 月 30 日

项目	计税依据及金额			税率	应交税费
应交城市维护建设税	应交增值税额	80 000.00	80 000.00	7%	5 600.00
	应交消费税额	0			
应交教育费附加	应交营业税额	0	（合计）	3%	2 400.00
合计	—		—	—	8 000.00

会计主管：陆海　　　　记账：朱上　　　　复核：朱上　　　　制表：王平

【解析】

借：税金及附加　　　　　　　　　　　　　　　　　　　　　　8 000

　　贷：应交税费　　　　　　　　　　　　　　　　　　　　　　8 000

任务五　财务成果形成与分配的核算

一、利润形成的账务处理

（一）利润的概述

利润是指企业在一定会计期间的经营成果，包括收入减去费用后的净额、直接计入当期损益的利得和损失等。直接计入当期损益的利得和损失是指应当计入当期损益、会导致所有者权益发生增减变动的、与所有者投入资本或者向所有者分配利润无关的利得或者损失。

利润反映的是商品流通企业的经营业绩情况。利润通常是评价企业管理层业绩的一项重要指标，也是投资者、债权人等做出投资决策、信贷决策等的重要参考指标。

（二）利润的形成

按照利润形成的过程，利润的构成内容分为营业利润、利润总额和净利润三个层次。相关计算公式如下：

1. 营业利润

$$营业利润＝营业收入－营业成本－税金及附加－销售费用－管理费用－$$
$$财务费用－资产减值损失 \pm 公允价值变动损益 \pm 投资损益。 \qquad (5\text{-}9)$$

营业利润是指商品流通企业经营活动所产生的利润，是企业经营活动的主要成果，是企业利润的主要来源。其中，营业收入是指商品流通企业经营业务所产生的收入总额，包括主营业务收入和其他业务收入。营业成本是指商品流通企业经营业务所发生的实际成本总额，包括主营业务成本和其他业务成本。

2. 利润总额

$$利润总额＝营业利润＋营业外收入－营业外支出 \qquad (5\text{-}10)$$

3. 净利润

$$净利润＝利润总额－所得税费用 \qquad (5\text{-}11)$$

（三）账户设置

1. "营业外收入"账户

"营业外收入"账户属于损益类账户，用以核算企业发生的各项营业外收入，主要包括非流动资产处置利得、非货币性资产交换利得、债务重组利得、政府补助、盘盈利得、捐赠利得等。该账户可按营业外收入项目设置明细账户，进行明细分类核算。该账户贷方登记营业外收入的实现，即营业外收入的增加额；借方登记会计期末转入"本年利润"账户的营业外收入额。期末结转后，该账户无余额。"营业外收入"账户的结构和内容如图 5-32 所示。

营业外收入

借方	贷方
会计期末转入"本年利润"账户的营业外收入额	企业营业外收入的增加额

图 5-32　"营业外收入"账户的结构和内容

2. "营业外支出"账户

"营业外支出"账户属于损益类账户，用以核算企业发生的各项营业外支出，包括非流动资产处置损失、非货币性资产交换损失、债务重组损失、公益性捐赠支出、非常损失、盘亏损失等。该账户可按支出项目设置明细账户，进行明细分类核算。该账户借方登记营业外支出的发生，即营业外支出的增加额；贷方登记期末转入"本年利润"账户的营业外支出额。期末结转后，该账户无余额。"营业外支出"账户的结构和内容如图 5-33 所示。

营业外支出

借方	贷方
企业营业外支出的发生	期末转入"本年利润"账户的营业外支出额

图 5-33　"营业外支出"账户的结构和内容

3. "投资收益"账户

"投资收益"账户属于损益类账户，用以核算企业确认的投资收益或投资损失。该账户可按投资项目设置明细账户,进行明细分类核算。该账户贷方登记实现的投资收益和期末转入"本年利润"账户的投资净损失;借方登记发生的投资损失和期末转入"本年利润"账户的投资净收益。期末结转后,该账户无余额。"营业外支出"账户的结构和内容如图5-34所示。

投资收益

借方	贷方
发生的投资损失和期末转入"本年利润"账户的投资净收益	实现的投资收益和期末转入"本年利润"账户的投资净损失

图5-34 "投资收益"账户的结构和内容

4."所得税费用"账户

"所得税费用"账户属于损益类账户,用以核算和监督企业确认的应从当期利润总额中扣除的所得税费用。该账户借方登记企业应计入当期损益的所得税,贷方登记企业期末转入"本年利润"账户的所得税。期末结转后,该账户无余额。"所得税费用"账户的结构和内容如图5-35所示。

所得税费用

借方	贷方
企业应计入当期损益的所得税	企业期末转入"本年利润"账户的所得税

图5-35 "所得税费用"账户的结构和内容

5."本年利润"账户

"本年利润"账户属于所有者权益类账户,用以反映和监督企业当期实现的净利润(或发生的净亏损)。企业期(月)末结转利润时,应将各损益类账户的金额转入本账户,结平各损益类账户。

该账户贷方登记企业期(月)末转入的主营业务收入、其他业务收入、营业外收入和投资收益等;借方登记企业期(月)末转入的主营业务成本、税金及附加、其他业务成本、管理费用、财务费用、销售费用、营业外支出、投资损失和所得税费用等。上述结转完成后,余额如在贷方,即为当期实现的净利润;余额如在借方,即为当期发生的净亏损。年度终了,应将本年收入和支出相抵后结出的本年实现的净利润(或发生的净亏损)转入"利润分配——未分配利润"账户贷方(或借方),结转后本账户无余额。"本年利润"账户的结构和内容如图5-36所示。

本年利润

借方	贷方
期末转入的各项费用额	期末转入的各项收入额
当期发生的净亏损 年末结转到"利润分配"账户的净利润	当期发生的净利润 年末结转到"利润分配"账户的净亏损

图5-36 "本年利润"账户的结构和内容

(四)账务处理

【例5-18】2018年12月31日,湖南省双林木业制造有限公司(以下简称"双林木业")2018年损益类科目年末余额见单据5-59(该公司年末一次结转损益类科目)。

单据 5-59

科目余额表

2018 年 12 月 31 日   单位：元

账户名称	借方累计发生额	贷方累计发生额
主营业务收入		12 000 000.00
其他业务收入		500 000.00
主营业务成本	7 200 000.00	
其他业务成本	300 000.00	
税金及附加	20 000.00	
销售费用	200 000.00	
管理费用	1 571 000.00	
财务费用	415 000.00	
资产减值损失	309 000.00	
投资收益		315 000.00
营业外收入		500 000.00
营业外支出	197 000.00	

假定没有其他纳税调整事项，该公司适用的所得税税率为 25%。

【解析】

（1）该公司结转各项收益时，应编制的会计分录如下：

借：主营业务收入   12 000 000

    其他业务收入   500 000

    投资收益   315 000

    营业外收入   500 000

    贷：本年利润   13 315 000

（2）该公司结转各项费用和损失的账务处理如下：

借：本年利润   10 212 000

    贷：主营业务成本   7 200 000

        其他业务成本   300 000

        税金及附加   20 000

        销售费用   200 000

        管理费用   1 571 000

        财务费用   415 000

        资产减值损失   309 000

        营业外支出   197 000

（3）该公司 2018 年的利润总额为：

利润总额＝ 13 315000 － 10 212 000 ＝ 3 103 000 元

（4）应确认的所得税费用总额为（假设不考虑纳税调整项目）：

所得税费用＝ 3 103 000×25% ＝ 775 750 元

确认所得税费用的账户处理为：

借：所得税费用   775 750

    贷：利润总额   775 750

（5）结转所得税费用时，账务处理如下：

借：本年利润   775 750

    贷：所得税费用   775 750

该企业 2018 年的净利润为：

净利润＝ 3 103000 － 775 750 ＝ 2 327 250 元

需要注意的是，由于会计准则和税法的规定不同，对收入、费用、资产、负债等确认的时间和范围也不同，因此导致会计利润与应纳税所得额之间产生差异。应纳税所得额要在企业利润总额（即税前利润）的基础上按照国家规定进行相应调整确定。如果假定不存在纳税调整事项，则应缴纳的所得税就是企业当期所得税费用。本任务只介绍所得税中不存在纳税调整事项的情况。

二、利润分配的账务处理

利润分配是指企业根据国家有关规定和企业章程、投资者协议等，对企业当年可供分配利润按照指定用途分配给投资者的行为。利润分配的过程和结果不仅关系到每个股东的合法权益是否得到保障，还关系到整个企业未来的发展。

（一）利润分配的顺序

按照我国《公司法》的有关规定，企业向投资者分配利润，应按一定的顺序进行。利润分配的顺序如下：

1．计算可供分配的利润

企业在利润分配前，应根据本年净利润（或亏损）与年初未分配利润（或亏损）、其他转入的金额（如盈余公积弥补的亏损）等项目，计算可供分配的利润，即

$$\text{可供分配的利润} = \text{净利润（或净亏损）} + \text{年初未分配利润} - \text{弥补以前年度的亏损} + \text{其他转入的资金} \qquad (5\text{-}12)$$

如果可供分配的利润为负数（即累计亏损），则不能进行后续分配；如果可供分配利润为正数（即累计盈利），则可进行后续分配。

2．提取法定盈余公积

按照《公司法》的有关规定，公司应当按照当年净利润（递减年初累计亏损后）的 10% 提取法定盈余公积。提取的法定盈余公积累计额超过注册资本 50% 以上的，可以不再提取。

3．提取任意盈余公积

公司提取法定盈余公积后，经股东会或者股东大会决议，还可以从净利润中提取任意盈余公积。

4. 向投资者分配利润（或股利）

企业可供分配的利润扣除提取的盈余公积后，形成可供投资者分配的利润，即

$$可供投资者分配的利润＝可供分配的利润－提取的盈余公积 \qquad (5-13)$$

随后，企业可采用现金股利、股票股利和财产股利等形式向投资者分配利润（或股利）。

当可供投资者分配的利润扣除向投资者分配利润后形成的余额即为企业的未分配利润。企业的未分配利润是所有者权益的重要组成部分，是企业留待以后年度进行分配的利润或等待分配的利润。相对于所有者权益的其他部分而言，企业对于未分配利润的使用有较大的自主权。

（二）账户设置

1. "利润分配"账户

"利润分配"账户属于所有者权益类账户，用以反映和监督企业利润的分配（或亏损的弥补）和历年分配（或弥补）后的余额。该账户应当分别对"提取法定盈余公积""提取任意盈余公积"、"应付现金股利或利润"、"转作股本的股利"、"盈余公积补亏"和"未分配利润"等进行明细核算。

该账户借方登记实际分配的利润额，包括提取的盈余公积和分配给投资者的利润，以及年末从"本年利润"账户转入的全年发生的净亏损；贷方登记用盈余公积弥补的亏损额等其他转入数，以及年末从"本年利润"账户转入的全年实现的净利润。年末，应将"利润分配"账户下的其他明细账户的余额转入"未分配利润"明细账户，结转后，除"未分配利润"明细账户可能有余额外，其他各个明细账户均无余额。"未分配利润"明细账户的贷方余额为历年累积的未分配利润（即可供以后年度分配的利润），借方余额为历年累积的未弥补亏损（即留待以后年度弥补的亏损）。"利润分配"账户的结构和内容如图5-37所示。

利润分配

借方	贷方
企业按照规定提取的盈余公积、分配给所有者的股利或利润、本年发生的净亏损	用盈余公积弥补的亏损额、本年实现的净利润
余额：年末企业未弥补的亏损	余额：年末企业未分配的利润

图5-37 "利润分配"账户的结构和内容

2. "盈余公积"账户

"盈余公积"账户属于所有者权益类账户，用以反映和监督企业从净利润中提取的盈余公积。该账户应当分别对"法定盈余公积""任意盈余公积"进行明细核算。该账户贷方登记提取的盈余公积，即盈余公积的增加额；借方登记实际使用的盈余公积，即盈余公积的减少额。期末余额在贷方，反映企业结余的盈余公积。"盈余公积"账户的结构和内容如图5-38所示。

盈余公积

借方	贷方
企业实际使用的盈余公积	企业提取的盈余公积
	余额：企业结余的盈余公积

图5-38 "盈余公积"账户的结构和内容

3."应付股利"账户

"应付股利"账户属于负债类账户，用以反映和监督企业分配的现金股利或利润。该账户可按投资者进行明细核算。该账户贷方登记应付给投资者的股利或利润的增加额；借方登记实际支付给投资者的股利或利润，即应付股利的减少额。期末余额在贷方，反映企业应付未付的现金股利或利润。"应付股利"账户的结构和内容如图 5-39 所示。

应付股利

借方	贷方
企业实际支付给投资者的股利或利润	企业应付给投资者的股利
	余额：企业应付未付的现金股利或利润

图 5-39 "应付股利"账户的结构和内容

（三）账务处理

【例 5-19】承【例 5-18】，双林木业公司股东大会决定将 2018 年实现的净利润 2 327 750 元（假设该公司期初无未分配的利润、无未弥补的亏损），按 10% 提取法定盈余公积，按 5% 提取任意盈余公积，向股东分派现金股利 600 000 元。

（1）将本年净利润转入利润分配。

借：本年利润   2 327 250

  贷：利润分配——未分配利润   2 327 250

（2）提取法定盈余公积。

借：利润分配——提取法定盈余公积   232 725

  贷：盈余公积——法定盈余公积   232 725

（3）提取任意盈余公积。

借：利润分配——提取任意盈余公积   116 362.50

  贷：盈余公积——任意盈余公积   116 362.50

（4）宣告分配现金股利时。

借：利润分配——应付现金股利   600 000

  贷：应付股利   600 000

（5）结转利润分配的各明细科目。

借：利润分配——未分配利润   949 087.50

  贷：利润分配——提取法定盈余公积   232 725

      ——提取任意盈余公积   116 362.50

      ——应付现金股利   600 000

至此，"利润分配——未分配利润"账户贷方余额为 1 378 162.50（2 327 250 − 949 087.50），表示该公司累积未分配的利润（如果该科目出现借方余额，则表示累积未弥补的亏损）。

项目小结

会计处理基础，是指确定收入和费用归属期间的标准，主要有权责发生制和收付实现制两种。工业企业的基本经济业务主要包括供应过程业务、生产过程业务、销售过程业务以及与之相联系的资金筹集业务和财务成果分配业务，如图 5-40 所示。为了核算和监督这些经济业务必须设置各种账户，对各项经济业务进行核算及账务处理。成本计算是会计核算的一种方法。成本计算的内容和程序包括确定成本计算对象、成本计算期和成本项目，归集和分配各种费用，将费用在完工产品和在产品之间进行分配。以产品制造成本计算为例，区分直接费用和间接费用。各种直接费用应直接计入有关成本计算对象，间接费用则应采用一定的标准，进行分配之后再计入有关成本计算对象。

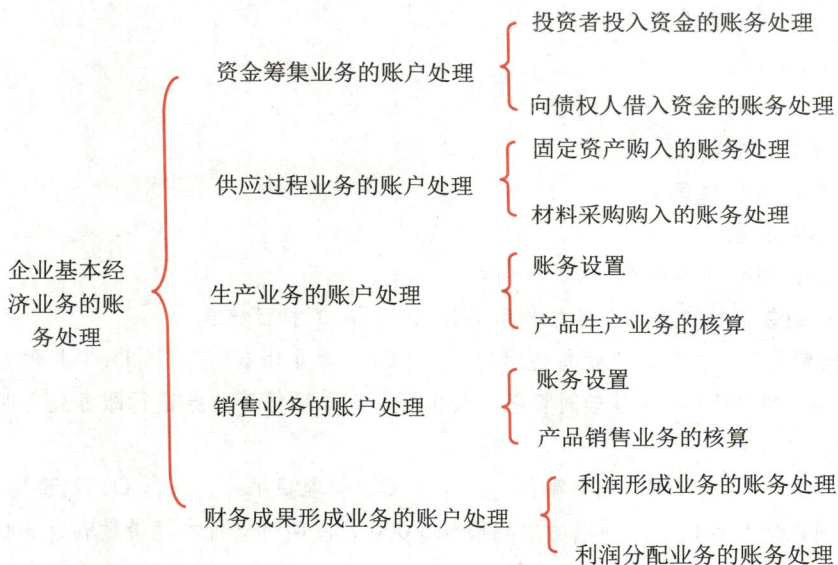

图 5-40　知识框架

教、学、做一体化训练

一、单项选择题

1．工业企业将多余、闲置的固定资产出租，收取的租金收入应记入（　　）科目核算。

A．产品销售收入　　　B．其他业务收入　　　C．投资收益　　　D．营业外收入

2．下列各项中，能够引起所有者权益总额变化的是（　　）。

A．以资本公积转增资本　　　　　　　　B．增发新股

C．向股东支付已宣告分派的现金股利　　　D．以盈余公积弥补亏损

3．A 企业在 2018 年年初未分配利润的贷方余额为 200 万元，本年度实现的净利润为 100 万元，分别按 10% 和 5% 提取法定盈余公积和任意盈余公积。假定不考虑其他因素，该企业 2018 年年

末未分配利润的贷方余额应为（ ）万元。

A．205 　 B．255 　 C．270 　 D．285

4．会计期末，将"主营业务收入"科目贷方余额100 000元和"主营业务成本"科目借方余额60 000元结转损益，正确的会计分录是（ ）。

A．借：主营业务成本 60 000
　　　贷：本年利润 60 000
　　借：本年利润 100 000
　　　贷：主营业务收入 100 000

B．借：主营业务收入 100 000
　　　贷：净利润 100 000
　　借：净利润 60 000
　　　贷：主营业务成本 60 000

C．借：本年利润 40 000
　　　贷：利润分配——未分配利润 40 000

D．借：主营业务收入 100 000
　　　贷：本年利润 100 000
　　借：本年利润 60 000
　　　贷：主营业务成本 60 000

5．专设的销售机构发生的业务招待费应计入（ ）科目核算。

A．"管理费用" 　 B．"销售费用" 　 C．"营业外支出" 　 D．"其他业务成本"

6．A公司计提2019年3月车间管理人员工资，对该项经济业务进行账务处理时，应记入的借方账户是（ ）。

A．生产成本 　 B．财务费用 　 C．管理费用 　 D．制造费用

7．A公司以银行存款偿还到期的短期借款5 000元，同时支付本期借款利息300元。下列关于该项经济业务的账务处理中，正确的是（ ）。

A．借：短期借款 5 300
　　　贷：银行存款 5 300

B．借：应付账款 5 300
　　　贷：银行存款 5 300

C．借：短期借款 5 000
　　　应付账款 300
　　　贷：银行存款 5 300

D．借：短期借款 5 000
　　　财务费用 300
　　　贷：银行存款 5 300

8．A公司年初累计亏损20万元，当年实现净利润200万元，则提取公积金的基数为（ ）万元。

A．180 　 B．200 　 C．220 　 D．160

二、多项选择题

1. 企业应付给职工的工资总额包括（　　）。

A. 各种工资　　　　B. 奖金　　　　　C. 津贴　　　　D. 医药费

2. 下列支出中，属于营业外支出的有（　　）。

A. 捐赠支出　　　　B. 债务重组损失　　C. 固定资产盘亏　　D. 非正常损失

3. 财务费用包括的具体项目有（　　）。

A. 财务部门经费　　B. 利息净支出　　　C. 汇兑损失　　　D. 支付银行手续费

4. 下列各项中，应计入管理费用的有（　　）。

A. 坏账损失　　　　　　　　　　　B. 车间管理人员的工资和福利费

C. 业务招待费　　　　　　　　　　D. 管理用固定资产折旧费

5. 企业期末应将（　　）科目的余额直接结转至"本年利润"科目。

A. "管理费用"　　B. "制造费用"　　C. "所得税费用"　　D. "长期待摊费用"

三、判断题

1. 企业的资金筹集业务按其资金来源通常分为所有者权益筹资和负债筹资。（　　）

2. 负债筹资主要包括短期借款、长期借款以及结算形成的负债等。（　　）

3. 短期借款的利息不可以预提，均应在实际支付时直接计入当期损益。（　　）

4. 材料的采购成本是指企业物资从采购到入库前所发生的全部支出，包括购买价款、相关税费、运输费、装卸费、保险费以及其他可归属于采购成本的费用。（　　）

5. 生产费用是指与企业日常生产经营活动有关的费用，按其经济用途可分为直接材料、直接人工和制造费用。（　　）

6. 企业为职工缴纳的基本养老保险金、补充养老保险费，以及为职工购买的商业养老保险，均不属于企业提供的职工薪酬。（　　）

四、业务题

实训 1

练习资金筹集业务的核算。

（一）资料

东亚公司 2019 年发生的部分经济业务如下：

1. 5 月 1 日，从银行借入期限为 3 个月的短期借款 100 000 元，年利率为 6%，按月计提利息，到期还本付息，款项收到存入银行。

2. 月末计提上述款项的利息。

3. 6 月，东亚公司收到国家投入资金 400 000 元存入银行。

4. 接受 A 单位投入生产用全新设备一台，价款 150 000 元，设备已交付使用；另一项专利，双方作价 100 000 元。

5. 6 月因公司扩大规模从银行借入长期借款 1 000 000 元，存入银行。

6. 7 月末以银行存款支付本季度借款利息 3 000 元，前两个月已预提。

7. 8月，临时借入款项 50 000 元到期，以银行存款偿还。

（二）要求

编制会计分录。

实训 2

练习供应阶段经济业务的核算。

（一）资料

新宇公司 2019 年发生的部分经济业务如下：

1. 6月1日，采购员李林出差，以现金预支差旅费 2 000 元。

2. 6月3日，购入原材料一批，发票价格为：甲材料 1 600 千克，单价 10 元，价款 16 000 元，增值税为 2 080 元。乙材料 800 千克，单价 16 元，共计款项 12 800 元，增值税为 1 664 元。材料尚未运到，款项已以银行存款支付。

3. 上述材料运到，经验收合格入库。

4. 购入材料一批，发票价格为甲材料 1 000 千克，单价 12 元，共计 12 000 元，增值税为 1 560 元。（不含税）运费为 2 000 元，增值税为 180 元。材料运到但尚未入库，款项尚欠。

5. 上述原材料经验收合格入库，按实际成本转账。

6. 6月6日，以银行存款 80 000 元，预付给嘉陵公司作为购买乙材料的货款。

7. 6月8日，上述乙材料运到，货款 60 000 元，增值税为 7 800 元，（不含税）运费 800 元，增值税 72 元。材料入库。收到嘉陵公司退回的多余款项存入银行。

8. 6月10日，采购员李林出差回来，报销差旅费 1 800 元，并交回余款。

9. 以银行存款支付第 4 笔业务的所有款项。

10. 6月16日，购进需要安装的设备一台，发票价款为 30 000 元，增值税 3 900 元，安装费 700 元，款项已用银行存款支付。

11. 6月25日，设备安装完毕，经检验合格交付使用。

（二）要求

编制会计分录。

实训 3

练习生产阶段经济业务的核算。

（一）资料

华林公司 2019 年 6 月部分经济业务如下：

1. 生产车间从仓库领用各种原材料进行产品的生产。用于 A 产品生产领用：甲材料 300 千克、单价 12 元，乙材料 200 千克、单价 20 元；用于 B 产品生产领用：甲材料 200 千克、单价 12 元，乙材料 150 千克、单价 20 元。

2. 结算本月应付职工工资，按用途归集如下：A 产品生产工人的工资为 8 000 元，B 产品生产工人的工资为 7 000 元，车间管理人员的工资为 2 000 元，企业管理部门人员的工资为 3 000 元。

3. 按职工工资总额的 14% 计提职工福利费。其中：A 产品生产工人为 1 120 元，B 产品生产工人为 980 元，车间管理人员为 280 元，企业管理部门人员为 420 元。

4．计提本月固定资产折旧，车间使用固定资产折旧 800 元，企业管理部门使用固定资产折旧 600 元。

5．以银行存款支付本月车间负担的水电费 1 000 元。

6．用现金 400 元购买企业的办公用品。

7．用银行存款支付本月的电话费 2 000 元，其中 40% 由车间承担，60% 由企业管理部门承担。

8．将本月发生的制造费用全部结转入"生产成本"账户。（生产工人工资进行分配）

9．本月 A 产品 500 件，B 产品 200 件，均已全部制造完成，并已验收入库，按实际成本入账。

10．从银行提取现金 24 800 元，备发工资。

11．以现金 24 800 元发放本月职工工资。

（二）要求

编制会计分录。

实训 4

练习销售阶段经济业务的核算。

（一）资料

中联公司 2019 年 6 月发生的部分经济业务如下：

1．向南方企业出售 A 产品 400 件，每件售价 200 元，增值税 10 400 元，货款已收到，存入银行。

2．向乙公司出售 B 产品 200 件，每件售价 180 元，增值税 4 680 元，货款尚未收到。

3．按出售的两种产品的实际成本结转 A、B 两种产品的成本。A 产品每件 140 元，B 产品每件 95 元。

4．结转本月销售机构职工工资 2 000 元，并提取职工福利费 280 元。

5．向丙企业出售不用的原材料 300 千克，每千克售价 20 元，增值税 780 元。对方开出商业承兑汇票一张，期限 6 个月。

6．结转上述原材料的实际成本（每千克成本 15 元）。

7．按规定计算本月应缴纳的城市维护建设税 600 元。

8．收到上月销售产品的货款，共计 11 700 元。

9．开出转账支票一张，支付广告费 1 900 元。

（二）要求

编制会计分录。

实训 5

练习利润形成的核算。

（一）资料

金鑫公司为一般纳税人，2019 年 6 月发生如下收支业务：

1．出售产品一批，（不含税）售价 90 000 元，增值税 11 700 元，货款收到存入银行。

2．按出售产品的实际成本 58 000 元转账。

3．销售材料一批，价款 10 000 元，增值税税额 1 300 元，货款尚未收到。

4．结转上述材料的成本 6 000 元。

5. 以现金支付销售部门各种办公费用 400 元。

6. 以银行存款支付管理部门的办公费用 1 600 元。

7. 以银行存款支付前欠银行借款利息 790 元。

8. 收到供货方赔付的违约金 5 800 元存入银行。

9. 向希望工程捐款 10 000 元，以银行存款支付。

10. 销售多余的原材料一批，货款 4 000 元及增值税 520 元，款已收存银行。

11. 月末结转上批材料的实际成本 3 200 元。

12. 本月计提银行借款利息 3 000 元。

13. 计算本月应缴纳的城市建设维护税 1 120 元，应交教育费附加 480 元。

14. 将上述业务的收入与费用支出等结转至"本年利润"账户。

15. 按利润总额的 25% 计算应缴纳的所得税，假设该企业的利润总额与应纳税所得额相符，不考虑纳税调整项目。

16. 计算出该企业本年实现的净利润，将净利润结转至"利润分配——未分配利润"账户。

（二）要求

编制会计分录。

实训 6

练习利润分配的核算。

（一）资料

金星公司为一般纳税人，2019 年 12 月发生如下业务：

1. 假定该企业全年实现净利润 20 万元，将净利润结转至"利润分配——未分配利润"账户（假设该账户无期初余额）。

2. 按净利润的 10% 计算应提取的法定盈余公积金。

3. 按净利润的 20% 计算应付投资者的利润。

4. 将"利润分配——提取盈余公积""利润分配——应付利润"明细账余额结转至"利润分配——未分配利润"账户。

（二）要求

编制会计分录。

学习目标

1. 了解财产清查的概念和分类。
2. 掌握财产清查的制度。
3. 运用财产清查的方法和账务处理。

会计知识引导

临近年末，事情特别多，财务部的人员忙得不可开交：业务部门和人员的全年绩效考核需要财务部提供数据；明年的全面预算需要财务部牵头组织；年末突击花钱的部门排队拿着发票来报销。刚参加工作的会计小李接到领导安排的任务是参加周末采购部的存货清查，领导还特别嘱咐要把东西准备好了去，小李心想，去存货清查不就是去点数吗？要准备什么东西呢？为什么不是工作日清查，要特别安排在周末休息的时间呢？带着这些问题小李向老会计张姐请教。张姐告诉小李这需要借助专门的清查制度和清查方法。

任务一　财产清查概述

一、财产清查的概念

财产清查又称财产检查，是指通过对实物、现金的实地盘点和对银行存款、往来款项的核对，查明各项财产物资、货币资金、往来款项的实有数和账面数是否相符的一种会计核算的专门方法。

企业的会计工作，都要通过会计凭证的填制和审核，然后及时地在账簿中进行连续登记。应该说，这一过程能保证账簿记录的正确性，也能真实反映企业各项财产的实有数，各项财产的账实应该是一致的。但是，在实际工作中，由于种种原因，账簿记录会发生差错，各项财产的实际结存数也会发生差错，造成账存数与实存数发生差异。一般有以下几种情况：①在收发物资中，由于计量、检验不准确而造成品种、数量或质量上的差错；②财产物资在运输、保管、收发过程中，在数量上发生自然增减变化；③在财产增减变动中，由于手续不齐或计算、登记上发生错误；④由于管理不善或工作人员失职，造成财产损失、变质或短缺等；⑤贪污盗窃、营私舞弊造成的损失；⑥自然灾害造成的非常损失；⑦未达账项引起的账账不符、账实不符等。

上述种种原因都会影响账实的一致性。因此，运用财产清查的手段，对各种财产物资进行定期或不定期的核对和盘点，具有十分重要的意义。

二、财产清查的意义

1. 保证账实相符，使会计资料真实可靠

通过财产清查可以确定各项财产物资的实际结存数，将账面结存数和实际结存数进行核对，可以揭示各项财产物资的溢缺情况，从而及时地调整账面结存数，保证账簿记录真实可靠，为经济管理提供可靠的数据资料。

2. 保护财产的安全和完整

通过财产清查，可以查明企业单位财产、商品、物资是否完整，有无缺损、霉变等现象，以发现财产管理上存在的问题，采取措施堵塞漏洞，改进财产物资管理工作，健全财产物资的管理制度，切实保证财产的安全和完整。

3. 挖掘财产潜力，加速资金周转

通过财产清查可以及时查明各种财产物资的储备、结存和利用情况。如发现企业有限制不用的财产物资应及时加以处理，以充分发挥它们的效能；如发现企业有呆滞积压的财产物资，也应及时加以处理，并分析原因，采取措施，避免损失和浪费，改善经营管理。这样，可以使财产物资得到充分合理的利用，充分发挥财产物资的潜力，加速资金周转，提高企业的经济效益。

4. 保证财经纪律和结算纪律的执行

通过对财产、物资、货币资金及往来款项的清查，可以核查各单位对财经纪律的遵守情况。企业有无偷税漏税等违纪情况；有无长期拖欠、无理拒付等不合理的债权债务关系；有关业务人员是否遵守财经纪律和结算纪律，有无贪污盗窃、挪用公款的情况；查明资金使用是否合理，是否符合党和国家的方针政策和法规等情况，从而使工作人员更加自觉地遵纪守法，自觉遵守财经制度、维护财经纪律。

三、财产清查的种类

财产清查，按照清查的对象和范围，可以分为全面清查和局部清查；按照清查的时间，可以分为定期清查和不定期清查。下面分别加以说明。

1. 全面清查和局部清查

全面清查是指对全部的财产物资和资金进行全面盘点与核对。其清查对象主要包括：原材料、在产品、自制半成品、库存商品、现金、短期存（借）款、有价证券及外币、在途物资、委托加工物资、往来款项、固定资产等。全面清查范围广，工作量大。一般来说，需进行全面清查的情况有以下几种：

（1）企业编制年度会计报告前，为了确保年终决算会计资料的真实、正确，需进行一次全面清查财产、核实债务。

（2）单位撤销、分立、合并或改变隶属关系，需进行全面清查。

（3）中外合资、国内联营，需进行全面清查。

（4）开展清产核资，需要进行全面清查。

（5）单位主要负责人调离工作，需要进行全面清查。

局部清查也称重点清查，是指根据需要只对财产中某些重点部分进行的清查。如流动资金中变化较频繁的原材料、库存商品等，除年度全面清查外，还应根据需要随时轮流盘点或重点抽查。各种贵重物资要每月至少清查一次，库存现金要天天核对，银行存（借）款要按银行对账单逐笔核对。局部清查范围小，内容少，涉及的人也少，但专业性较强，一般有：

（1）对于库存现金应由出纳员在每日业务终了时点清，做到日清月结。

（2）对于银行存款和银行借款，应由出纳员每月同银行核对一次。

（3）对于材料、在产品和产成品，除年度清查外，应有计划地每月重点抽查，对贵重的财产物资，应每月清查盘点一次。

（4）对于债权债务，应在年度内至少核对一至二次，有问题应及时核对，及时解决。在有关人员调动时，也需要进行专题清查。

2．定期清查和不定期清查

定期清查是指根据管理制度的规定或预先计划安排的时间对财产所进行的清查。这种清查可以是全面清查也可以是局部清查。其清查的目的在于保证会计核算资料的真实正确，一般在年末、季末或月末结账时进行。

不定期清查也称临时清查，是指根据实际需要临时进行的财产清查。一般是在更换财产物资保管人员、企业撤销、合并或发生财产损失等情况时所进行的清查。如更换出纳员时对库存现金、银行存款所进行的清查；更换仓库保管员时对其所保管的财产进行的清查；发生自然灾害或意外时所进行的清查等。其目的在于查明情况，分清责任。

任务二　财产清查的方法及账务处理

一、财产盘存制度

企业财产物资的数量要靠盘存来确定。常用的盘存方法有实地盘存制和永续盘存制两种。对于财产物资的清查主要是确定各财产物资的账面结存数量、账面结存金额与各项财产物资的实存数量、实存金额，以确定其账存与实存是否相符，所以对各项财产物资都必须从数量上和质量上进行清查。为了确定各项财产物资账面结存数量的方法，常用的盘存方法有实地盘存制和永续盘存制。

（一）实地盘存制

实地盘存制也称"定期盘存制""以存计销制"，是指通过对期末财产物资的实地盘点，确定期末财产物资数量的方法。在该方法下，各项财产物资平时在账簿中只登记增加数，不登记减少数，月末根据实地盘存的结存数来倒推当月财产物资的减少数，现据以登记有关账簿的一种方法。

$$本期发出数＝账面期初结存数＋本期账面增加合计数－期末盘点实际结存数 \qquad （6-1）$$

采用实地盘存制，期初数在账上，期末数靠盘点，发出数靠计算。该方法无须通过账面连续记录得出期末财产物资数量，并假定除期末库存以外的财产物资全部销售，从而倒推出本月减少的财产物资数量。因此采用实地盘存制的优点是核算工作比较简单，缺点是无法结算出日常的账面余额，不能及时了解和掌握日常财产物资的账面结存额和财产物资的溢缺情况，且手续不严密，不利于管理。

该盘存制度一般适用于一些价值低、品种杂、进出频繁的商品或材料物资。

（二）永续盘存制

永续盘存制也称"账面盘存制"，是对各项财产物资的增加或减少，都必须根据会计凭证逐笔或逐日在有关账簿中进行登记，并随时结算出该项物资的结存数的一种方法。

$$账面结存数＝账面期初结存数＋本期账面增加数－本期账面发出数 \qquad (6-2)$$

采用永续盘存制的优点是可随时反映出财产物资的收入、发出和结余情况，从数量和金额上进行双重控制，加强了对财产物资的管理，人们在实际工作中广泛应用该方法。其缺点是：在财产品种复杂、繁多的企业中，其明细分类核算工作量较大。

无论永续盘存制还是实地盘存制均需要进行实地盘点，但两者盘点的目的不同。前者是为了倒算出发出数，后者是为了达到账实一致。实地盘存制下账实是相符的，而永续盘存制的账面随时反映出的财产物资的结余情况与通过盘点财产物资实际库存数量可能不相符，从而出现财产的长年盘盈、盘亏现象。

二、财产清查的方法

（一）实物资产的清查

对于各种实物（如材料、半成品、在产品、产成品、低值易耗品、包装物、固定资产等）都要从数量和质量上进行清查。由于实物的形态、体积、重量、堆放方式等不尽相同，因而所采用的清查方法也不尽相同。实物数量的清查方法，比较常用的有以下几种：

（1）实物盘点法。即通过对财产物资存放现场逐一清点或用计量器具来确定实物的实存数量。其适用的范围较广，大多数财产物资清查都可以采用这种方法，但是工作量大。如果事先能按照财产物资的实物形态进行科学的码放，有助于提高盘点的速度。

（2）技术推算法。采用这种方法，对于财产物资不是逐一清点计数，而是通过量方、计尺等技术方法推算财产物资的结存数量。这种方法只适用于大量成堆、价廉笨重、难以逐一清点的财产物资的清查。例如，露天堆放的煤炭、砂石等。

对于实物的质量，应根据不同的实物采用不同的检查方法，例如有的采用物理方法，有的采用化学方法来检查实物的质量。

实物清查过程中，实物保管人员和盘点人员必须在场，并可参加盘点工作。对于盘点结果，应如实登记盘存单，并由盘点人和实物保管人签字或盖章，以明确经济责任。盘存单既是记录盘点结果的书面证明，也是反映财产物资实存数的原始凭证。其一般格式见单据6-1。

单据6-1　　　　　　　　　　　　　　盘存单

单位名称：　　　　　　　　　　盘点时间：　　　　　　　　　编号：
财产类别：　　　　　　　　　　存放地点：　　　　　　　　　金额单位：

编号	名称	计量单位	数量	单价	金额	备注

盘点人签章：　　　　　　　　　保管人：

为了查明实存数与账存数是否一致，确定盘盈或盘亏情况，应根据盘存单和有关账簿的记录，编制实存账存对比表。实存账存对比表是用以调整账簿记录的重要原始凭证，也是分析产生差异的原因，明确经济责任的依据。实存账存对比表的一般格式见单据6-2。

单据6-2　　　　　　　　　　　　　　　**实存账存对比表**

编号	类别及名称	计量单位	单价	实存		账存		对比结果				备注
								盘盈		盘亏		
				数量	金额	数量	金额	数量	金额	数量	金额	

主管人员：　　　　　　　　　　会计：　　　　　　　　　制表：

对于委托外单位加工、保管的材料、商品、物资以及在途的材料、商品、物资等，可以用询证的方法与有关单位进行核对，以查明账实是否相符。

（二）货币资金的清查方法

1．库存现金的清查

库存现金的清查，包括人民币和各种外币的清查，都是采用实地盘点，即通过清点票数来确定现金的实存数，然后以实存数与现金日记账的账面余额进行核对，以查明账实是否相符及盈亏情况。

由于现金的收支业务十分频繁，容易出现差错，需要出纳人员做到日清月结、账款相符外，单位还应组织清查人员对库存现金进行定期或不定期清查。每日业务终了，出纳人员都应将现金日记账的账面余额与现金的实存数进行核对，做到账款相符。进行库存现金清查盘点时，出纳人员必须在场，现钞应逐张查点，还应注意有无违反现金管理制度的现象，如不能用不具有法律效力的借条、收据等抵充库存现金。编制的现金盘点报告表，应由盘点人员和出纳人员签章。现金盘点报告表兼有盘存单和实存账存对比表的作用，是反映现金实有数和调整账簿记录的重要原始凭证。其一般格式见单据6-3。

单据6-3　　　　　　　　　　　　　　　**库存现金盘点报告表**

单位名称：　　　　　　　　　　　　年　月　日

实存金额	账存金额	对比结果		备注
		盘盈	盘亏	

盘点人：　　　　　　　　　　出纳员：

国库券、其他金融债券、公司债券、股票等有价证券的清查方法和现金相同。

2．银行存款的清查

银行存款的清查，与实物和现金的清查方法不同，它是采用与银行核对账目的方法来进行的。即将企业单位的银行存款日记账与从银行取得的对账单逐笔核对，以查明银行存款的收入、付出和结余的记录是否正确。

开户银行送来的银行对账单是银行在收付企业单位存款时复写的账页，它完整地记录了企业单位存放在银行的款项的增减变动情况及结存余额，是进行银行存款清查的重要依据。

在实际工作中，企业银行存款日记账余额与银行对账单余额往往不一致，其主要原因有：一是双方账目发生错账、漏账，所以在与银行核对账目之前，应先仔细检查企业单位银行存款日记账的正确性和完整性，然后再将其与银行送来的对账单逐笔进行核对；二是正常的"未达账项"。所谓"未达账项"，是指企业与银行之间对于同一项经济业务，由于双方记账时间不一致而发生的一方已经入账，而另一方尚未入账的款项。企业单位与银行之间的未达账项，有以下四种情况：

（1）企业已入账，但银行尚未入账。

①企业送存银行的款项，企业已做存款增加入账，但银行尚未入账。

②企业开出支票或其他付款凭证，企业已作为存款减少入账，但银行尚未付款、未记账。

（2）银行已入账，但企业尚未入账。

①银行代企业收进的款项，银行已作为企业存款的增加入账，但企业尚未收到通知，因而未入账。

②银行代企业收支付的款项，银行已作为企业存款的减少入账，但企业尚未收到通知，因而未入账。

上述任何一种情况的发生，都会使双方的账面存款余额不一致。因此，为了查明企业单位和银行双方账目的记录有无差错，同时也是为了发现未达账项，在进行银行存款清查时，必须将企业单位的银行存款日记账与银行对账单逐笔核对；核对的内容包括收付金额、结算凭证的种类和号数、收入来源、支出的用途、发生的时间、某日止的金额等。通过核对，如果发现企业单位有错账或漏账，应立即更正；如果发现银行有错账或漏账，应即时通知银行查明更正；如果发现有未达账项，则应据以编制银行存款余额调节表进行调节，并验证调节后余额是否相等。

【例 6-1】 2019 年 6 月 30 日某企业银行存款日记账的账面余额为 62 000 元，银行对账单的余额为 72 000 元。经逐笔核对，发现有下列未达账项：

（1）29 日，企业销售产品收到转账支票一张，计 4 000 元。将支票存入银行，银行尚未办理入账手续。

（2）29 日，企业采购原材料开出转账支票一张，计 2 000 元。企业已做银行存款付出，银行尚未收到支票而未入账。

（3）30 日，企业开出现金支票一张，计 500 元，持票人尚未到银行办理入账。

（4）30 日，银行代企业收回货款 16 000 元，收款通知尚未到达企业，企业尚未入账。

（5）30 日，银行代付电费 3 500 元，付款通知尚未到达企业，企业尚未入账。

（6）30 日，银行代付水费 1 000 元，付款通知尚未到达企业，企业尚未入账。

根据以上资料编制银行存款余额调节表，见单据 6-4。

单据 6-4   **银行存款余额调节表**

2019 年 6 月 30 日   单位：元

项目	金额	项目	金额
银行存款日记账余额	62 000.00	银行对账单余额	72 000.00
加：银行已记增加，企业未记增加 　　银行代收货款 减：银行已记减少，企业未记减少 银行代付电费 银行代付水费	 16 000.00 3 500.00 1 000.00	加：企业已记增加，银行未记增加 存入的转账支票 减：企业已记减少，银行未记减少 开出转账支票 开出现金支票	 4 000.00 2 000.00 500.00
调节后存款余额	73 500.00	调节后存款余额	73 500.00

如果调节后双方余额相等，则一般说明双方记账没有差错；若不相等，则表明企业方或银行方或双方记账有差错，应进一步核对，查明原因予以更正。

需要注意的是，对于银行已经入账而企业尚未入账的未达账项，不能根据银行存款余额调节表来编制会计分录，银行存款余额调节表不能作为记账的原始依据，必须在收到银行的有关凭证后方可入账。另外，对于长期悬置的未达账项，应及时查明原因，予以解决。

上述银行存款的清查方法，也适用于各种银行借款的清查。但在清查银行借款时，还应检查借款是否按规定的用途使用，是否按期归还。

（三）往来款项的清查

往来款项是指单位与其他单位或个人之间的各种应收账款、应付账款、预收账款、预付账款及其他应收、应付款项。往来款项的清查一般采取"发函询证的方法"进行核对，即派人或以通讯的方式，向往来结算单位核实账目。

清查单位应在检查本单位各项往来款项正确性和完整性的基础上，按每一往来单位编制"往来款项对账单"一式两份，派人或发函送达对方。其中一份作为回单，对方应在回单联上加盖公章退回，表示核对相符；如核对不符，对方应在回单联上注明情况，或者另抄账单退回，以便进一步核对。核查过程中，如有未达账项，双方都应采用调节余额的方法，有必要的话，可编制应收款项或应付款项余额调节表，核对是否相符。往来款项清查结束后，应将清查结果编制"往来款项清查结果报告表"。对确实无法收回或无法支付的款项应进行核销处理，避免或减少坏账损失，但应在备查簿上进行记录。

往来款项对账单和往来款项清查表的格式见单据 6-5、单据 6-6。

单据 6-5

往来款项对账单

湖南木生家具制造有限公司：

你单位于 2019 年 8 月 18 日在我公司购入实木板一批，价格为 2 000 000 元，增值税税额为 260 000 元，共计 2 260 000.00 元尚未支付，请核对后将回联单寄回。

清查单位：湖南省双林木业制造有限公司

2019 年 6 月 20 日

沿此线裁开，将以下回联单寄回！

往来款项对账单（回联）

湖南省双林木业制造有限公司：

你单位寄来的"往来款项对账单"已收到，经核对相符无误。

湖南木生家具制造有限公司

2019 年 6 月 28 日

单据 6-6

往来款项清查表

总账名称：　　　　　　　年　月　日

明细账		清查结果		核对不符原因			备注
名称	账面余额	核对相符金额	核对不符金额	未达账项金额	有争议款金额	其他	

清查人员签章：　　　　　　　　　　记账人员签章：

三、财产清查结果的账务处理

（一）财产清查结果处理的要求

通过财产清查所发现的财产管理和核算方面存在的问题，应当认真分析研究，以有关的法令、制度为依据进行严肃处理。为此，应切实做好以下几个方面的工作：

1．分析产生差异的原因和性质，提出处理建议

通过财产清查所确定的清查资料和账簿记录之间的差异，如财产的盘盈、盘亏和多余积压，以及逾期债权、债务等，都要认真查明其性质和原因，明确经济责任，提出处理意见，按照规定程序经有关部门批准后，予以认真严肃的处理。财产清查人员应以高度的责任心，深入调查研究，实事求是，问题定性要准确，处理方法要得当。

2. 积极处理多余积压财产，清理往来款项，总结经验教训，建立健全各项规章制度

财产清查以后，针对所发现的问题和缺点，应当认真总结经验教训，表彰先进，巩固成绩，发扬优点，克服缺点，做好工作。同时，要建立和健全以岗位责任制为中心的财产管理制度，切实提出改进工作的措施，进一步加强财产管理，保护社会主义财产的安全和完整。

3. 及时调整账簿记录，保证账实相符

财产清查的重要任务之一就是为了保证账实相符。财会部门对于财产清查中所发现的差异必须及时进行账簿记录的调整。由于财产清查结果的处理要报请审批，所以，在账务处理上通常分两步进行。第一步，将财产清查中发现的盘盈、盘亏或毁损数，通过"待处理财产损溢"账户，登记有关账簿，以调整有关账面记录，使账存数和实存数相一致。第二步，在审批后，应根据批准的处理意见，再从"待处理财产损溢"账户转入有关账户。

（二）财产清查结果的处理的步骤

1. 审批之前的处理

财产清查中发现的盘盈、盘亏，在报经有关领导审批之前，根据"盘存单""实存账存对比表"等已经查实的资料，编制会计分录，在账簿上如实反映，使各项财产物资的账存数同实存数完全一致。同时，根据企业的管理权限，将处理建议报股东大会或董事会，或经理（厂长）会议或类似机构批准。

2. 审批之后的处理

经批准后根据差异发生的原因和批准处理意见，进行差异处理，调整账项，并据以登记有关账簿。

（三）财产清查结果的核算

1. 账户的设置

在财产清查中，如果发现某项财产物资由于计量不准、手续不完备等造成实存数大于账面数的情况，称之为盘盈；如果发现某项财产物资由于计量不准、自然灾害等原因造成的实存数小于账面数的差额，称之为盘亏。

"待处理财产损溢"账户是资产类账户，它是专门用来核算企业在财产清查过程中查明的各种财产物资的盘盈、盘亏和毁损的账户。在该科目下设置"待处理固定资产损溢""待处理流动资产损溢"两个明细科目。"待处理财产损溢"账户属于双重性质账户，借方用来登记各项财产物资发生的盘亏、毁损数和经批准处理盘盈物资的转销数；贷方登记各项财产物资发生的盘盈数和经批准处理的盘亏、毁损财产物资的转销数；期末如为借方余额，表示尚待处理的净损失，如为贷方余额，表示尚待处理的净溢余。对于等待处理的财产盘盈、盘亏，会计年终前应处理完毕。会计年度终了，该账户无余额。

2. 财产清查结果的核算

（1）库存现金盘盈、盘亏的核算。对库存现金清查的结果，如账实不符，应查明原因，并将短款或长款先记入"待处理财产损溢"科目。待查明原因后分情况处理：

①属于记账差错的应及时更正。

②无法查明原因的长款应计入营业外收入；无法查明原因的短款记入管理费用。

③由工作人员失职造成的短款通常由责任人进行赔偿。

【例6-2】某企业进行现金清查时，发现现金实有数比账面余额多100元。经反复核查，长款原因待查。编制会计分录如下：

借：库存现金   100

  贷：待处理财产损益——待处理流动资产损益   100

【解析】经查，上述现金长款原因不明，作为"营业外收入"处理。

借：待处理财产损益——待处理流动资产损益   100

  贷：营业外收入   100

（2）存货盘盈、盘亏和毁损的核算。

①存货盘盈的核算。根据《企业会计制度》的规定，企业盘盈的各种材料、库存商品等存货，经查明是由于收发计量或核算上的误差等原因造成的，应及时调整存货入账的手续，调整存货账的实存数，按盘盈的计划成本或估计成本计入待处理财产损溢账户。经有关部门批准后，再冲减管理费用。

【例6-3】某企业在财产清查中，盘盈A材料1 000千克，该材料的实际成本为每千克18元。编制会计分录如下：

借：原材料——A材料   18 000

  贷：待处理财产损溢——待处理流动资产损益   18 000

经查明，这项盘盈材料因计量仪器不准造成生产领用少付多算，经批准冲减本月管理费用。

【解析】这项经济业务的发生，是因为计量仪器不准造成生产领用少付多算，属于经营管理的问题，计入"管理费用"账户的贷方；同时，收到处理该次财产清查的结果，登记"待处理财产损益"的账户的借方。编制会计分录如下：

借：待处理财产损溢——待处理流动资产损益   18 000

  贷：管理费用   18 000

②存货盘亏和毁损的核算。企业在财产清查中发现的存货盘亏和毁损，在报经批准前，应按其成本转入待处理财产损溢账户，贷记存货类账户，使账实相符。报经批准以后，再根据造成盘亏和毁损的原因，分别按以下情况进行处理。

属于自然损耗产生的定额损耗，经批准后转作管理费用；属于计量收发差错和管理不善等原因造成的超定额损耗，应先扣除残料价值和过失人的赔偿，然后将净损失记入管理费用；属于自然灾害或意外事故造成的存货毁损，应先扣除残料价值和可以收回的保险赔偿，然后将净损失转作营业外支出。

【例6-4】在财产清查中，发现购进的甲材料实际库存较账面库存短缺15 000元。报经批准前，根据实存账存对比表的记录，编制会计分录如下：

借：待处理财产损溢——待处理流动资产损益   15 000

  贷：原材料——甲材料   15 000

报经批准，如属于定额内的自然损耗，则应作为管理费用，计入本期损益。编制会计分录如下：

借：管理费用   15 000

　　　　贷：待处理财产损溢——待处理流动资产损益　　　　　　　　　　　15 000

　　报经批准，如果属于管理人员过失造成，则应由过失人赔偿，计入"其他应收款——**"。编制会计分录如下：

　　　　借：其他应收款——**　　　　　　　　　　　　　　　　　　　　15 000
　　　　　　贷：待处理财产损溢——待处理流动资产损益　　　　　　　　　15 000

　　报经批准，如果属于非常灾害造成，则列作营业外支出。编制会计分录如下：

　　　　借：营业外支出　　　　　　　　　　　　　　　　　　　　　　　15 000
　　　　　　贷：待处理财产损溢——待处理流动资产损益　　　　　　　　　15 000

　　（3）应收款项清查的核算。在财产清查中，查明确实无法收回的应收款项，经批准作为坏账损失。坏账损失是指无法收回的应收账款而使企业遭受的损失。按制度规定，在会计核算中对坏损失的处理采用备抵法，即按一定比例提取"坏账准备"计入当期管理费用。

　　【例6-5】企业在财产清查中，查明长湘公司前欠款项30 000元确实无法收回，经批准作为"营业外收入"处理。编制会计分录如下：

　　　　借：坏账准备　　　　　　　　　　　　　　　　　　　　　　　　30 000
　　　　　　贷：应收账款——长湘公司　　　　　　　　　　　　　　　　30 000
　　　　借：应收账款——长湘公司　　　　　　　　　　　　　　　　　　30 000
　　　　　　贷：营业外收入　　　　　　　　　　　　　　　　　　　　　30 000

　　（4）固定资产盘盈和盘亏的核算。企业在财产清查中盘盈的固定资产，必须考虑固定资产的原值、累计折旧，作为前期差错处理，并按管理权限上报，经批准处理前应先通过"以前年度损益调整"科目核算。盘亏或毁损的固定资产通过"待处理财产损溢"科目核算，在减去过失人或者保险公司等赔款和残料价值之后，计入当期"营业外支出"。如果盘亏或毁损的固定资产，在期末结账前尚未经批准的，在对外提供财务会计报告时应按上述规定进行处理，并在会计报表附注中做出说明；如果其后批准处理的金额与已处理的金额不一致，应按其差额调整会计报表相关项目的年初数。固定资产盘盈、盘亏报告表见单据6-7。

　　单据6-7

固定资产盘盈、盘亏报告表

部门：　　　　　　　　　　　　　　年　　月　　日

编号	名称	规格型号	盘盈			盘亏			毁损			备注
			数量	重置价值	累计折旧	数量	原值	已提折旧	数量	原值	已提折旧	
处理意见		审批部门				清查小组			使用保管部门			

盘点人签名：　　　　　　　　　　　　　清查人签名：

项目小结

通过学习本项目，了解财产清查的概念和分类；掌握财产清查的制度；熟练运用财产清查的方法和账务处理，保障企业财产物资能够账实相符。

教、学、做一体化训练

一、单项选择题

1. 某企业在遭受洪灾后，对其受损的财产物资进行的清查，属于（　　）。

A. 局部清查和不定期清查　　　　　　B. 全面清查和不定期清查

C. 局部清查和定期清查　　　　　　　D. 全面清查和定期清查

2. 某月末企业银行日记账余额为 200 000 元，银行对账单余额为 210 000 元，经过未达账项调节后的余额为 190 000 元，则对账日企业可以动用的银行存款实有数为（　　）元。

A. 200 000　　　　B. 210 000　　　　C. 190 000　　　　D. 不能确定

3. 下列表述中正确的有（　　）。

A. 对各项财产物资的增减数都须根据有关凭证逐笔或逐日登记有关账簿并随时结出账面余额的方法称为永续盘存制

B. 永续盘存制与实地盘存制都是确定各项实物资产账面结存数量的方法

C. 只有在永续盘存制下才可能出现财产的盘盈、盘亏现象

D. 只有在实物盘存制下才可能出现财产的盘盈、盘亏现象

4. 下列记录中可以作为调整账面数字的原始凭证是（　　）。

A. 盘盈盘亏报告表　　　　　　　　　B. 银行存款余额调节表

C. 盘存单　　　　　　　　　　　　　D. 库存现金盘点报告表

5. 对于盘亏、毁损的存货，经批准后进行账处理时，可能涉及的借方账户有（　　）。

A. 原材料　　　　B. 营业外支出　　　　C. 管理费用　　　　D. 其他应收款

6. 财产清查是通过对货币资金、实物资产和往来款项的盘点或核对，来查明其（　　）是否相符的一种专门方法。

A. 账簿记录与会计凭证　　　　　　　B. 有关会计账簿之间

C. 账簿记录与实存数　　　　　　　　D. 账簿记录与会计报表

7. 单位改变隶属关系之前的财产清查适用（　　）。

A. 局部清查　　　　B. 定期清查　　　　C. 实地清查　　　　D. 全面清查

8. 对贵重的财产物资，应每月清查盘点一次。此类财产清查通常称之为（　　）清查。

A. 局部　　　　B. 全面　　　　C. 不定期　　　　D. 非重点

9. 机器设备等固定资产采用的清查方法一般是（　　）。

A．技术推算法　　　B．测量计算法　　　C．实地盘点法　　　D．抽样盘点法

10．下列项目的清查应采用发函询证核对法的是（　　　）。

A．原材料　　　B．应收 / 应付款项　　C．固定资产　　　D．银行存款

11．下列记录可以作为调整账面数字的原始凭证的是（　　　）。

A．盘存单　　　　　　　　　　B．实存账存对比表

C．银行存款余额调节表　　　　D．往来款项对账单

12．"待处理财产损溢"账户期末（　　　）。

A．可能有借方余额　　B．可能有贷方余额　　C．无余额　　　D．以上说法都不对

二、多项选择题

1．下列关于全面清查的说法中，正确的有（　　　）。

A．年终决算前，为了确保年终决算会计资料真实、正确，需进行一次全面清查

B．单位成立、撤销、合并或改变隶属关系，需进行全面清查

C．开展清查核资，需要进行全面清查

D．单位财务负责人调离工作，需要进行全面清查

2．以下关于财产清查的意义的表述正确的有（　　　）。

A．可以查明各项财产物资的实有数量，确定实有数量与账面之间的差异，查明原因和责任

B．可以查明各项财产物资的保管情况是否良好，有无因管理不善，造成霉烂、变质、损失浪费

C．可以查明各项财产物资的保管情况是否良好，有无被非法挪用、盗窃的情况，以便采取有效措施，改善管理，切实保障各项财产物资的安全完整

D．可以查明各项财产物资的库存和使用情况，合理安排生产经营活动，充分利用各项财产物资，加速资金周转，提高资金使用效果

3．出纳员每日清点库存现金，属于（　　　）。

A．定期清查　　　B．全面清查　　　C．局部清查　　　D．不定期清查

4．下列各项中，适用于不定期清查的有（　　　）。

A．更换财产保管人　　　　　　B．发生自然灾害

C．发生单位领导人离职事件　　D．单位发生重组事项

5．下列属于财产清查程序的有（　　　）。

A．建立财产清查组织

B．组织清查人员学习有关政策规定

C．根据盘存清单，填制实物、往来款相清查结果报告表

D．做好盘点记录，填制盘存清单

6．下列未达账项中，导致企业银行存款日记账余额大于银行对账单余额的有（　　　）。

A．企业已收款入账，银行尚未入账

B．企业已付款入账，银行尚未入账

C．银行已收款入账，企业尚未入账

D．银行已付款入账，企业尚未入账

7．下列各项中，适合使用技术推算法盘点数量的财产物资有（　　）。

A．露天存放的煤　　　　B．矿石　　　　　　C．灯具　　　　　　　　D．现金

8．造成账实不符的原因主要有（　　）。

A．财产物资的自然损耗

B．财产物资收发计量错误

C．财产物资的毁损、被盗

D．会计账簿漏记、重记、错记

9．下面各项中，关于财产清查结果处理的基本要求有（　　）。

A．分析产生差异的原因和性质，提出处理建议

B．积极处理多余积压财产，清理往来款项

C．总结经验教训，建立健全各项管理制度

D．及时调整账簿记录

10．下列存货盘亏损失，报经批准后，可转入管理费用的有（　　）。

A．保管中产生的定额内自然损耗

B．自然灾害所造成的毁损净损失

C．管理不善所造成的毁损净损失

D．计量不准确所造成的短缺净损失

三、判断题

1．财产清查就是对各项实物资产进行定期盘点、记录。　　　　　　　　　　　（　　）

2．企业进行财产全面清查时，清查对象包括本企业的全部财产，外单位存放在本单位的资产不列入清查范围。　　　　　　　　　　　　　　　　　　　　　　　　　　　（　　）

3．在企业撤销或合并时，要对企业的部分财产进行重点清查。　　　　　　　　（　　）

4．单位撤销、合并或改变隶属关系、更换财产物资保管人员时，需要进行全面清查。
　　　　　　　　　　　　　　　　　　　　　　　　　　　　　　　　　　　　（　　）

5．如果企业银行存款日记账余额与银行对账单余额相等，即说明双方均无记账错误。
　　　　　　　　　　　　　　　　　　　　　　　　　　　　　　　　　　　　（　　）

6．财产清查中的"实存账存对比表"应根据"盘存单"和有关账簿记录编制。　（　　）

7．库存现金和原材料均应采用实地盘点法进行盘点。　　　　　　　　　　　　（　　）

8．对于财产清查后发现的盘盈资产，不必经有关股东大会或董事会，或经理（厂长）会议或类似的权力机构批准，本单位的会计机构有权直接对有关账户做出处理。　　　（　　）

9．某企业财产清查中查明盘亏固定资产一项，其原价为 56 000 元，累计折旧为 20 000 元，

则报经批准处理后会减少企业营业利润 36 000 元。　　　　　　　　　　（　　）

10. 盘盈的固定资产，应按重置成本确定其入账价值。　　　　　　　　（　　）

四、业务题

实训 1

（一）资料

1. 某企业在财产清查中，发现库存现金溢余 50 元。

2. 经查上述库存现金长款无法查明原因。根据批准意见转作营业外收入。

3. 某企业在财产清查中，盘亏库存现金 200 元。经查，短缺中 100 元应由出纳人员赔偿，另 100 元无法查明原因。

4. 收到出纳赔偿的库存现金 100 元。

（二）要求

根据以上资料编制会计分录。

实训 2

（一）资料

某企业 2019 年 6 月 30 日对存货和固定资产清查发现有关情况如下：

1. 库存 A 产品账面结存数量 2 000 件，单位成本 35 元，金额 70 000 元。实存 1 985 件，盘亏 15 件，价值 525 元。经查明系保管人员过失所致，经批准责令赔偿。

2. 甲材料账面结存数量 250 千克，每千克 20 元，金额 5 000 元，全部毁损，作为废料处理，计价 100 元。经查明由于自然灾害所致，其损失经批准作为非常损失处理。

3. 乙材料账面结存数量 120 吨，每吨成本 100 元，价值 12 000 元，实存 118 吨，盘亏 2 吨，价值 200 元。经查明属于定额内损耗，经批准转销处理。

4. 丙材料账面结存数量 300 千克，每千克 10 元，价值 3 000 元；实存 310 千克，盘盈 10 千克，价值 100 元。经查明为收发计量差错原因造成，经批准转销处理。

（二）要求

根据以上资料，编制存货清查结果审批前后的会计分录。

实训 3

练习编制银行存款余额调节表，进行银行存款清查。

（一）资料

雷光公司 2019 年 8 月 31 日银行存款日记账余额 37 685 元，银行送来的对账单余额为 47 570。经逐笔核对，发现两者有下列不符之处：

（1）8 月 30 日，本公司开出转账支票一张向方圆公司购买文具用品，价值 1 045 元，方圆公司尚未到银行办理转账手续。

（2）8月30日，本公司委托银行代收一笔货款7 800元，款项银行已收妥入账，公司尚未收到通知入账。

（3）8月30日，受到申花公司交来的转账支票4 700元，本公司已送交银行办理，并已入账，但银行尚未入账。

（4）8月31日，银行扣收手续费12元，公司尚未入账。

（5）8月31日，银行代付公用事业费3 456元，公司尚未收到通知入账。

（6）8月31日，本月银行存款利息208元，公司尚未收到通知入账。

（二）要求

根据以上资料，编制银行存款余额调节表，见单据6-8，并确定企业2019年8月31日银行存款的实际结存额。

单据6-8

银 行 存 款 余 额 调 节 表

年　月　日

单位：元

项目	金额	项目	金额
银行存款日记账余额		银行对账单余额	
加：银行已记增加，企业未记增加 减：银行已记减少，企业未记减少		加：企业已记增加，银行未记增加 减：企业已记减少，银行未记减少	
调节后存款余额		调节后存款余额	

实训4

练习编制银行存款余额调节表，进行银行存款清查。

（一）资料

某企业2019年6月30日，银行存款日记账账面余额为81 778元，开户银行送来的对账单所列示本企业存款余额89 332元，经逐笔核对，发现未达账项如下：

（1）6月28日，企业为支付职工的差旅费开出现金支票一张，计11 220元，持票人尚未到银行取款。

（2）6月29日，企业收到购买单位转账支票一张，计18 854元，已开具送款单送存银行，但银行尚未入账。

（3）6月30日，企业经济纠纷案败诉，银行代扣违约金2 460元，企业尚未接到通知而未入账。

（4）6月30日，银行计算企业存款利息17 648元，已记入企业存款户，企业尚未接到通知入账。

（二）要求

根据以上资料，编制银行存款余额调节表，见单据6-9，并确定企业2019年6月30日银行存款的实际结存额。

单据 6-9

银 行 存 款 余 额 调 节 表

年　　月　　日

单位：元

项目	金额	项目	金额
银行存款日记账余额		银行对账单余额	
加：银行已记增加，企业未记增加 减：银行已记减少，企业未记减少		加：企业已记增加，银行未记增加 减：企业已记减少，银行未记减少	
调节后存款余额		调节后存款余额	

模块 三

会计基本技能

会计凭证的填制和审核

学习目标

1. 了解会计凭证的概念和分类。
2. 掌握原始凭证的分类、填制和审核。
3. 掌握记账凭证的分类、填制和审核。
4. 了解会计凭证的传递和保管。

会计知识引导

采购员出差的火车票和飞机票、出差的住宿发票、采购合同、借款合同、增值税发票、材料的入库单和出库单、运费发票……这些都是日常生活中常见的票据，也是会计工作中非常重要的一个环节。

任务一　会计凭证概述

一、会计凭证的概念

会计凭证是记录经济业务或事项发生和完成情况、记录经济业务、明确经济责任的书面证明，也是登记账簿的依据。填制和审核会计凭证，既是会计核算的方法，也是会计核算工作的起点。

会计管理工作要求会计核算提供真实的会计资料，强调记录的经济业务必须有根有据。因此，任何企业、事业和行政单位，每发生一笔经济业务，都必须由执行或完成该项经济业务的有关人员取得或填制会计凭证，并在凭证上签名或盖章，以对凭证上所记载的内容负责。例如，购买商品、材料由供货方开出发票；支出款项由收款方开出收据；接收商品、材料入库要有收货单；发出商品要有发货单；发出材料要有领料单等。这些发票、收据、收料单、发货单、领料单都是会计凭证。

所有会计凭证都必须认真填制，同时还得经过财会部门严格审核。只有审核无误的会计凭证才能作为经济业务发生或完成的证明，才能作为登记账簿的依据。

二、会计凭证的作用

作为会计核算工作的基础，填制和审核会计凭证在经济管理中具有重要作用。

（一）记录经济业务，提供记账依据

任何经济业务发生都必须取得或填制会计凭证，如实地反映经济业务发生或完成的情况。会计凭证应明确记载经济业务所发生的内容和时间，从而为会计核算提供了原始凭据，保证了会计核算的客观性与真实性，克服了主观随意性，使会计信息的质量得到了可靠保障。会计凭证是登记账簿的依据，没有凭证就不能记账。通过填制会计凭证，可以及时正确地反映各项经济业务的发生和完成情况，保证会计信息的真实、可靠、及时。

（二）明确经济责任，强化内部控制

每一笔经济业务在发生或完成时，都必须要填制和取得会计凭证，并由相关参与单位和经办人员在凭证上签名盖章，对会计凭证所记录经济业务的真实性、正确性、合法性、合理性负责，这样能促使经办人员严格按照规章制度办事。一旦出现问题，便于分清楚责任，及时采取应对措施，有利于岗位责任制的落实，强化内部控制。

（三）监督经济活动，控制经济运行

财会部门在记账前都必须审核经济业务是否合法、合理，是否客观真实。通过审核会计凭证，可以查明每一项经济业务是否符合国家有关法律、法规、制度的规定，是否符合计划、预算进度，是否有违法乱纪行为，有无铺张浪费行为等，从而促进各单位和经办人员树立遵纪守法的观念，可以充分发挥会计的监督作用，促使各单位建立健全各项规章制度，确保财产安全完整。对于查出的问题，应积极采取措施予以纠正，实现对经济活动的事中控制，保证经济活动的健康运行。

三、会计凭证的种类

会计凭证按照编制的程序和用途不同，分为原始凭证和记账凭证。

（一）原始凭证

原始凭证是在经济业务发生或完成时由相关人员取得或填制的，用以记录或证明经济业务发生或完成的情况，并明确有关经济责任的一种原始凭据。任何经济业务发生都必须填制和取得原始凭证。原始凭证是会计核算的原始依据。

（二）记账凭证

记账凭证是财会部门根据审核无误的原始凭证进行归类、整理，记载经济业务简要内容，确定会计分录的会计凭证。记账凭证是登记会计账簿的直接依据。

任务二　原始凭证的填制和审核

一、原始凭证的概念

原始凭证是在经济业务发生或完成时由相关经办人员取得或填制的，用以记录或证明经济业

务发生或完成的情况，并明确经济责任的一种文字证明，如发票、收据、收料单等均可以作为原始凭证。原始凭证是证明经济业务发生的原始依据，是会计核算的原始资料和重要凭证，具有较强的法律效力，是一种非常重要的会计资料。

二、原始凭证的基本内容

企业所发生的经济业务，对应的原始凭证各不相同。虽然各原始凭证所反映的经济业务内容不同，但无论哪一种原始凭证，都应该能记载有关经济业务的执行和完成情况，都应该能明确有关经办人员和经办单位的经济责任。因此，各种原始凭证，尽管名称和格式不同，都应该具备一些共同的基本内容。这些基本内容就是每一张原始凭证所应该具备的要素。原始凭证必须具备以下基本内容：

（1）原始凭证的名称。

（2）填制原始凭证的日期和凭证编号。

（3）接受原始凭证的单位名称。

（4）经济业务内容，如品名、数量、单价、金额等。

（5）填制原始凭证的单位名称和填制人姓名。

（6）经办人员的签名或盖章。

有些原始凭证，不仅要满足会计工作的需要，还应满足其他管理工作的需要。因此，在凭证上，除具备上述内容外，还应具备其他一些项目，如与业务有关的经济合同、结算方式、费用预算等，以更加完整、清晰地反映经济业务。

在实际工作中，各单位可根据会计核算和管理的需要自行设计印制适合本单位需要的各种原始凭证。但是对于在一个地区范围内经常发生大量同类经济业务，应由各主管部门统一设计印制原始凭证。如银行统一印制的银行汇票、转账支票和现金支票等，由铁路部门统一印制的火车票，由税务部门统一印制的有税务登记的发票，财政部门统一印制的收款收据等。这样，不但可以使原始凭证的内容格式统一，更便于加强监督管理。

三、原始凭证的种类

原始凭证的种类繁多，为了更好地认识和利用原始凭证，必须按照一定标准对原始凭证进行分类。原始凭证按照不同的分类标准，可以属于不同的种类。

（一）原始凭证按其来源不同分类

原始凭证按其来源不同分类，可以分为外来原始凭证和自制原始凭证。

外来原始凭证是指在经济业务活动发生或完成时，从其他单位或个人直接取得的原始凭证。如增值税专用发票、非增值税及小规模纳税人的发票、铁路运输部门的火车票、由银行转来的结算凭证和对外支付款项时取得的收据等都是外来原始凭证。其格式见单据7-1。

单据 7-1

×××× 专用发票

发票联　　　　（2019）

付款单位：＿＿＿＿＿　　　　　　　　　　　　　　　　支票号：＿＿＿＿＿

编号	商品名称	规格	单位	数量	单价	金额							
小写金额合计													
大写金额合计	佰	拾	万	仟	佰	元	角	分					

收款单位：（盖章）　　　　　开票人：　　　　　　　　年　月　日

　　自制原始凭证是指本单位内部具体经办业务的部门和人员，在执行或完成经济业务时所填制的原始凭证。如"收料单""领料单""产品入库单""工资结算单"等。"领料单"格式见单据 7-2，"产品入库单"格式见单据 7-3。

单据 7-2

领 料 单

领料部门：　　　　　　　　　　　　　　　　　　　凭证编号：
用　途：　　　　　　　　　年　月　日　　　　　　收料仓库：

材料编号	材料规格及名称	计量单位	数量		价格	
			请领	实领	单价	金额（元）
备注					合计	

记账：　　　　　发料：　　　　　审批：　　　　　领料：

单据 7-3

产 品 入 库 单

　　　　　　　　　　　　　　　　　　　　　　　　　凭证编号：
交库单位：　　　　　　　　　年　月　日　　　　　　收料仓库：

产品编号	产品名称	规格	计量单位	交付数量	检验结果		实收数量	单价	金额
					合格	不合格			
备注							合计		

（二）原始凭证按其填制方法不同分类

　　原始凭证按其填制方法不同，可以分为一次凭证、累计凭证和汇总凭证。

一次凭证是指一次填制完成的原始凭证。它反映一笔经济业务或同时反映若干同类经济业务的内容。外来原始凭证一般均属一次凭证，自制原始凭证中大多数也是一次凭证。日常的原始凭证多属此类，如"现金收据""发货票""收料单"等。一次凭证能够清晰地反映经济业务的活动情况，使用方便灵活，但数量较多。

累计凭证是指在一张凭证上连续登记一定时期内不断重复发生的若干同类经济业务，直到期末才能填制完毕的原始凭证。累计凭证可以连续登记相同性质的经济业务，随时计算出累计数及结余数，期末按实际发生额记账，如"限额领料单"等。"限额领料单"的格式见单据 7-4。

单据 7-4

限 额 领 料 单

领料部门：＿＿＿＿＿＿＿　　　　　　　　　　　　　　　　凭证编号：＿＿＿＿＿
产品名称、号码：＿＿＿＿＿　　　　　　　　年　月　日
计划产量：＿＿＿＿＿　　　　　　单位消耗定额：＿＿＿＿＿　　　　编号：＿＿＿＿＿

材料编号	材料名称	规格	计量单位	计划单位	领料限额	全月实用	
						数量	金额
领料日期	请领数量	实发数量	领料人签章	发料人签章		限额结余	
合计							

供应部门负责人：　　　　　　　生产部门负责人：　　　　　　　仓库管理员：

汇总凭证又称原始凭证汇总表，是根据许多同类经济业务的原始凭证或会计核算资料定期加以汇总而重新编制的原始凭证。如"发出材料汇总表""差旅费报销单"等。汇总凭证既可以提供经营管理所需要的总量指标，又可以大大简化核算手续。"发出材料汇总表"的格式见单据 7-5。

单据 7-5

发 出 材 料 汇 总 表
年　月　日

会计科目		领料部门	原材料	燃料	合计
生产成本	基本生产车间	一车间			
		二车间			
		小计			
	辅助生产车间	供电车间			
		供气车间			
		小计			
制造费用		一车间			
		二车间			
		小计			
管理费用		行政部门			
合计					

财会负责人：　　　　　　　　　复核：　　　　　　　　　　　制表：

（三）原始凭证按用途不同分类

原始凭证按其用途不同分类，可以分为通知凭证、执行凭证和计算凭证。

通知凭证是指要求、指示或命令企业进行某项经济业务的原始凭证。如"罚款通知书""付款通知单"等。

执行凭证是用来证明某项经济业务发生或已经完成的原始凭证。如"销货发票""材料验收单""领料单"等。

计算凭证是指根据原始凭证和有关会计核算资料而编制的原始凭证。计算凭证一般是为了便于以后记账、了解各项数据来源和产生情况而编制的。如"制造费用分配表""产品成本计算单""工资结算表"等。"制造费用汇总表"的格式见单据 7-6。

单据 7-6

制 造 费 用 汇 总 表

单位：元

项目	金额
生产车间一般耗用材料	700 000.00
生产车间管理人员的职工薪酬	280 000.00
生产车间固定资产折旧	360 000.00
生产车间发生的办公费、水电费等	60 000.00
合计（元）	1 400 000.00

（四）原始凭证按其格式不同分类

原始凭证按其格式不同分类，可以分为通用凭证和专用凭证两种。

通用凭证是指全国或某一地区、某一部门统一格式的原始凭证。如由银行统一印制的结算凭证、税务部门统一印制的发票等。

专用凭证是指一些单位具有特定内容、格式和专门用途的原始凭证。如高速公路通过费收据、养路费缴款单等。

以上是按不同的标志对原始凭证进行的分类。它们之间是相互依存、密切联系的，有些原始凭证按照不同的分类标准分别属于不同的种类。如现金收据对出具收据的单位来说是自制原始凭证，而对接收收据的单位来说则是外来原始凭证；同时，它既是一次凭证，又是执行凭证，也是专用凭证。外来的凭证大多为一次凭证，计算凭证、累计凭证大多为自制原始凭证。

根据上述原始凭证的分类，归纳如图 7-1 所示。

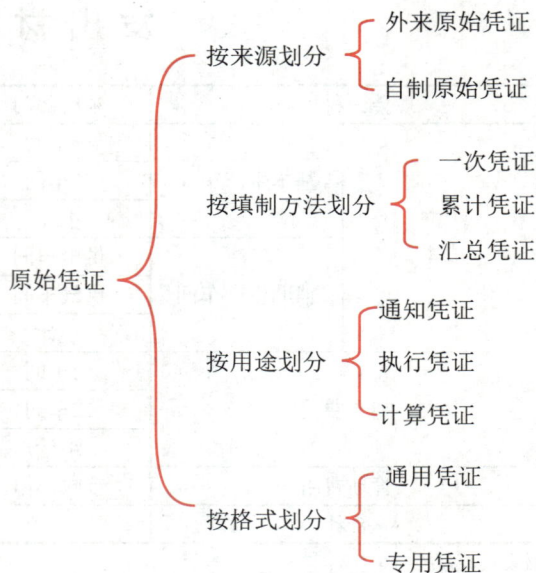

原始凭证
- 按来源划分
  - 外来原始凭证
  - 自制原始凭证
- 按填制方法划分
  - 一次凭证
  - 累计凭证
  - 汇总凭证
- 按用途划分
  - 通知凭证
  - 执行凭证
  - 计算凭证
- 按格式划分
  - 通用凭证
  - 专用凭证

图 7-1 原始凭证分类图

四、原始凭证的填制

（一）原始凭证的填制方法

填制原始凭证，要由填制人员将各项原始凭证要素按规定方法填写齐全，办妥签章手续，明确经济责任。

由于各种凭证的内容和格式千差万别，因此，原始凭证的具体填制方法也不同。一般来说，自制原始凭证通常有三种形式。一是根据经济业务的执行和完成的实际情况直接填列，如根据实际领用的材料品名和数量填制领料单等；二是根据账簿记录对某项经济业务进行加工整理填列，如月末计算产品成本时，先要根据"制造费用"账户本月借方发生额填制"制造费用分配表"，将本月发生的制造费用按照一定的分配标准分配到有关产品成本中去，然后再计算出某种产品的生产成本；三是根据若干张反映同类业务的原始凭证定期汇总填列，如发出材料汇总表。外来原始凭证是由其他单位或个人填制的。它同自制原始凭证一样，也要具备能证明经济业务完成情况和明确经济责任所必需的内容，如下所示：

（1）从外单位取得的原始凭证，必须盖有填制单位的公章，对外开出的原始凭证，必须加盖本单位公章。

（2）自制原始凭证必须有经办单位领导或其规定人员的签名或盖章。

（3）购买实物的原始凭证，必须有验收证明。

（4）支付款项的原始凭证，必须有收款单位和收款人的签名或盖章。

（5）发生销货退回的，除填制退货发票外，必须有退货验收证明；退款时，必须取得对方的收款收据或汇款银行的凭证，不得以退货发票代替收据。

（6）职工因公出差的借款凭据，必须附在记账凭证之后，收回借款时，应当另开收据或退还借据副本，不得退还原借款收据。

（7）经上级有关部门批准的经济业务，应当将批准文件作为原始凭证附件，如果批准文件需要单独归档，应当在凭证上注明批准机关名称、日期、文件字号。

（二）原始凭证填制的要求

原始凭证是具有法律效力的书面证明文件，是进行会计核算的原始依据，必须认真填制。为了保证原始凭证能清晰准确地反映各项经济业务的真实情况，原始凭证的填制必须符合以下要求：

1. 记录要真实

原始凭证上填制的日期、经济业务内容和数字必须是经济业务发生或完成的实际情况，不得弄虚作假，不得以匡算数或估计数填入，不得涂改、刮擦、挖补。原始凭证有错误的，应当由出具单位重开或更正，更正处应当加盖出具单位印章。原始凭证金额有错误的，应当由出具单位重开，不得在原始凭证上直接更正。

2. 内容要完整

原始凭证中应该填写的项目要逐项填写，不可缺漏；名称要写全，不要简化；品名和用途要填写明确，不能含糊不清；有关部门和人员的签名和盖章必须齐全。

3．手续要完备

单位自制的原始凭证必须有经办业务的部门和人员签名盖章；对外开出的凭证必须加盖本单位的公章或财务专用章；从外部取得的原始凭证必须有填制单位公章或财务专用章。总之，取得的原始凭证必须符合手续完备的要求，以明确经济责任，确保原始凭证的合法性、真实性、完整性。

4．填制要及时

各种原始凭证一定要及时填写，并按规定的程序及时送交会计机构、会计人员进行审核。所有业务的有关部门和人员，在经济业务实际发生或完成时，必须及时填写原始凭证，做到不拖延、不积压，不事后补填，并按规定的程序审核。

5．编号要连续

原始凭证要顺序连续或分类编号，在填制时要按照编号的顺序使用，跳号的凭证要加盖"作废"戳记，连同存根一起保管，不得撕毁。

6．书写要规范

原始凭证中的文字、数字的书写都要清晰、工整、规范，做到字迹端正、易于辨认。大小写金额要一致。复写的凭证要不串行、不串格、不模糊。一式几联的原始凭证，应当注明各联的用途。数字和货币符号的书写要符合下列要求：

（1）数字要一个一个地写，不得连笔写。特别是在要连写几个"0"时，也一定要单个地写，不能将几个"0"连在一起一笔写完。数字排列要整齐，数字之间的空格要均匀，不宜过大。此外阿拉伯数字的书写还应有高度的标准，一般要求数字的高度占凭证横格的1/2为宜。书写时还要注意紧靠横格底线，使上方能有一定的空位，以便需要进行更正时可以再次书写。

（2）阿拉伯数字前面应该书写货币币种或者货币名称简写和币种符号。币种符号与阿拉伯数字之间不得留有空白。凡阿拉伯金额数字前写有货币币种符号的，数字后面不再写货币单位。所有以元为单位（其他货币种类为货币基本单位，下同）的阿拉伯数字，除表示单价等情况外，一律填写到角分；无角分的，角位和分位写"00"或者符号"——"；有角无分的，分位应当写"0"，不得用符号"——"代替。在发货票等须填写大写金额数字的原始凭证上，如果大写金额数字前未印有货币名称，应当加填货币名称，然后在其后紧接着填写大写金额数字，货币名称和金额数字之间不得留有空白。

（3）汉字填写金额如零、壹、贰、叁、肆、伍、陆、柒、捌、玖、拾、佰、仟、万、亿等，应一律用正楷或行书体填写，不得用0，一、二、三、四、五、六、七、八、九、十等简化字代替，不得任意自造简化字。大写金额数字到元或角为止的，在"元"或"角"之后应当写"整"或"正"字。阿拉伯金额数字之间有"0"时，汉字大写金额应写"零"字；阿拉伯金额数字中间连续有几个"0"时，大写金额中可以只有一个"零"；阿拉伯金额数字元位为"0"或者数字中间连续有几个"0"，元位也是"0"，但角位不是"0"时，汉字大写金额可以只写一个"零"字，也可以不写"零"字。如小写金额为¥1 008.00，大写金额应写成"壹仟零捌元整"。

五、原始凭证的审核

为了正确反映和监督各项经济业务，财务部门对取得的原始凭证，必须进行严格审核和核对，保证核算资料的真实、合法、完整。只有经过审查无误的凭证，方可作为编制记账凭证和登记账簿的依据。原始凭证的审核，是会计监督工作的一个重要环节，一般应从原始凭证的真实性、合法性、合理性、完整性、正确性和及时性方面进行。

1. 审查原始凭证所反映经济业务的合理、合法性和真实性

这种审查是以有关政策、法规、制度和计划合同等为依据，审查凭证所记录的经济业务是否符合有关规定，有无贪污盗窃、虚报冒领、伪造凭证等违法乱纪现象，有无不讲经济效益、违反计划和标准的要求等。审核包括凭证日期是否真实、业务内容是否真实、数据是否真实等内容的审查。对外来原始凭证，必须有填制单位公章和填制人的签章；对自制原始凭证，必须有经办部门和经办人的签名或盖章；此外，对通用原始凭证，还应审核凭证本身的真实性，以防假冒；对于不合理、不合法及不真实的原始凭证，财会人员应拒绝受理。如发现伪造或涂改凭证弄虚作假、虚报冒领等不法行为，除拒绝办理外，还应立即报告有关部门，提请严肃处理。经审核的原始凭证应根据不同情况处理。

①对于完全符合要求的原始凭证，应及时据以编制记账凭证入账。

②对于真实、合法、合理但内容不够完整、填写有错误的原始凭证，应退回给有关经办人员，由其负责将有关凭证补充完整、更正错误或重开后，再办理正式会计手续。

③对于不真实、不合法的原始凭证，会计机构和会计人员有权不予接受，并向单位负责人报告。

2. 审核原始凭证的填制是否符合规定的要求

首先审查所用的凭证格式是否符合规定，凭证的要素是否齐全，是否有经办单位和经办人员签章；其次审查凭证上的数字是否完整，大、小写是否一致；最后审查凭证上数字和文字是否有涂改、污损等不符合规定之处。如果通过审查发现凭证不符合上述要求，那么凭证本身就失去作为记账依据的资格，会计部门应把那些不符合规定的凭证退还给原编制凭证的单位或个人，要求重新补办手续。

原始凭证的审核，是一项很细致而且十分严肃的工作。要做好原始凭证的审核，充分发挥会计监督的作用，会计人员应该做到精通会计业务，熟悉有关的政策、法令和各项财务规章制度，对本单位的生产经营活动有深入的了解，同时会计人员还要具有维护国家法令、制度和本单位财务管理的高度责任感，敢于坚持原则，才能在审核原始凭证时正确掌握标准，及时发现问题。

原始凭证经过审核后，对于符合要求的原始凭证，及时编制记账凭证并登记账簿；并对于手续不完备、内容记载不全或数字计算不正确的原始凭证，应退回有关经办部门或人员补办手续或更正；对于伪造、涂改或经济业务不合法的凭证，应拒绝受理，并向本单位领导汇报，提出拒绝执行的意见；对于弄虚作假、营私舞弊、伪造涂改凭证等违法乱纪行为，必须及时揭露并严肃处理。

任务三　记账凭证的填制和审核

一、记账凭证的概念

记账凭证又称记账凭单，是会计人员根据审核无误的原始凭证按照经济业务事项的内容加以归类，并据以确定会计分录后所填制的会计凭证。它是登记账簿的直接依据。由于原始凭证只表明经济业务的内容，而且种类繁多、数量庞大、格式不一，因而不能直接记账。为了做到分类反映经济业务的内容，必须按会计核算方法的要求，将其归类、整理，编制记账凭证，标明经济业务应记入的账户名称及应借应贷的金额，作为记账的直接依据。所以，记账凭证必须具备以下内容：①记账凭证的名称；②填制凭证的日期、凭证编号；③经济业务的内容摘要；④经济业务所涉及的账户名称、记账方向和金额；⑤所附原始凭证的张数和其他附件资料；⑥会计主管、记账、复核、出纳、制单等有关人员的签名或盖章。

记账凭证和原始凭证同属于会计凭证，但二者存在以下不同：原始凭证是由经办人员填制，记账凭证一律由会计人员填制；原始凭证根据发生或完成的经济业务填制，记账凭证根据审核后的原始凭证填制；原始凭证仅用以记录、证明经济业务已经发生或完成，记账凭证要依据会计科目对已经发生或完成的经济业务进行归类、整理；原始凭证是填制记账凭证的依据，记账凭证是登记账簿的依据。

二、记账凭证的种类

由于会计凭证记录和反映的经济业务多种多样，因此，记账凭证也是多种多样的。记账凭证按不同的标志，可以分为不同的种类。

（一）按反映的经济内容不同进行分类

记账凭证按其反映的经济内容不同，可分为收款凭证、付款凭证、转账凭证三种。

1．收款凭证

收款凭证是指专门用于记录现金和银行存款收款业务的会计凭证。收款凭证是出纳人员收讫款项的依据，也是登记总账、现金日记账和银行存款日记账以及有关明细账的依据，一般按现金和银行存款分别编制。收款凭证格式见单据7-7。

单据7-7

收　款　凭　证

借方科目：　　　　　　　　　　　　　　　年　月　日　　　　　　　　　　　　　　收字第＿＿＿号

摘要	贷方科目		金额										记账
	一级科目	二级或明细科目	千	百	十	万	千	百	十	元	角	分	
合计													

会计主管：　　　　记账：　　　　稽核：　　　　制单：　　　　出纳：

2. 付款凭证

付款凭证是指专门用于记录现金和银行存款付款业务的会计凭证。付款凭证是出纳人员支付款项的依据，也是登记总账、现金日记账和银行存款日记账以及有关明细账的依据，一般按现金和银行存款分别编制。付款凭证格式见单据7-8。

单据7-8

付 款 凭 证

贷方科目：　　　　　　　　　　　　　　　　年　月　日　　　　　　　　　　　付字第 ＿＿＿＿ 号

摘要	借方科目		金额										记账
	一级科目	二级或明细科目	千	百	十	万	千	百	十	元	角	分	
合计													

会计主管：　　　　记账：　　　　稽核：　　　　制单：　　　　出纳：

3. 转账凭证

转账凭证是指专门用于记录不涉及现金和银行存款收付款业务的会计凭证。它是登记总账和有关明细账的依据。转账凭证没有涉及货币资金，因此没有出纳签字。转账凭证格式见单据7-9。

单据7-9

转 账 凭 证

年　月　日　　　　　　　　　　　转字第 ＿＿＿＿ 号

摘要	一级科目	二级或明细科目	借方金额	贷方金额	记账
合计					

会计主管：　　　　记账：　　　　稽核：　　　　制单：　　　　出纳：

收款凭证、付款凭证和转账凭证分别用以记录现金、银行存款收款业务、付款业务和转账业务（与现金、银行存款收支无关的业务），为了便于识别，各种凭证印制成不同的颜色。在会计实务中，对于库存现金和银行存款之间的相互划转的收、付款业务，为避免重复记账，一般只编制付款凭证，不编制收款凭证。

（二）按汇总方法不同进行分类

记账凭证按汇总方法不同，可分为分类汇总凭证和全部汇总凭证两种。

1. 分类汇总凭证

它是指定期按现金、银行存款及转账业务进行分类汇总，也可以按科目进行汇总。如可以将一定时期的收款凭证、付款凭证、转账凭证分别汇总，编制汇总收款凭证、汇总付款凭证、汇总转账凭证。

2. 全部汇总凭证

它是指将单位一定时期内编制的会计分录，全部汇总在一张记账凭证上。将一定时期的所有记账凭证按相同会计科目的借方和贷方分别汇总，编制记账凭证汇总表（或称科目汇总表）。

汇总凭证是将许多同类记账凭证逐日或定期（3 天、5 天、10 天等）加以汇总后编制的记账凭证，有利于简化总分类账的登记工作。

收款凭证、付款凭证和转账凭证，称为专用记账凭证。实际工作中，货币资金的管理是财会人员的一项重要工作。收款凭证、付款凭证、转账凭证的划分，有利于区别不同经济业务，进行分类管理，有利于经济业务的检查，但工作量大。为了单独反映货币资金收付情况，在货币资金收付业务量较多的单位，往往对货币资金的收付业务编制专用的收、付款凭证。有些经济业务简单或收、付款业务不多的单位，可以使用一种通用格式的记账凭证。这种通用记账凭证既可用于收、付款业务，又可用于转账业务，所以称为通用记账凭证。通用记账凭证的格式见单据 7-10。

单据 7-10

记 账 凭 证

年　月　日　　　　　　　　　　　　　　　　　　　　　　　凭证编号

摘要	总账科目	明细科目	借方金额										贷方金额									
			千	百	十	万	千	百	十	元	角	分	千	百	十	万	千	百	十	元	角	分
合计																						

记账凭证的分类如图 7-2 所示。

```
                                              ┌ 收款凭证
                       ┌ 按经济内容不同划分 ┤  付款凭证
                       │                      └ 转账凭证
           记账凭证 ┤
                       │                      ┌ 分类汇总凭证
                       └ 按汇总方法不同划分 ┤
                                              └ 全部汇总凭证
```

图 7-2　记账凭证分类

三、记账凭证的填制

（一）记账凭证的填制要求

填制记账凭证是一项重要的会计工作。为了便于登记账簿，保证账簿记录的正确性，填制记账凭证应符合以下要求：

1．依据真实

除结账和更正错误外，记账凭证应根据审核无误的原始凭证及有关资料填制，记账凭证必须附有原始凭证，并如实填写所附原始凭证的张数。记账凭证所附原始凭证张数的计算一般应以原始凭证的自然张数为准。如果记账凭证中附有原始凭证汇总表，则应该把所附的原始凭证和原始凭证汇总表的张数一起记入附件的张数之内。但报销差旅费等零散票券，可以粘贴在一张纸上，作为一张原始凭证。一张原始凭证如果涉及几张记账凭证，可以将原始凭证附在一张主要的记账凭证后面，在该主要记账凭证摘要栏注明"本凭证附件包括××号记账凭证业务"字样，并在其他记账凭证上注明该主要记账凭证的编号或者附上该原始凭证的复印件，以便复核查阅。如果一张原始凭证所列的支出需要由两个以上的单位共同负担时，应当由保存该原始凭证的单位开给其他应负担单位原始凭证分割单。原始凭证分割必须具备原始凭证的基本内容，并可作为填制记账凭证的依据，计算在所附原始凭证张数之内。

2．内容完整

记账凭证应具备的内容都要具备，要按照记账凭证上所列项目逐一填写清楚，有关人员的签名或者盖章要齐全不可缺漏。如有以自制的原始凭证或者原始凭证汇总表代替记账凭证使用的，也必须具备记账凭证应有的内容。金额栏数字的填写必须规范、准确，与所附原始凭证的金额相符。金额登记方向、数字必须正确，角分位不留空格。

3．分类正确

填制记账凭证要根据经济业务的内容，区别不同类型的原始凭证，正确应用会计科目和记账凭证。记账凭证可以根据每一张原始凭证填制，或者根据若干张同类原始凭证汇总填制，也可以根据原始凭证汇总表填制，但不得将不同内容或类别的原始凭证汇总填制在一张记账凭证上。会计科目要保持正确的对应关系。一般情况下，现金或银行存款的收、付款业务，应使用收款凭证或付款凭证；不涉及现金和银行存款收付的业务，如将现金送存银行，或者从银行提取现金，应以付款业务为主，只填制付款凭证不填制收款凭证，以避免重复记账。在一笔经济业务中，如果既涉及现金或银行存款收、付，又涉及转账业务，则应分别填制收款或付款凭证和转账凭证。例如，单位职工出差归来报销差旅费并交回剩余现金时，就应根据有关原始凭证按实际报销的金额填制一张转账凭证，同时按收回的现金数额填制一张收款凭证。各种记账凭证的使用格式应相对稳定，特别是在同一会计年度内，不宜随意更换，以免引起编号、装订、保管方面的不便与混乱。

4．日期正确

记账凭证的填制日期一般应填制记账凭证当天的日期，不能提前或拖后；按权责发生制原则计算收益、分配费用、结转成本利润等调整分录和结账分录的记账凭证。虽然需要到下月才能填制，但为了便于在当月的账内进行登记，仍应填写当月月末的日期。

5．连续编号

为了分清会计事项处理的先后顺序，以便记账凭证与会计账簿之间的核对，确保记账凭证完整无缺，填制记账凭证时，应当对记账凭证连续编号。记账凭证编号的方法有多种：一种是将全部记账凭证作为一类统一编号；另一种是分别按现金和银行存款收入业务、现金和银行付出业务、转账业务三类进行编号，这样记账凭证的编号应分为收字第 X 号、付字第 X 号、转字第 X 号；还有一种是分别按现金收入、现金支出、银行存款收入、银行存款支出和转账业务五类进行编号，这种情况下，记账凭证的编号应分为现收字第 X 号、现付字第 X 号、银收字第 X 号、银付字第 X 号和转字第 X 号，或者将转账业务按照具体内容再分成几类编号。各单位应当根据本单位业务繁简程度、会计人员多寡和分工情况来选择便于记账、查账、内部稽核、简单严密的编号方法。无论采用哪一种编号方法，都应该按月顺序编号，即每月都从一号编起，按自然数1、2、3、4、5……顺序编至月末，不得跳号、重号。一笔经济业务需要填制两张或两张以上记账凭证的，可以采用分数编号法进行编号。例如有一笔经济业务需要填制三张记账凭证，凭证顺序号为6，就可以编成 6 1/3、6 2/3 、6 3/3，前面的数表示凭证顺序，后面分数的分母表示该号凭证共有三张，分子表示三张凭证中的第一张、第二张、第三张。

6．简明摘要

记账凭证的摘要栏是填写经济业务简要说明的。摘要应与原始凭证内容一致，能正确反映经济业务的主要内容，既要防止简而不明，又要防止过于烦琐。应能使阅读者通过摘要就能了解该项经济业务的性质、特征，判断出会计分录的正确与否，一般不需要再去翻阅原始凭证或询问有关人员。

7．分录正确

会计分录是记账凭证中重要的组成部分，在记账凭证中，要正确编制会计分录并保持借贷平衡，就必须根据国家统一会计制度的规定和经济业务的内容，正确使用会计科目，不得任意简化或改动。应填写会计科目的名称，或者同时填写会计科目的名称和会计科目编号，不应只填编号，不填会计名称。应填明总账科目和明细科目，便于登记总账和明细分类账。会计科目的对应关系要填写清楚，应先借后贷，一般填制一借一贷、一借多贷或者多借一贷的会计分录。但如果某项经济业务本身就需要编制一个多借多贷的会计分录时，也可以填制多借多贷的会计分录，以集中反映该项经济业务的全过程。填入金额数字后，要在记账凭证的合计行计算填写合计金额。记账凭证中借、贷方的金额必须相等，合计数必须计算正确。

8．空行注销

填制记账凭证时，应按行次逐行填写，不得跳行或留有空行。记账凭证填完经济业务后，如有空行，应当在金额栏自最后一笔金额数字下的空行至合计数上的空行处划斜线或"~"行线注销。

9．填错更改

填制记账凭证时如果发生错误，应当重新填制。已经登记入账的记账凭证在当年内发生错误的，如果是使用的会计科目或记账凭证方向有错误，可以用红字金额填制一张与原始凭证内容相同的记账凭证，在摘要栏注明"注销某月某日某号凭证"字样，同时再用蓝字重新填制一张正确的记账凭证，在摘要栏注明"更正某月某日某号凭证"字样；如果会计科目和记账方向都没有错误，只是金额错误，可以按正确数字和错误数字之间的差额，另填制一张调整的记账凭证，调增金额用蓝数字，调减金额用红数字。发现以前年度的金额有错误时，应当用蓝字填制一张更正的记账凭证。

记账凭证中，文字、数字和货币符号的书写要求，与原始凭证相同。实行会计电算化的单位，其机制记账凭证应当符合对记账凭证的基本要求。打印出来的机制凭证上，要加盖制单人员、审核人员、记账人员和会计主管人员印章或者签字，以明确责任。

（二）记账凭证的填制方法

记账凭证就是在一张记账凭证上记载一笔完整的经济业务所涉及的全部会计科目。为了清晰地反映经济业务的来龙去脉，应将不同的经济业务分开填制。

（1）收款凭证的填制。收款凭证是根据审核无误的现金和银行存款收款业务的原始凭证编制的。收款凭证左上角的"借方科目"，按收款的性质填写"库存现金"或者"银行存款"；日期填写的是编制本凭证的日期；右上角填写编制收款凭证顺序号；"摘要栏"简明扼要地填写经济业务的内容梗概；"贷方科目"栏内填写与收入"库存现金"或"银行存款"科目相对应的总账科目及所属明细科目；"金额"栏内填写实际收到的现金或银行存款的数额，各总账科目与所属明细科目的应贷金额，应分别填写在与总账科目或明细科目同一行的"总账科目"或"明细科目"金额栏内；"金额"栏的合计数，只合计"总账科目"金额，表示借方科目"库存现金"或"银行存款"的金额；"记账"栏供记账人员在根据收款凭证登记有关账簿后作记号用，表示已经记账，防止经济业务事项的重记或漏记；该凭证右边"附件　张"处根据所附原始凭证的张数填写；凭证最下方有关人员签章处供有关人员在履行了责任后签名或签章，以明确经济责任。

（2）付款凭证的填制。付款凭证是根据审核无误的现金和银行付款业务的原始凭证编制的。付款凭证的左上角"贷方科目"，应填列"库存现金"或者"银行存款"，"借方科目"栏应填写与"库存现金"或"银行存款"科目相对应的总账科目及所属的明细科目。其余各部分的填制方法与收款凭证基本相同，不再述及。

（3）转账凭证的填制。转账凭证是根据审核无误的不涉及现金和银行存款收付的转账业务的原始凭证编制的。转账凭证的"会计科目"栏应按照先借后贷的顺序分别填写应借应贷的总账科目及所属的明细科目；借方总账科目及所属明细科目的应记金额，应在与科目同一行的"借方金额"栏内相应栏次填写，贷方总账科目及所属明细科目的应记金额，应在与科目同一行的"贷方金额"栏内相应栏次填写；"合计"行只合计借方总账科目金额和贷方总账科目金额，借方总账科目金额合计数与贷方总账金额合计数应相等。

下面分别举例说明收款凭证、付款凭证和转账凭证的填制。

【例7-1】某企业于2019年6月12日收到蓝天公司偿还所欠货款10 000元，存入银行。根据经济业务的原始凭证填制的收款凭证见单据7-11。

单据 7-11

收 款 凭 证

借方科目：银行存款 　　　　　　　　2019 年 6 月 12 日 　　　　　　　　　　　　银收 字第　9　号

摘要	贷方科目		金额										记账
	总账科目	明细科目	千	百	十	万	千	百	十	元	角	分	
收到蓝天公司偿还货款	应收账款	蓝天公司				1	0	0	0	0	0	0	
	合计				¥	1	0	0	0	0	0	0	

会计主管（签章）：　　记账（签章）：　　稽核（签章）：　　制单（签章）：　　出纳（签章）：

【例 7-2】某企业于 2019 年 6 月 17 日以现金支付采购员郭亮预借差旅费 3 000 元。根据这项经济业务的原始凭证填制的付款凭证见单据 7-12。

单据 7-12

付 款 凭 证

出纳编号：024-3 贷方科目：库存现金 　　　　2019 年 6 月 17 日 　　　　　　　　　　现付字第　2　号

摘要	借方科目		金额										记账
	总账科目	明细科目	千	百	十	万	千	百	十	元	角	分	
预支差旅费	其他应收款	郭亮					3	0	0	0	0	0	
	合计					¥	3	0	0	0	0	0	

会计主管（签章）：　　记账（签章）：　　稽核（签章）：　　制单（签章）：　　出纳（签章）：

【例 7-3】某企业于 2019 年 6 月 28 日销售产品 30 000 元（增值税暂不考虑）冲减美华公司的预收款。根据该项经济业务的原始凭证填制的转账凭证见单据 7-13。

单据 7-13

转 账 凭 证

2019 年 6 月 28 日　　　　　　　　　　　转字第 ___1___ 号

摘要	总账科目	明细科目	借方金额	贷方金额	记账
销售产品 冲预收款	预收账款	美华公司	30 000.00		
	主营业务收入			30 000.00	
合计			¥30 000.00	¥30 000.00	

会计主管（签章）：　　记账（签章）：　　稽核（签章）：　　制单（签章）：　　出纳（签章）：

四、记账凭证的审核

记账凭证编制以后，必须由专人进行审核，借以监督经济业务的真实性、合法性和合理性，并检查记账凭证的编制是否符合要求，特别要审核最初证明经济业务实际发生、完成的原始凭证。因此，对记账凭证的审核是一项严肃细致、政策性很强的工作。只有做好这项工作才能正确地发挥会计反映和监督的作用。记账凭证审核的基本内容包括以下几项：

1．内容是否真实

审核记账凭证是否有原始凭证为依据，所附原始凭证的内容是否与记账凭证的内容一致，记账凭证汇总表的内容与其所依据的记账凭证的内容是否一致等。

2．项目是否齐全

审核记账凭证各项目的填写是否齐全，如日期、凭证编号、摘要、金额、所附原始凭证张数及有关人员签章等。

3．科目是否准确

审核记账凭证的应借、应贷科目是否正确，是否有明确的账户对应关系，所使用的会计科目是否符合国家统一的会计制度的规定等。

4．金额是否正确

审核记账凭证所记录的金额与原始凭证的有关金额是否一致、计算是否正确，记账凭证汇总表的金额与记账凭证的金额合计是否相符，原始凭证中的数量、单价、金额计算是否正确。

5．书写是否规范

审核记账凭证中的记录是否文字工整、数字清晰，是否按规定使用蓝黑墨水，是否按规定进行更正等。

在审核过程中，如果发现差错，应及时查明原因，按规定办法及时处理与更正；如果发现不符合要求的地方，应要求有关人员采取正确的方法进行更正；如果发现尚未入账的错误记账凭证，应当重新填制。只有经过审核无误的记账凭证，才能作为登记账簿的依据。

任务四　会计凭证的传递和保管

一、会计凭证的传递

会计凭证的传递，是指从会计凭证取得或填制起至归档保管时止，在单位内部有关部门和人员之间按照规定的时间、程序进行处理的过程。各种会计凭证所记载的经济业务不同，涉及的部门和人员不同，办理的业务手续也不同。因此，应当为各种会计凭证规定一个合理的传递程序，即一张会计凭证填制后应交到哪个部门、哪个岗位，由谁办理业务手续等，直到归档保管为止。

（一）会计凭证传递的意义

正确组织会计凭证的传递，对于提高会计核算资料的及时性、正确组织经济活动、加强经济责任、实行会计监督具有重要意义。

1. 正确组织会计凭证的传递，有利于提高工作效率

正确组织会计凭证的传递，能够及时、真实地反映和监督各项经济业务的发生和完成情况，为经济管理提供可靠的经济信息。例如，材料运到企业后，仓库保管员应在规定的时间内将材料验收入库，填制"收料单"，注明实收数量等情况，并将"收料单"及时送到财会部门及其他有关部门。财会部门接到"收料单"，经审核无误，应及时编制记账凭证和登记账簿。生产部门得到该批材料已验收入库凭证后，便可办理有关领料手续，用于产品生产等。如果仓库保管员未按时填写"收料单"，或虽填写"收料单"但没有及时送到有关部门，就会给人以材料尚未入库的假象，影响企业生产正常进行。

2. 正确组织会计凭证的传递，能更好地发挥会计监督作用

正确组织会计凭证的传递，便于有关部门和个人分工协作，相互牵制，加强岗位责任制，更好地发挥会计监督作用。例如，从材料运到企业验收入库，需要多少时间，由谁填制"收料单"，何时将"收料单"送到供应部门和财会部门。会计部门收到"收料单"后由谁进行审核，并同供应部门的发货票进行核对，由谁何时编制记账凭证和登记账簿，由谁负责整理保管凭证等。这样，就把材料收入业务验收入库到登记入账的全部工作，在本单位内部进行分工合作，共同完成。同时可以考核经办业务的有关部门和人员是否按规定的会计手续办理，从而加强经营管理，提高工作质量。

（二）会计凭证传递的基本要求

各单位的经营业务性质是多种多样的，各种经营业务又有各自的特点，所以，办理各项经济业务的部门和人员以及办理凭证所需要的时间、传递程序也必然各不相同。这就要求每个单位都必须根据自己的业务特点和管理特点，由单位领导会同会计部门及有关部门共同设计制订出一套会计凭证的传递程序，使各个部门保证有序、及时地按规定的程序处理凭证传递。各单位在设计制定会计凭证传递时，应注意以下几个问题：

1. 根据经济业务的特点、机构设置和人员分工情况，明确会计凭证的传递程序

由于企业生产经营业务的内容不同，企业管理的要求也不尽相同。在会计凭证的传递过程中，要根据具体情况，确定每一种凭证的传递程序和方法。合理制订会计凭证所经过的环节，规定每

个环节负责传递的相关责任人员，规定会计凭证的联数以及每一联凭证的用途，做到即使各有关部门和人员了解经济活动情况、及时办理手续，又避免了凭证经过不必要的环节，从而提高工作效率。

2. 规定会计凭证经过每个环节所需要的时间，以保证凭证传递的及时性

会计凭证的传递时间，应考虑各部门和有关人员的工作内容和工作量在正常情况下完成的时间，明确规定各种凭证在各个环节上停留的最长时间，不能拖延和积压会计凭证，以免影响会计工作的正常程序。一切会计凭证的传递和处理，都应在报告期内完成，不允许跨期，否则将影响会计核算的准确性和及时性。

会计凭证在传递过程中的衔接手续，应做到既完备、严密，又简单易行。凭证的收发、交接都应当按一定的手续制度办理，以保证会计凭证的安全和完整。会计凭证的传递程序、传递时间和衔接手续明确后，制定凭证传递程序，规定凭证传递路线、环节及在各个环节上的时间、处理内容及交接手续，使凭证传递工作有条不紊、迅速而有效地进行。

二、会计凭证的保管

会计凭证的保管是指会计凭证记账后的整理、装订、归档和存查工作。

会计凭证是记录经济业务、明确经济责任、具有法律效力的证明文件，又是登记账簿的依据，所以，它是重要的经济档案和历史资料。任何企业在完成经济业务手续和记账之后，必须按规定立卷归档，形成会计档案资料，妥善保管，以便日后随时查阅。

会计凭证整理保管的要求有：

（1）各种记账凭证，连同所附原始凭证和原始凭证汇总表，要分类按顺序编号，定期（一天、五天、十天或一个月）装订成册，并加具封面、封底，注明单位名称、凭证种类、所属年月和起讫日期、起止号码、凭证张数等。为防止任意拆装，应在装订处贴上封签，并由经办人员在封签处加盖骑缝章。

（2）对一些性质相同、数量很多或各种随时需要查阅的原始凭证，可以单独装订保管，在封面上写明记账凭证的时间、编号、种类，同时在记账凭证上注明"附件另订"。

（3）各种经济合同和重要的涉外文件等凭证，应另编目录，单独登记保管，并在有关原始凭证和记账凭证上注明。

（4）其他单位因有特殊原因需要使用原始凭证时，经本单位领导批准，可以复制，但应在专门的登记簿上进行登记，并由提供人员和收取人员共同签章。

（5）会计凭证装订成册后，应由专人负责分类保管，年终应登记归档。会计凭证的保管期限和销毁手续应严格按照《会计档案管理办法》进行管理。

（6）会计凭证在归档后，应按年月日顺序排列，以便查阅。对已归档凭证的查阅、调用和复制，都应得到批准，并办理一定的手续。会计凭证在保管中应防止霉烂破损和鼠咬虫蛀，以确保其安全和完整。

项目小结

本项目是本书的重点学习内容，掌握原始凭证和记账凭证的分类、填制和审核，有利于经济业务账务处理的巩固，是今后工作的重点内容。

教、学、做一体化训练

一、单项选择题

1. 原始凭证有错误的，正确的处理方法是（ ）。
A. 向单位负责人报告
B. 退回，不予接受
C. 由出具单位重开或更正
D. 本单位代为更正

2. 可以不附原始凭证的记账凭证是（ ）。
A. 更正错误的记账凭证
B. 从银行提取现金的记账凭证
C. 以现金发放工资的记账凭证
D. 职工临时性借款的记账凭证

3. 将现金送存银行，应填制的记账凭证是（ ）。
A. 库存现金收款凭证
B. 库存现金付款凭证
C. 银行存款收款凭证
D. 银行存款付款凭证

4. 下列各项不属于自制原始凭证的是（ ）。
A. 收料单
B. 领料单
C. 购货发票
D. 借款单

5. 原始凭证根据（ ）分为一次凭证、累计凭证、汇总凭证。
A. 按照填制手续
B. 按照填制手续及内容
C. 按照填制手续及程序
D. 通用凭证

二、多项选择题

1. 在原始凭证上书写阿拉伯数字，正确的是（ ）。
A. 金额数字一律填写到角、分
B. 无角分的，角位和分位可写"00"或者符号"—"
C. 有角无分的，分位应当写"0"
D. 有角无分的，分位也可以用符号"—"代替

2. 原始凭证审核的内容包括（ ）。
A. 经济业务内容是否真实
B. 会计科目使用是否正确
C. 应借应贷方向是否正确
D. 经济业务是否有违法乱纪行为

3. 对原始凭证发生的错误，正确的更正方法是（ ）。
A. 由出具单位重开或更正
B. 由本单位的会计人员代为更正
C. 金额发生错误的，可由出具单位在原始凭证上更正
D. 金额发生错误的，应当由出具单位重开

4. 其他单位因特殊原因需要使用本单位的原始凭证，本单位正确的做法是（ ）。
A. 可以外借
B. 将外借的会计凭证拆封抽出
C. 不得外借，经本单位会计机构负责人或会计主管人员批准，可以复制
D. 将向外单位提供的凭证复印件在专设的登记簿上登记

5. 根据会计凭证编制程序和用途不同，会计凭证分为（ ）。

A．原始凭证　　　　　B．记账凭证　　　　　C．外来凭证　　　　　D．一次凭证

6．下列各项属于外来原始凭证的有（　　　）。

A．火车票　　　　　B．销货发票　　　　　C．购货发票　　　　　D．外单位开具的收据

7．原始凭证按照填制手续及内容不同分为（　　　）。

A．一次凭证　　　　　B．累计凭证　　　　　C．汇总凭证　　　　　D．通用凭证

8．原始凭证审核的内容包括（　　　）。

A．真实性　　　　　B．及时性　　　　　C．合法性　　　　　D．完整性

9．记账凭证按内容分为（　　　）。

A．收款凭证　　　　　B．付款凭证　　　　　C．转账凭证　　　　　D．一次凭证

三、判断题

1．原始凭证是会计核算的原始资料和重要依据，是登记明细账的原始依据。　　　　（　　　）

2．原始凭证发生的错误，正确的更正方法是由出具单位在原始凭证上更正。　　　　（　　　）

3．根据规定，记账凭证必须附有原始凭证，但是，结账和更正错误的记账凭证可以不附原始凭证。　　　　（　　　）

4．会计人员对于不真实、不合法的原始凭证有权不予以接受。　　　　（　　　）

5．会计凭证的传递是指从会计凭证的取得或填制时起至归档保管过程中，在会计部门内部传递。　　　　（　　　）

四、业务题

实训 1

要求：以制单员身份填写现金支票和借款单。

1．2019 年 6 月 12 日，从银行提取现金 5 000 元备用。现金支票见单据 7-14。

单据 7-14

2．2019 年 6 月 20 日，供应部采购员李明出差去武汉采购材料借款 3 000 元整，拟出差归来归还，法人代表肖月梅审批同意，出纳周红现金支付。借款单见单据 7-15。

单据 7-15

借　款　单

年　　月　　日

工作部门		职　务			姓　名	
借支金额						
借款原因				附证件		
归还日期						
核批						

（盖章：现金付讫）

实训 2

要求：根据本期发生的业务填制并审核会计凭证。

1. 根据经济业务完善原始凭证。

2. 以制单员身份根据所给的原始凭证或原始凭证汇总表（自制的原始凭证需自行填写）填制记账凭证，其中"原材料""其他应收款""应交税费""应收账款""库存商品"和"生产成本"科目要求写明细科目。

3. 每张记账凭证需相关责任人签名。

4. 企业基本情况。企业基本情况见表 7-1。

表 7-1　　　　　　　　　　企业基本情况表

企业名称（所属行业）	江南机械制造有限公司（制造企业）
主要业务和产品类型	生产、销售 301 真空泵和 401 真空泵
单位地址	湖南省长沙市东风路 125 号
联系电话	0731-85642038
开户行及账号	中国工商银行潇湘支行 4301119870461472243
纳税人识别号	430324751104211
适应税率	增值税率为 13%，城建税率 7%，教育费附加率 3%
存货核算方法	库存存货采用实际成本计价，发出存货成本采用先进先出法计价
主要会计岗位及人员	制单员：赵文；审核人：王平；出纳员：周万

5. 江南机械制造有限公司 2019 年 5 月 31 日总账账户余额。账户余额表见表 7-2。

表 7-2　　　　　　　　　　　　　　　总账账户余额表

科目名称	方向	余　额	科目名称	方向	余　额
库存现金	借	2 500.00	应付账款	贷	3 600.00
银行存款	借	4 507 870.00	应付票据	贷	11 700.00
应收票据	借	22 910.00	预收账款	贷	2 000.00
应收账款	借	34 446.00	应付职工薪酬	贷	82 900.00
其他应收款	借	5 800.00	其他应付款	贷	11 072.00
坏账准备	贷	100.00	应付利息	贷	15 065.00
在途物资	借	830 300.00	长期借款	贷	1 700 000.00
原材料	借	673 272.00	长期应付款	贷	90 000.00
库存商品	借	747 180.00	实收资本	贷	4 000 000.00
固定资产	借	4 210 000.00	资本公积	贷	1 184 815.00
累计折旧	贷	120 000.00	盈余公积	贷	140 000.00
固定资产减值准备	贷	4 000.00	利润分配	贷	3 825 926.00
无形资产	借	166 900.00			
累计摊销	贷	10 000.00			
合　计	借	11 067 078.00	合　计	贷	11 067 078.00

6. 江南机械制造有限公司 2019 年 5 月 31 日有关明细账户余额。

（1）江南机械制造有限公司原材料明细账户余额表，见表 7-3。

表 7-3　　　　　　　　　　　　　原材料明细账户余额表

2019 年 5 月 31 日　　　　　　　　　　　　　　　　单位：元

材料名称	单　位	数　量	单　价	金　额
垫圈	个	15 140	1.80	27 252.00
铸铁	吨	2 214	230.00	509 220.00
铝合金	吨	1 140	120.00	136 800.00
合计				673 272.00

（2）江南机械制造有限公司在途物资明细账户余额表，见表 7-4。

表 7-4　　　　　　　　　　　　　在途物资明细账户余额表

2019 年 5 月 31 日　　　　　　　　　　　　　　　　单位：元

材料名称	单　位	数　量	单　价	金　额
铸铁	吨	3 500	200.00	700 000.00
铝合金	吨	1 085	120.10	130 300.00
合计				830 300.00

（3）江南机械制造有限公司库存商品明细账户余额表，见表7-5。

表7-5 　　　　　　　　　　　　库存商品明细账户余额表

2019 年 5 月 31 日 　　　　　　　　　　　　　　　　　　　单位：元

材料名称	单 位	数 量	单 价	金 额
301 真空泵	台	300	2 100.00	630 000.00
401 真空泵	台	60	1 953.00	117 180.00
合计				747 180.00

（4）"其他应收款——王泽东"明细账的借方余额为 500 元，"其他应收款——李芳"明细账的借方余额为 5 300 元。

（5）"应收账款——完美汽车修理厂"的借方余额为 15 000 元；"应收账款——长沙电机厂"的借方余额为 19 446 元。

7．2019 年 6 月发生的经济业务如下：

1-1：借款凭证，见单据 7-16。

单据 7-16

（临时贷款）借款凭证（回单）③

单位编号：000462　　　　　　　　　2019年6月1日　　　　　　　　银行编号：000165

借款人	全 称	江南机械制造有限公司	贷款人	全 称	贷款								
	放款户账号	4301119870461472243		往来户账号	4304759847512457515								
	开户银行	中国工商银行潇湘支行		开户银行	中国工商银行								

借款期（最后还款日）	2019 年 9 月 1 日	年利率	6%

借款申请金额	人民币（大写）肆拾伍万元整	百	十	万	千	百	十	元	角	分
		¥	4	5	0	0	0	0	0	0

借款原因及用途	生产周转借款	银行核定金额	百	十	万	千	百	十	元	角	分
			¥	4	5	0	0	0	0	0	0

中国工商银行
潇湘支行
2019.06.01

期限	计划还款日期	√	计划还款金额	分次还款	期次	还款日期	还款金额	结欠
1	2019 年 6 月 15 日		200 000.00					
2	2019 年 9 月 15 日		250 000.00					

备注：	上述借款业已同意贷给并转入你单位往来户账借款到期时应按期归还，此致
	放款单位：中国工商银行潇湘支行

此联是借款人借款凭证

1-2：银行进账单，见单据 7-17。

单据 7-17

中国工商银行转账进账单（回单）1　No.5416503

开户银行：　　　　　　　　　　　2019年6月1日　　　　　　　　　第25号

进账单位名称	江南机械制造有限公司	进账单位账号	4301119870461472243									
款项来源	银行借款		金　额									
			百	十	万	千	百	十	元	角	分	
人民币（大写）肆拾伍万元整			¥	4	5	0	0	0	0	0	0	
付款银行名称	金　额		银行签章									
	百	十	万	千	百	十	元	角	分			
中国工商银行	¥	4	5	0	0	0	0	0			2019 年 6 月 1 日	

(印章：中国工商银行潇湘支行 2019.06.01 转讫)

此联是银行交收款人的收款通知

2-1：银行进账单，见单据 7-18。

单据 7-18

中国工商银行进账单（收账通知）

2019 年 6 月 3 日　　　　　　　　　　　　　　　　No4581908

收款人	全　称	江南机械制造有限公司	付款人	全　称	天水汽车修理厂									
	账　号	4301119870461472243		账　号	6589745895214656375									
	开户银行	中国工商银行潇湘支行		开户银行	农行雁城支行									
人民币（大写）	壹万伍仟元整				十	万	千	百	十	元	角	分		
					¥	1	5	0	0	0	0	0		
票据种类	银行汇票		收款人开户行签章											
票据张数	2													
单位主管：　会计：　复核：　记账：				2019 年 6 月 3 日										

(印章：中国工商银行潇湘支行 2019.06.03)

此联是银行交收款人的收账通知

2-2：坏账收回确认书，见单据 7-19。

单据 7-19

坏 账 收 回 确 认 书

2019 年 6 月 3 日

欠款单位	天水汽车修理厂	坏账确认时间	2019 年 6 月 3 日
欠款金额	15 000.00	坏账收回时间	2019 年 6 月 3 日
收回金额	15 000.00	坏账收回原因	对方企业重组

主管：王平　　　　　　　制单：赵文

3-1：收料单，见单据 7-20。

单据 7-20

江 南 机 械 制 造 有 限 公 司 收 料 单

仓库名称：

供货单位：丰瑞材料有限公司　　　　　　　　2019 年 6 月 6 日　　　　　　　　第 1 号

材料编码	材料名称	送验数量	实收数量	单位	实际单价	金 额								
						百	十	万	千	百	十	元	角	分
	铸铁	3 500	3 500	吨	200.00		7	0	0	0	0	0	0	0
附件：　　张			合　计			￥	7	0	0	0	0	0	0	0

仓库主管：　　　　记账：　　　　复核：张成　　　　制单：李美

第二联：交会计部门

4-1：支票存根，见单据 7-21

单据 7-21

中国工商银行
现金支票存根（湘）

DH 20182324

附加信息

出票日期 2019 年 6 月 8 日

收款人：	本单位
金　额：	5 000.00
用　途：	提现备用

单位主管　　　会计

5-1：支票存根，见单据 7-22。

单据 7-22

中国工商银行
转账支票存根（湘）

DH 20183876

附加信息 ＿＿＿＿＿＿＿＿＿

＿＿＿＿＿＿＿＿＿＿＿＿＿＿＿

＿＿＿＿＿＿＿＿＿＿＿＿＿＿＿

出票日期 2019 年 6 月 8 日

| 收款人：本单位工资结算户 |
| 金　额：66 900.00 |
| 用　途：发放工资 |

单位主管　　　　会计

6-1：现金付款单，见单据 7-23。

单据 7-23

江 南 机 械 制 造 有 限 公 司 现 金 付 款 单

2019 年 6 月 9 日　　　　　　　　　　第 01 号

付 款 内 容	补付差旅费	
金额　人民币 贰拾元整（大写）	￥ 20.00	现金付讫
备注：		

会计主管：　　　　复核：　　　　批准部门：　　　　领款人：王泽东

6-2：差旅费报销单，见单据7-24。

单据7-24

差旅费报销单

单位名称：　　　　　　填报日期 2019 年 6 月 9 日　　　　　　单位：元

姓名	王泽东	职务	采购员	出差事由	采购	出差时间	计划 5 天		
							实际 4 天		

日 期		起 止 地 点		飞机、车、船票		其　他　费　用			
月	日	起	止	类别	金额	项　目	标准	计算天数	核报金额
6	4	江南市	宝庆市	汽车	100.00	住宿费　包干报销	50.00	4	300.00
6	8	宝庆市	江南市	汽车	100.00	住宿费　限额报销			
						伙 食 补 助 费			
						车、船 补 助 费			
						其 他 杂 支			20.00
小　　计					200.00	小　　计			320.00
总计金额（大写）※仟伍佰贰拾零元零角零分						预支 500.00　核销 520.00　退补 20.00			

主管：　　　　部门：　　　　审核：　　　　出纳：　　　　填报人：王泽东

7-1：领料单，见单据7-25。

单据7-25

江 南 机 械 制 造 有 限 公 司 领 料 单

领料用途：生产 301 真空泵　　　　　2019 年 6 月 10 日　　　　　第 05 号

材料编码	材料名称	单位	请领数量	实领数量	实际单价	金　　　额							
						十	万	千	百	十	元	角	分
	铸铁	吨	600	600									
	铝合金	吨	500	500									
附件：　　　张			合　计										

仓库主管：　　　　记账：　　　　发料：张成　　　　领料：李江

第二联：交会计部门

7-2：领料单，见单据7-26。

单据7-26

江南机械制造有限公司领料单

领料用途：生产401真空泵　　　　　　2019年6月10日　　　　　　第06号

材料编码	材料名称	单位	请领数量	实领数量	实际单价	金　　额							
						十	万	千	百	十	元	角	分
	铸铁	吨	600	600									
	铝合金	吨	500	500									
附件：		张		合　计									

仓库主管：　　　　记账：　　　　发料：张成　　　　领料：李江

第二联：交会计部门

8-1：银行进账单，见单据7-27。

单据7-27

中国工商银行进账单（收账通知）

2019年6月14日　　　　　　No4581909

收款人	全　称	江南机械制造有限公司	付款人	全　称	中南汽车销售公司
	账　号	4301119870461472243		账　号	6589745895214656265
	开户银行	中国工商银行潇湘支行		开户银行	农行雁城支行

人民币（大写）	玖拾贰万捌仟元整	千	百	十	万	千	百	十	元	角	分
			¥	9	2	8	0	0	0	0	0

中国工商银行
潇湘支行
2019.06.14
收讫

票据种类	银行承兑汇票	收款人开户行盖章
票据张数	2	

2019年6月14日

单位主管：　　会计：　　复核：　　记账：

此联是银行交收款人的收账通知

8-2：增值税专用发票，见单据7-28。

单据7-28

湖南增值税专用发票

43000654785　　　此联不作报销、扣税凭证使用　　　№00098504

开票日期：2019年6月14日

购货单位	名　　称：中南汽车销售公司 纳税人识别号：432665848795475 地址、电话：0734-86954755 开户行及账号：6589745895214656265	密码区	2489—1<9—7—61596284 8<032/52>9/29533—4974 1626<8—3024>82906—2 —47—6<7>2*—/>*>6	加密版本01 43000654785 00098504

货物或应税劳务名称	规格型号	单位	数量	单价	金　额	税率	税　额
301真空泵		台	100	40 000.00	800 000.00	13%	104 000.00
合　计					¥800 000.00		¥104 000.00

价税合计（大写）	⊗玖拾万零肆仟元整	（小写）¥904 000.00

销货单位	名　　称：江南机械制造有限公司 纳税人识别号：430324751104211 地址、电话：0731-85642038 开户行及账号：工行潇湘支行4301119870461472243	备注

收款人：　　　　复核：　　　　开票人：吴名　　　　销货单位（章）

第一联　记账联　销货方记账凭证

8-3：发货单，见单据7-29。

单据7-29

发　货　单

购货单位：中南汽车销售公司　　　2019年6月14日　　　编号：20411408

产品编号	产品名称	规格	单位	数量 请发	数量 实发	单价	金额 十万	千	百	十	元	角	分
	301 真空泵		台	200	200	4 000.00	8	0	0	0	0	0	0
合计							8	0	0	0	0	0	0

审批：孙力珂　　　发货人：章经　　　提货人：　　　记账：

第二联　会计部门记账

9-1：银行存款利息计算表，见单据7-30。

单据 7-30

银 行 借 款 利 息 计 算 表

2019 年 6 月 30 日

贷款银行	贷款种类	贷款用途	本金	年利率	月利息
长沙银行	短期借款（利息按月计提，到期一次还本付息）	日常周转	450 000.00	6%	
长沙银行	长期借款（分年付息）	日常周转	1 700 000.00	9%	
合计					

会计主管：　　　　　复核：王平　　　　　记账：　　　　　制单：周万

10-1：工资及福利计提表，见单据7-31。

单据 7-31

职 工 工 资 分 配 及 福 利 费 计 提 表

2019 年 6 月 30 日

部　门	人员类别	工　资	职工福利（14%）	合　计
生产车间	生产 301 真空泵工人	37 600.00		
	生产 401 真空泵工人	22 000.00		
	管理人员	4 100.00		
企业管理部门	行政管理人员	8 000.00		
销售部门	销售人员	6 200.00		
合　计		77 900.00		

11-1：固定资产折旧计算表，见单据 7-32。

单据 7-32

固定资产折旧计算表

2019 年 6 月 30 日

使用部门或用途	月初固定资产原值	年综合折旧率	月折旧额
生产车间	2 000 000.00		
行政管理部门	1 590 000.00		
销售部门	620 000.00	6%	
合 计	4 210 000.00		

会计主管：　　　　　复核：王平　　　　记账：　　　　　制单：周万

12-1：制造费用分配表，见单据 7-33。

单据 7-33

制 造 费 用 分 配 表

2019 年 6 月 30 日

产品名称	分配标准	分配率	分配金额
301 真空泵	5 000 工时		
401 真空泵	5 000 工时		
合 计	10 000 工时		

会计主管：　　　　　复核：王平　　　　记账：　　　　　制单：周万

13-1：产品销售成本结转表，见单据 7-34。

单据 7-34

产 品 销 售 成 本 结 转 表

2019 年 6 月 30 日　　　　　　　　　　　第 1 号

产品编码	产品名称	单位	发出数量	实际单位成本	金　　额								第二联：交会计部门
					十	万	千	百	十	元	角	分	
附件：　　　　　张				合计									

复核：王平　　　　　制表：赵文

14-1：应交税费计算表，见单据 7-35。

单据 7-35

应 交 税 费 计 算 表

2019 年 6 月 30 日

项目	计税依据及金额		税率	应交税费
应交城市维护建设税	应交增值税额			
	应交消费税额			
应交教育费附加	应交营业税额			
合计	—	—	—	

会计主管：　　　　记账：　　　　复核：王平　　　　制表：周万

15．月末结转损益类账户的余额。

实训 3

1．根据经济业务完善原始凭证。

2．以制单员身份根据所给的原始凭证或原始凭证汇总表（自制的原始凭证需填写）填制记账凭证，其中"原材料"、"应交税费"、"应收账款"和"生产成本"科目要求写明细科目。

3．每张记账凭证相关责任人签名。

4．企业基本情况。企业基本情况表见表 7-6。

表 7-6　　　　企业基本情况表

企业名称（所属行业）	长江制造厂（制造企业）
主要业务和产品类型	生产、销售 A 型鼓风机和 B 型鼓风机
单位地址	湖南省长沙市东风路 125 号
联系电话	0731-85642038
开户行及账号	中国工商银行潇湘支行 4301119870461472243
纳税人识别号	430324751104211
适应税率	增值税率为 13%，城建税率 7%，教育费附加率 3%
存货核算方法	库存存货采用实际成本计价 发出存货成本采用先进先出法计价
主要会计岗位及人员	制单员：赵文；审核人：王平；出纳员：周红

5. 长江制造厂 2019 年 5 月 31 日总账账户余额。账户余额表见表 7-7。

表 7-7　　　　　　　　　　　　　总账账户余额表

科目名称	方向	余　额	科目名称	方向	余　额
库存现金	借	2 500.00	应付账款	贷	3 600.00
银行存款	借	4 507 870.00	应付票据	贷	11 700.00
应收票据	借	22 910.00	预收账款	贷	2 000.00
应收账款	借	34 446.00	应付职工薪酬	贷	82 900.00
其他应收款	借	5 800.00	其他应付款	贷	11 072.00
坏账准备	贷	100.00	应付利息	贷	15 065.00
在途物资	借	830 300.00	长期借款	贷	1 700 000.00
原材料	借	673 272.00	长期应付款	贷	90 000.00
库存商品	借	747 180.00	实收资本	贷	4 000 000.00
固定资产	借	4 210 000.00	资本公积	贷	1 184 815.00
累计折旧	贷	120 000.00	盈余公积	贷	140 000.00
固定资产减值准备	贷	4 000.00	利润分配	贷	3 825 926.00
无形资产	借	166 900.00			
累计摊销	贷	10 000.00			
合　计	借	11 067 078.00	合　计	贷	11 067 078.00

6. 长江制造厂 2019 年 5 月 31 日有关明细账户余额

(1) 长江制造厂原材料明细账户余额表，见表 7-8。

表 7-8　　　　　　　　　　　　原材料明细账户余额表

2019 年 5 月 31 日　　　　　　　　　　　　　　　　单位：元

材料名称	单　位	数　量	单　价	金　额
垫圈	个	15 140	1.80	27 252.00
铸铁	吨	2 214	230.00	509 220.00
铝合金	吨	1 140	120.00	136 800.00
合计				673 272.00

(2) 长江制造厂在途物资明细账户余额表，见表 7-9。

表 7-9　　　　　　　　　　　　在途物资明细账户余额表

2019 年 5 月 31 日　　　　　　　　　　　　　　　　单位：元

材料名称	单　位	数　量	单　价	金　额
铸铁	吨	3 500	200.00	700 000.00
铝合金	吨	1 085	120.10	130 300.00
合计				830 300.00

（3）长江制造厂库存商品明细账户余额表，见表7-10。

表7-10　　　　　　　　　　库存商品明细账户余额表

2019 年 5 月 31 日　　　　　　　　　　　　　　　　单位：元

材料名称	单 位	数 量	单 价	金 额
A 型鼓风机	台	300	2 100.00	630 000.00
B 型鼓风机	台	60	1 953.00	117 180.00
合 计				747 180.00

（4）"其他应收款——王泽东"的借方余额为 800 元，"其他应收款——李芳"的借方余额为5 000 元。

（5）"应收账款——完美汽车修理厂"的借方余额为 15 000 元；"应收账款——长沙电机厂"的借方余额为 19 446 元。

7. 2019 年 6 月发生的经济业务如下：

1-1：收料单，见单据7-36。

单据7-36

长江制造厂收料单

仓库名称：
供货单位：丰瑞材料有限公司　　　　2019 年 6 月 1 日　　　　　　第 1 号

材料编码	材料名称	送验数量	实收数量	单位	实际单价	金额 百	十	万	千	百	十	元	角	分	第二联：交会计部门
	铸铁	3 500	3 500	吨	200.00		7	0	0	0	0	0	0	0	
附件：　张		合　计				¥	7	0	0	0	0	0	0	0	

仓库主管：　　　记账：　　　复核：张成　　　制单：李美

2-1：借款凭证，见单据 7-37。

单据 7-37

（临时贷款）借款凭证（回单）③

单位编号：000462　　　　　　　　2019年6月3日　　　　　　　　银行编号：000165

<table>
<tr><td rowspan="3">借款人</td><td>全　称</td><td colspan="2">长江制造厂</td><td rowspan="3">贷款人</td><td>全　称</td><td colspan="8">贷款</td><td rowspan="9">此联是借款人借款凭证</td></tr>
<tr><td>放款户账号</td><td colspan="2">4301119870461472243</td><td>往来户账号</td><td colspan="8">4304759847512457515</td></tr>
<tr><td>开户银行</td><td colspan="2">中国工商银行潇湘支行</td><td>开户银行</td><td colspan="8">中国建设银行</td></tr>
<tr><td colspan="2">借款期（最后还款日）</td><td colspan="2">2019 年 9 月 2 日</td><td>年利率</td><td colspan="9">6%</td></tr>
<tr><td colspan="2" rowspan="2">借款申请金额</td><td colspan="3" rowspan="2">人民币（大写）肆拾万元整</td><td>百</td><td>十</td><td>万</td><td>千</td><td>百</td><td>十</td><td>元</td><td>角</td><td>分</td></tr>
<tr><td>¥</td><td>4</td><td>0</td><td>0</td><td>0</td><td>0</td><td>0</td><td>0</td><td>0</td></tr>
<tr><td colspan="2" rowspan="2">借款原因及用途</td><td colspan="2" rowspan="2">生产周转借款</td><td rowspan="2">银行核定金额</td><td>百</td><td>十</td><td>万</td><td>千</td><td>百</td><td>十</td><td>元</td><td>角</td><td>分</td></tr>
<tr><td>¥</td><td>4</td><td>0</td><td>0</td><td>0</td><td>0</td><td>0</td><td>0</td><td>0</td></tr>
<tr><td>期限</td><td>计划还款日期</td><td>√</td><td colspan="2">计划还款金额</td><td rowspan="3">分次还款</td><td>期次</td><td colspan="2">还款日期</td><td colspan="3">还款金额</td><td colspan="2">结欠</td></tr>
<tr><td>1</td><td>2019年6月2日</td><td></td><td colspan="2">200 000.00</td><td></td><td colspan="2"></td><td colspan="3"></td><td colspan="2"></td></tr>
<tr><td>2</td><td>2019年9月2日</td><td></td><td colspan="2">200 000.00</td><td></td><td colspan="2"></td><td colspan="3"></td><td colspan="2"></td></tr>
<tr><td>备注：</td><td colspan="14">上述借款业已同意贷给并转入你单位往来户账借款到期时应按期归还，此致
放款单位：中国建设银行丁字镇支行</td></tr>
</table>

2-2：银行进账单，见单据 7-38。

单据 7-38

中国工商银行转账进账单（回单）1　No.5416503

开户银行：　　　　　　　　　　2019年6月3日　　　　　　　　第25号

<table>
<tr><td>进账单位名称</td><td colspan="2">长江制造厂</td><td>进账单位账号</td><td colspan="9">4301119870461472243</td><td rowspan="4">此联是银行交收款人的收款通知</td></tr>
<tr><td rowspan="2">款项来源</td><td colspan="2" rowspan="2">银行借款</td><td colspan="10">金　额</td></tr>
<tr><td>百</td><td>十</td><td>万</td><td>千</td><td>百</td><td>十</td><td>元</td><td>角</td><td>分</td></tr>
<tr><td colspan="3">人民币（大写）肆拾万元整</td><td>¥</td><td>4</td><td>0</td><td>0</td><td>0</td><td>0</td><td>0</td><td>0</td><td>0</td></tr>
<tr><td rowspan="3">付款银行名称</td><td colspan="11">金　额</td><td rowspan="2">银行签章</td></tr>
<tr><td></td><td>百</td><td>十</td><td>万</td><td>千</td><td>百</td><td>十</td><td>元</td><td>角</td><td>分</td><td></td></tr>
<tr><td>中国工商银行</td><td>¥</td><td>4</td><td>0</td><td>0</td><td>0</td><td>0</td><td>0</td><td>0</td><td>0</td><td>0</td><td></td><td>2019 年 6 月 3 日</td></tr>
</table>

3-1：银行进账单，见单据 7-39。

单据 7-39

中 国 工 商 银 行 进 账 单 （ 收 账 通 知 ）

2019 年 6 月 5 日　　　　　　　　　　　　　　　　No4581908

收款人	全　称	长江制造厂	付款人	全　称	天水汽车修理厂	
	账　号	4301119870461472243		账　号	6589745895214656375	此联是银行交收款人的收账通知
	开户银行	中国工商银行潇湘支行		开户银行	农行雁城支行	

人民币（大写）	壹万元整		万 千 百 十 万 千 百 十 元 角 分
			￥ 1 0 0 0 0 0 0
票据种类	银行汇票	收款人开户行盖章	
票据张数	2		中国工商银行潇湘支行 2019.06.05 收讫　　2019 年 6 月 5 日

单位主管：　　会计：　　复核：　　记账：

3-2：坏账收回确认书，见单据 7-40

单据 7-40

坏 账 收 回 确 认 书

2019 年 6 月 5 日

欠款单位	天水汽车修理厂	坏账确认时间	2019 年 6 月 3 日
欠款金额	10 000.00	坏账收回时间	2019 年 6 月 5 日
收回金额	10 000.00	坏账收回原因	对方企业重组

主管：王平　　　　　　　制单：赵文

4-1：支票存根，见单据 7-41

单据 7-41

中国工商银行
现金支票存根（湘）

DH 20182324

附加信息

_____

_____

_____

出票日期 2019 年 6 月 8 日

收款人：本单位
金　额：60 000.00
用　途：备发工资

单位主管　　　会计

5-1：工资发放表，见单据 7-42。

单据 7-42

长江制造厂职工工资发放表

2019 年 6 月 8 日

部门	编号	基本工资	其他工资	应发工资	签名
生产车间	001	1 500.00	300.00	1 800.00	略
生产车间	002	1 000.00	100.00	1 100.00	略
…	…	…	…	…	略
企业管理部门	062	1 760.00	440.00	2 200.00	略
…	…	…	…	…	略
销售部门	066	1 400.00		1 400.00	略
…	…	…	…	…	略
合计		55 430.00	4 570.00	60 000.00	

复核：李广　　　制表：关丽

6-1：现金付款单，见单据 7-43。

单据 7-43

长江制造厂现金付款单

2019 年 6 月 9 日　　　　　　　　　　　　　　　　第 01 号

付款内容	补付差旅费
金额　陆拾元整 （大写）	￥ 60.00　　现金付讫
备注：	

会计主管：　　　复核：　　　批准部门：　　　领款人：王泽东

6-2：差旅费报销单，见单据 7-44。

单据 7-44

差 旅 费 报 销 单

单位名称：　　　　　　　　　　填报日期　2019 年 6 月 9 日　　　　　　　　　　单位：元

姓名	王泽东	职务	采购员	出差事由	采购	出差时间	计划 5 天		
							实际 4 天		
日期		起 止 地 点		飞机、车、船票		其　他　费　用			
月	日	起	止	类别	金额	项　目	标准	计算天数	核报金额
1	4	江南市	宝庆市	汽车	220.00	住宿费　包干报销	50.00	6	300.00
1	8	宝庆市	江南市	汽车	220.00	限额报销			
						伙 食 补 助 费			
						车、船 补 助 费			
						其 他 杂 支			120.00
		小　　计			440.00	小　　计			420.00
总计金额（大写）　※ 仟捌佰陆拾零元零角零分						预支 800.00　核销 860.00　退补 60.00			

主管：　　　　部门：　　　　审核：　　　　出纳：　　　　填报人：王泽东

7-1：领料单，见单据 7-45。

单据 7-45

长 江 制 造 厂 领 料 单

领料用途：生产 A 型鼓风机　　　　　　2019 年 6 月 10 日　　　　　　　　第 05 号

材料编码	材料名称	单位	请领数量	实领数量	实际单价	金　　额								第二联：交会计部门
						十万	千	百	十	元	角	分	
	铸铁	吨	600	600									
	铝合金	吨	500	500									
附件：　　　　　张　　　　　合　计													

仓库主管：　　　　记账：　　　　发料：张成　　　　领料：李江

7-2：领料单，见单据7-46。

单据7-46

长 江 制 造 厂 领 料 单

领料用途：生产B型鼓风机　　　　　　2019 年 6 月 10 日　　　　　　　　第 05 号

材料编码	材料名称	单位	请领数量	实领数量	实际单价	金　额								
						十万	万	千	百	十	元	角	分
	铸铁	吨	600	600									
	铝合金	吨	500	500									
附件：		张		合　计									

第二联：交会计部门

仓库主管：　　　　记账：　　　　发料：张成　　　　领料：李江

8-1：银行进账单，见单据7-47。

单据7-47

中 国 工 商 银 行 进 账 单 （ 收 账 通 知 ）

　　　　　　　　　　　　　　　2019 年 6 月 14 日　　　　　　　　No4581909

收款人	全　称	长江制造厂	付款人	全　称	中南汽车销售公司									
	账　号	4301119870461472243		账　号	6589745895214656265									
	开户银行	中国工商银行潇湘支行		开户银行	农行雁城支行									
人民币（大写）		肆拾陆万肆仟元整				万	千	百	十	万	千	百	十	元 角 分
								¥ 4	6	4	0	0	0 0 0
票据种类		银行汇票	收款人开户行盖章											
票据张数		2												
单位主管：　会计：　复核：　记账：					2019 年 6 月 14 日									

此联是银行交收款人的收账通知

中国工商银行
潇湘支行
2019.06.14
收讫

8-2：增值税专用发票，见单据 7-48。

单据 7-48

湖南增值税专用发票

43000654785   此联不作报销、扣税凭证使用   №00098504

开票日期：2019年6月14日

购货单位	名　　　称：中南汽车销售公司 纳税人识别号：432665848795475 地址、电话：0734-86954755 开户行及账号：6589745895214656265					密码区	2489—1＜9—7—61596284 8＜032/52＞9/29533—4974 1626＜8—3024＞82906—2 —47—6＜7＞2★—/＞★＞6	加密版本01 43000654785 00098504

货物或应税劳务名称	规格型号	单位	数量	单价	金　　额	税率	税　　额
A型鼓风机		台	100	4 000.00	400 000.00	13%	52 000.00
合　　计					¥400 000.00		¥52 000.00

价税合计（大写）	⊗肆拾伍万贰仟元整	（小写）¥452 000.00

销货单位	名　　　称：长江制造厂 纳税人识别号：430324751104211 地址、电话：0731-85642038 开户行及账号：工行潇湘支行4301119870461472243	备注	长江制造厂 43032475 1104211 发票专用章

收款人：　　　　复核：　　　　开票人：吴名　　　　销货单位（章）

第一联　记账联　销货方记账凭证

8-3：销售单，见单据 7-49。

单据 7-49

销　售　单

购货单位：中南汽车销售公司　　　　2019 年 6 月 14 日　　　　编号：20411408

产品编号	产品名称	规格	单位	数量		单价	金　　额								第二联 会计部门
				请发	实发		十	万	千	百	十	元	角	分	
	A 型鼓风机		台	100	100	4 000	4	0	0	0	0	0	0	0	
合计							4	0	0	0	0	0	0	0	

销售主管：章经　　　　销售人员：孙力珂　　　　开票：程载

9-1：银行进账单，见单据 7-50。

单据 7-50

中国工商银行进账单（收账通知）

2019 年 6 月 18 日　　　　　　　　　　　　　　　No4581908

收款人	全　称	长江制造厂	付款人	全　称	长沙电机厂											此联是银行交收款人的收账通知
	账　号	4301119870461472243		账　号	6589745895214656375										
	开户银行	中国工商银行潇湘支行		开户银行	农行雁城支行										
人民币（大写）		壹万玖仟肆佰肆拾陆元整			万	千	百	十	万	千	百	十	元	角	分
						¥	1	9	4	4	6	0	0	
票据种类		转账支票	收款人开户行盖章		中国工商银行 潇湘支行 2019.06.18 收讫									
票据张数		1			2019 年 6 月 18 日									
单位主管：　会计：　复核：　记账：														

10-1：工资分配及两险计提表，见单据 7-51。

单据 7-51

职工工资分配及两险计提表

2019 年 6 月 30 日

部　门	人员类别	工　资	养老保险（8%）	医疗保险（6%）	合　计
生产车间	生产 A、型鼓风机工人	37 600.00			
	生产 B、型鼓风机工人	22 000.00			
	管理人员	4 100.00			
企业管理部门	行政管理人员	8 000.00			
销售部门	销售人员	6 300.00			
合　计		78 000.00			

11-1：固定资产折旧计算表，见单据 7-52。

单据 7-52

固定资产折旧计算表

2019 年 6 月 30 日

使用部门或用途	月初固定资产原值	年综合折旧率	月折旧额
生产车间	2 000 000.00		
行政管理部门	1 590 000.00	6%	
销售部门	620 000.00		
合计	4 210 000.00		

会计主管：　　复核：王平　　　记账：　　　制单：周万

12-1：制造费用分配表，见单据 7-53。

单据 7-53

制 造 费 用 分 配 表

2019 年 6 月 30 日

产品名称	分配标准	分配率	分配金额
A 型鼓风机	500 工时		
B 型鼓风机	500 工时		
合　计	1 000 工时		

会计主管：　　　　复核：王平　　　　记账：　　　　制单：周万

13-1：产品销售成本结转表，见单据 7-54。

单据 7-54

产 品 销 售 成 本 结 转 表

2019 年 6 月 30 日　　　　　　　　　　　第 1 号

产品编码	产品名称	单位	发出数量	实际单位成本	金　额								第二联：交会计部门
					十	万	千	百	十	元	角	分	
	A 型鼓风机	台	100	2 100.00	2	1	0	0	0	0	0	0	
附件：　　　　张				合计	2	1	0	0	0	0	0	0	

复核：王平　　　　制表：赵文

14-1：应交税费计算表，见单据 7-55。

单据 7-55

应 交 税 费 计 算 表

2019 年 6 月 30 日

项目	计税依据及金额		税率	应交税费
应交城市维护建设税	应交增值税额			
	应交消费税额			
应交教育费附加	应交营业税额			
		（合计）		
合计	—	—	—	

会计主管：　　　记账：　　　复核：王平　　　制表：周万

15. 月末结转损益类账户的余额。

会计账簿的期初建账与登记

学习目标

1. 了解会计账簿的概念和分类。
2. 理解会计账簿的启用程序和作用。
3. 掌握会计账簿的期初建账方法、登记方法、对账方法、错账更正方法和结账方法。
4. 了解会计账簿的更换和保管方法。

会计知识引导

　　每月月末和月初是会计人员最为忙碌、最为重要的时间，一个月的工作结果都要在这几天进行归集、整理和纳税申报。可是，越是忙乱的时候，越容易出现意外情况。刚参加工作的出纳小王在这个月末遇到了一件难事，采购部门的同事出差丢失的行李终于找到了，可航空公司规定领取丢失的行李是需要飞机票作为依据的。同事来找小王，希望能把已经报账的飞机票借走，办完行李的领取流程再还回来。小王记得这张飞机票已经做账并且装订成册了，可是，装订在哪一本却不记得。看着桌上本月二十几本装订好的会计凭证，看着同事着急的目光，陷入了深深的沉思。

任务一　会计账簿的概述

一、会计账簿的概念

　　会计账簿是指由一定格式的账页组成，以经过审核无误的会计凭证为依据，全面、系统、连续地记录各项经济业务的账簿。各单位应当按照国家统一的会计制度的规定和会计业务的需要设置账簿。在形式上，会计账簿是由若干账页组合而成；在实质上，会计账簿是会计信息形成的重要环节，是会计资料的主要载体之一，也是会计资料的重要组成部分。

　　会计账簿是账户的表现形式，账户才是它的真实内容，二者的关系是形式和内容的关系，两者既有区别又有联系。账户是在账簿中以规定的会计科目开设户头，用以规定不同的账簿所记录的内容，账户存在于账簿之中，账簿中的每一账页就是账户的存在形式和信息载体。如果没有账户也就没有所谓的账簿；如果没有账簿，账户也成了一种抽象的东西，无法存在。但是账簿只是一种外在形式，账户才是它的真实内容。账簿序时分类地记载经济业务，是在个别账户中完成的，也可以说，账簿是由若干张账页组成的一个整体，而开设于账页上的账户则是这个整体上的个别部分。因此，账簿和账户的关系，是形式和内容的关系。具体说明如下：①账户存在于账簿之中，账簿中的每一个账页就是账户的存在形式和载体，没有账簿，账户就无法存在；②账簿序时、分类地记载经济业务是在个别账户中完成的。

二、会计账簿的意义

各单位每发生一项经济业务，都必须取得或填制原始凭证，并根据审核无误的原始凭证及有关资料填制记账凭证。通过记账凭证的填制和审核，可以反映和监督单位每一项经济业务的发生和完成情况。但是由于会计凭证数量多，格式不一，所提供的资料比较分散，缺乏系统性，每张凭证一般只能反映个别经济业务的内容。为了连续、系统、全面地反映单位在一定时期内的某一类和全部经济业务及其引起的资产与权益的增减变化情况，给经济管理提供完整而系统的会计核算资料，并为编制会计报表提供依据，就需要设置会计账簿，把分散在会计凭证中的大量核算资料加以集中和归类整理，分门别类地记录在账簿中。因此，每一单位都应按照国家统一的会计制度和会计业务的需要设置和登记会计账簿。通过账簿记录，既能对经济活动进行序时核算，又能进行分类核算；既可提供各项总括的核算资料，又可提供明细核算资料。

设置和登记账簿是编制会计报表的基础，是连接会计凭证与会计报表的中间环节，在会计核算中具有重要意义。合理的设置和登记账簿，能系统地记录和提供企业经济活动的各种数据。它对加强企业经济核算，改善提高经营有着重要意义，主要表现在以下三个方面：

①通过设置和登记账簿，可以系统地归纳和积累会计核算的资料，为改善企业经营管理，合理使用资金提供资料。通过账簿的序时核算和分类核算，把企业承包经营情况，收入的构成和支出的情况，财物的购置、使用、保管情况全面、系统地反映出来，用于监督计划、预算的执行情况和资金的合理有效使用，促使企业改善经营管理。

②通过设置和登记账簿，可以为计算财务成果编制会计报表提供依据。根据账簿记录的费用、成本和收入、成果资料，可以计算一定时期的财务成果，检查费用、成本、利润计划的完成情况。经核对无误的账簿资料，及其加工的数据为编制会计报表提供总括和具体的资料，是编制会计报表的主要依据。

③通过设置和登记账簿，利用账簿的核算资料，为开展财务分析和会计检查提供依据。通过对账簿资料的检查、分析，可以了解企业贯彻有关方针、政策、制度的情况，考核各项计划的完成情况。另外，对资金使用是否合理，费用开支是否符合标准，经济效益有无提高，利润的形成与分配是否符合规定等作出分析、评价，从而找出差距，挖掘潜力，提出改进措施。

三、会计账簿的分类

在会计账簿体系中，有各种不同功能和作用的账簿，它们各自独立、又相互补充。为了便于了解和使用，必须从不同的角度对会计账簿进行分类。

（一）会计账簿按用途分类

会计账簿按其用途不同，可分为序时账簿、分类账簿和备查账簿。

1．序时账簿

序时账簿，又称日记账，是按经济业务发生和（或）完成时间的先后顺序进行登记的账簿。按其记录的内容不同，序时日记账又分为普通日记账和特种日记账。

普通日记账是指用来逐笔记录全部经济业务的序时账簿。即把每天发生的各项经济业务逐日逐笔地登记在日记账中，并确定会计分录，然后据以登记分类账。

特种日记账是用来逐笔记录某一经济业务的序时账簿。目前在我国，大多数单位一般只设现金日记账和银行存款日记账。

2．分类账簿

分类账簿是对全部经济业务按照会计要素的具体类别而设置的分类账户进行分类登记的账簿。按照总分类账户分类登记经济业务事项的是总分类账簿，简称总账。按照明细分类账户分类登记经济业务事项的是明细分类账簿，简称明细账。分类账簿提供的核算信息是编制会计报表的主要依据。

3．备查账簿

备查账簿简称备查账，是指对某些能在序时账簿和分类账簿等主要账簿中不进行登记或者登记不够详细的经济业务事项进行补充登记时使用的账簿，又称为辅助账簿。这些账簿可以对某些经济业务的内容提供必需的参考资料，但是它记录的信息与会计报表的编制没有直接关系，无须编入会计报表中，所以也称表外记录。备查账簿不是根据会计凭证登记，也没有固定格式，只是用文字进行补充登记，可由各单位根据管理的需要自行设置与设计，如租入固定资产登记簿、应收票据备查簿、受托加工来料登记簿。

（二）会计账簿按外形特征分类

会计账簿按其外形特征不同，可以分为订本式账簿、活页式账簿和卡片式账簿。

1．订本式账簿

订本式账簿也称订本账，是指在账簿启用前就把具有账户基本结构并连续编号的若干张账页固定地装订成册的账簿。这种账簿的优点是可以避免账页散失，防止账页被随意抽换，比较安全；其缺点是由于账页固定，不能根据内容需要增加或减少，不便于调整各账户的账页，也不便于分工记账。这种账簿一般使用于总分类账、现金日记账和银行存款日记账。

2．活页式账簿

活页式账簿也称活页账，是指年度内账页不固定装订成册，而是将其放置在活页账夹中的账簿。当账簿登记完毕之后（通常是一个会计年度结束之后），才能将账页予以装订，加具封面，并给各账页连续编号。这种账簿的优点是可以根据实际需要随时将空白账页装入账簿或抽去不需用的账页，随时取放，便于账页的增加和重新排列，便于分工记账和记账工作电算化；缺点是如果管理不善，可能会造成账页散失和被随意抽换。活页账在年度终了时，应及时装订成册，妥善保管。各种明细分类账一般采用活页账形式。

3．卡片式账簿

卡片式账簿又称卡片账，是指由若干零散的、具有专门格式的卡片组成的账簿。卡片账的卡片一般装在卡片箱内，不用装订成册，随时可存放，也可跨年度长期使用。这种账簿的优点是便于随时查阅，也便于按不同要求归类整理，不易损坏；其缺点是账页容易散失和随意抽换。因此，在使用时应对账页连续编号，并加盖有关人员图章，卡片箱应由专人保管，更换新账后也应封扎保管，以保证其安全。在我国，单位一般只对固定资产和低值易耗品等资产明细账采用卡片账形式。

（三）会计账簿按账页的格式分类

会计账簿按其账页的格式不同，可以分为三栏式账簿、多栏式账簿、数量金额式账簿和横线登记式账簿。

1.三栏式账簿

三栏式账簿是指其账页的格式主要部分为借方、贷方和余额三个基本栏目账簿。三栏式账簿又可分为设对方科目和不设对方科目两种。区别是在摘要栏和借方科目栏之间是否有一栏"对方科目"栏。有"对方科目"栏的，称为设对方科目的三栏式账簿；不设"对方科目"栏的，称为不设对方科目的三栏式账簿。它主要适用于各种日记账、总分类账以及资本、债权债务明细账等。具体格式见表 8-1。

表 8-1

三 栏 式 账

账户名称：

年		凭证		摘要	借方	贷方	借或贷	余额
月	日	种类	号数					

2.多栏式账簿

多栏式账簿是指根据经济业务的内容和管理的需要，在账页的"借方"和"贷方"栏内再分别按照明细科目或某明细科目的各明细项目设置若干专栏的账簿。这种账簿可以按"借方"和"贷方"分别设专栏，也可以只设"借方"专栏。"贷方"的内容在相应的借方专栏内用红字登记，表示冲减。收入、费用明细账一般均采用这种格式的账簿。具体格式见表 8-2。

表 8-2

多 栏 式 账

账户名称：

年		凭证		摘要	借方（项目）			合计	余额
月	日	种类	号数						

3．数量金额式账簿

数量金额式账簿是指在账页中分设"借方"、"贷方"和"余额"三个基本栏，并在每一基本栏内分设数量、单价和金额等三小栏的账簿。数量金额式账簿能够反映出财产物资的实物数量和价值量。原材料和库存商品、产成品等明细账一般采用数量金额式账簿。具体格式见表8-3。

表8-3

数 量 金 额 式 明 细 账

材料类别：
材料名称：　　　　　　　　　　　　　　　　　　　　　　　　　　　　数量单位：

年		凭证		摘要	收入			发出			结存		
月	日	种类	号数		数量	单价	金额	数量	单价	金额	数量	单价	金额

4．横线登记式账簿

横线登记式账簿是指账页分为借方和贷方两个基本栏目。每一个栏目再根据需要分设若干栏次，在账页两方的同一行记录某一经济业务自始至终所有事项的账簿。它主要适用于需要逐笔结算的经济业务的明细账，如物资采购、应收账款等明细账。

任务二　会计账簿的启用与登记

一、会计账簿的基本内容

各种账簿所记录的经济内容不同，账簿的格式又多种多样，不同账簿的格式所包括的具体内容也不尽一致，但各种主要账簿应具备封面、扉页和账页三个基本内容。

（1）封面：主要用于表明账簿的名称。如现金日记账、银行日记账、总分类账、应收账款明细账等。

（2）扉页：主要用于载明账簿启用的日期和截止日期、页数、册次、经管人员一览表，会计主管人员姓名和签章，账户目录等。其应填列的内容主要有：经管人员、移交人和移交日期、接管人和接管日期。

（3）账页：是用来记录具体经济业务的载体，其格式因记录经济业务的内容的不同而有所不同，但每张账页上应载明的主要内容有：账户的名称（即会计科目）；记账日期栏；记账凭证种类和号数栏；摘要栏（经济业务内容的简要说明）；借方、贷方金额及余额的方向、金额栏；总页次和分页次等。

二、会计账簿的启用

为了保证会计账簿记录的合法性和会计资料的真实性、完善性，明确经济业务，会计账簿应由专人负责登记。启用会计账簿应遵守以下规则：

1．认真填写封面及账簿启用和经管人员一览表

启用会计凭证时应在账簿封面上写明单位名称和账簿名称，并在账簿扉页附账簿启用和经办人员一览表（简称启用表）。账簿启用登记表内容主要包括：账簿名称、启用日期、账簿页数、记账人员和会计机构负责人、会计主管人员姓名，并加盖名章和单位公章。具体格式见表8-4。

表8-4

账 簿 启 用 登 记 表

单位名称：　　　　　　　　　　　　　　　　　　　　账簿名称：
账簿编号：　　　　　　　　　　　　　　　　　　　　账簿册数：
启用日期：　　　　　　　　　　　　　　　　　　　　账簿页数：
会计主管（签章）：　　　　　　　　　　　　　　　　记账员（签章）：

移交日期			移交人		接管日期			接管人		会计主管	
年	月	日	姓名	盖章	年	月	日	姓名	盖章	姓名	盖章

使用订本式账簿，应当从第一页到最后一页顺序编定页数，不得跳页、缺页。使用活页式账簿，应当按账户顺序编号，并要定期装订成册。装订后再按实际使用的账页顺序编定页码，另加目录，记明每个账户的名称和页次。卡片式账簿在使用前应当登记卡片登记簿。

2．严格交接手续

记账人员或者会计机构负责人、会计主管人员调动工作时，必须办理账簿交接手续，在账簿启用和经管人员一览表中注明交接日期、交接人员和监交人员姓名，并由双方交接人员签名或者盖章，以明确有关人员的责任，增强有关人员的责任感，维护会计记录的严肃性。

3．及时结转旧账

每年年初更换新账时，应将旧账的各账户余额过入新账的余额栏，并在摘要栏中注明"上年结转"字样。

三、会计账簿的设置原则

会计账簿的设置和登记，包括确定账簿的种类、设计账页的格式、内容和规定账簿登记的方法等。各单位应根据经济业务的特点和管理要求，科学、合理地设置账簿。具体表现为：

（1）账簿的设置必须保证能够全面、系统地核算和监督各项经济活动，为经济管理提供必要的考核指标。

（2）账簿的设置要从各单位经济活动和业务工作特点出发进行设置，以有利于会计分工和加强岗位责任制。

（3）账簿结构要求科学严密，有关账簿之间要有统驭关系或平行制约关系，并应避免重复记账或遗漏。

（4）账簿的格式，要力求简明实用，既要保证会计记录的系统和完整，又要避免过于烦琐，便于日常使用和保存。

账簿的设置要组织严密、层次分明。账簿之间要互相衔接、互相补充、互相制约，能清晰地反映账户间的对应关系，以便能提供完整、系统的资料。

四、会计账簿的记账规则

（1）应当根据审核无误的会计凭证登记会计账簿。账簿记录中的日期，应该填写记账凭证上的日期；应当将会计凭证日期、编号、业务内容摘要、金额和其他有关资料逐项记入账内，做到数字准确、摘要清楚、登记及时、字迹工整。

（2）登记完毕后，要在记账凭证上签名或者盖章，并注明已经登账的符号，避免重记、漏记。

（3）下列情况，可以用红色墨水记账（易考多项选择题）：

①按照红字冲账的记账凭证，冲销错误记录。

②在不设借贷等栏的多栏式账页中，登记减少数。

③在三栏式账户的余额栏前，如未印明余额方向的，在余额栏内登记负数余额。

④根据国家统一的会计制度的规定可以使用红字登记的其他会计记录。

（4）在登记各种账簿时，应按页次顺序连续登记，不得隔页、跳行。如果发生隔页、跳行，应在空页、空行处用红色墨水划对角线注销，或者注明"此页空白"或"此行空白"字样，并由记账人员签名或者盖章。对订本式账簿，不得任意撕毁账页，对活页式账簿也不得任意抽换账页。

（5）凡需要结出余额的账户，结出余额后，应当在"借或贷"栏内注明"借"或者"贷"字样。没有余额的账户，应当在"借或贷"栏内写"平"字，并在余额栏内用"0"表示。注意：库存现金日记账和银行存款日记账必须逐日结出余额。

（6）账页记满时，应办理转页手续。每一账页登记完毕结转下页时，应当结出本页合计数及余额，写在本页最后一行和下页第一行有关栏内，并在摘要栏内注明"过次页"和"承前页"字样；也可以将本页合计数及金额只写在下页第一行有关栏内，并在摘要栏内注明"承前页"字样。对需要结记本月发生额的账户，结计"过次页"的本页合计数应当为自本月初起至本页末止的发生额合计数；对需结计本年累计发生额的账户，结计"过次页"的本页合计数应当为自年初起至本页末止的累计数；对既不需要结计本月发生额，也不需要结计本年累计发生额的账户，可以将每页末的余额结转资页（以银行存款日记账为例）。

（7）实行会计电算化的单位，总账和明细账应当定期打印。发生收款和付款业务的，在输入收款凭证和会计凭证的当天必须打印出库存现金日记账和银行存款日记账，并与库存现金核对无误。

四、账簿数字书写规范

（1）登记账簿必须使用蓝黑墨水或者碳素墨水并用钢笔书写，不得使用圆珠笔或者铅笔书写，银行的复写账簿可以用圆珠笔书写。

（2）账簿中书写的文字和数字上面要留有适当的空格，不要写满格，一般应占格距的1/2。

（3）账簿的阿拉伯数字要紧贴底线书写，并有60°左右的倾斜度。书写"6"时上端要比其他数字高出1/4，书写"7"和"9"时下端要比其他数字伸出1/4。具体格式如图8-1所示。

（4）账簿中的小写金额前不用加上币别符号。

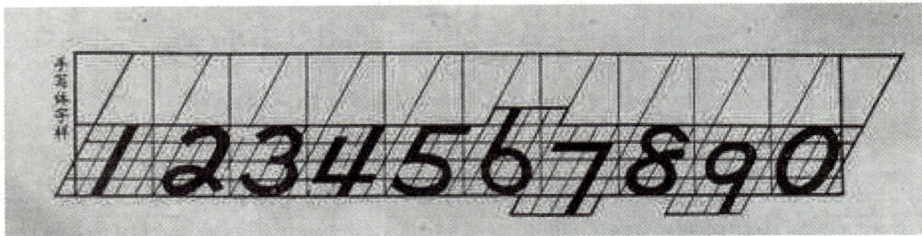

图8-1 阿拉伯数字书写样本

任务三 总账的期初建账与登记

总分类账，简称总账，是根据总分类科目开设账户，用来登记全部经济业务，进行总分类核算，提供总括核算资料的分类账簿。明细分类账，简称明细账，是根据明细分类科目开设账户，用来登记某一类经济业务，进行明细分类核算，提供明细核算资料的分类账簿。

一、总分类账的概述

总分类账也称总账，是按总分类账户进行分类登记，全面、总括地反映和记录经济活动情况，并为编制会计报表提供资料的账簿。由于总分类账能全面地、总括地反映和记录经济业务引起的资金运动和财务收支情况，并为编制会计报表提供数据。因此，任何单位都必须设置总分类账。

总分类账一般采用订本式账簿，按照会计科目的编码顺序分别开设账户，并为每个账户预留若干账页。由于总分类账只进行货币度量的核算，因此最常用的格式是三栏式，在账页中设置借方、贷方和余额三个基本金额栏。总分类账中的对应科目栏，可以设置也可以不设置。"借或贷"栏是指账户的余额在借方还是在贷方。

总分类账的登记，可以根据记账凭证逐笔登记，也可以通过一定的方式分次或按月一次汇总成汇总记账凭证或科目汇总表，然后据以登记，还可以根据多栏式现金、银行存款日记账在月末时汇总登记。总分类账登记的依据和方法，取决于企业采用的账务处理程序。总分类账的具体格式见表8-5。

表 8-5

总 分 类 账

科目名称： 第 页

年		凭证号码	对方科目	摘要	借方	贷方	借或贷	余额
月	日							

二、期初建账

1. 启用账簿

启用账簿时，首先应填写扉页，扉页上有"账簿启用及交接表"。主要填写两方面的内容：一是要详细填写单位名称、账簿名称、账簿号码、账簿页数和启用日期等；二是要填写单位主管、财务主管和记账人员等并加盖姓名章和单位公章。

记账人员调动工作时，应由会计机构负责人监交，由交接双方填写交接日期并签名盖章，以明确双方的经济责任。

启用总分类账时，还应缴纳并粘贴印花税票。

【例 8-1】湖南省双林木业制造有限公司出纳员王云于 2018 年 2 月 10 日离职，将库存现金日记账移交给新的出纳员李雪，由会计主管赵丽监交。2018 年 9 月 1 日，孙娟接替李雪任出纳员，李雪接任王刚任应收、应付会计岗位，由会计主管赵丽监交。

要求：根据上述会计交接情况正确填列账簿启用登记表，具体格式见表 8-6。

表 8-6

账 簿 启 用 登 记 表

单位名称：湖南省双林木业制造有限公司 账簿名称：库存现金日记账
账簿编号： 账簿册数：1 册
启用日期：2018 年 6 月 1 日 账簿页数：100 页
会计主管（签章）：赵丽 记账员（签章）：王云

移交日期			移交人		接管日期			接管人		会计主管	
年	月	日	姓名	盖章	年	月	日	姓名	盖章	姓名	盖章
2018	2	10	王云	王云	2018	2	10	李雪	李雪	赵丽	赵丽
2018	9	1	李雪	李雪	2018	9	1	孙娟	孙娟	赵丽	赵丽

2．开设总分类账账户

本单位会计核算涉及的总账账户，不论起初是否有余额，都需要在总账中设置出相应的账户，并根据实际需要预留账页。即在总账账簿中相应账页的"会计科目及编号"处填上会计科目的名称及编号，如"1001　库存现金"等，见表8-7。

表8-7

总 分 类 账

会计科目及编号：　1001　　库存现金　　　　　　　　　　　　　　　第1页

年		凭证		摘要	借方金额	贷方金额	借或贷	余额
月	日	字	号					

3．登记期初余额

对于上年年末有余额的总账账户，应将上年年末余额作为本年度期初余额登记在第一行。具体方法是：日期栏填入期初日期，"摘要"栏填入"上年结转"（非年初建账的填入"期初余额"），"借或贷"方向栏填入"借"或"贷"，"余额栏"填入余额。对于没有余额的账户，无须登记。具体见表8-8。

表8-8

总 分 类 账

会计科目及编号：　1001　　库存现金　　　　　　　　　　　　　　　第1页

2019年		凭证		摘要	借方金额	贷方金额	借或贷	余额
月	日	字	号					
1	1			上年结转			借	500.00

4．填写账户目录

所有总分类账户设置完毕后，应在账簿启用页后的"账户目录"中填入各账户的编号、名称和页数，以便查找。具体见表8-9。

表 8-9　　　　　　　　　　　　　　　　　账户目录

序号	页码	科目名称	序号	页码	科目名称	序号	页码	科目名称
1	1~2	库存现金	13	25~26	无形资产	25	49~50	盈余公积
2	3~4	银行存款	14	27~28	累计摊销	26	51~52	利润分配
3	5~6	应收账款	15	29~30	待处理财产损益	27	53~54	生产成本
4	7~8	其他应收款	16	31~32	短期借款	28	55~56	制造费用
5	9~10	预付账款	17	33~34	长期借款	29	57~58	主营业务收入
6	11~12	原材料	18	35~36	应付账款	30	59~60	其他业务收入
7	13~14	低值易耗品	19	37~38	预收账款	31	61~62	营业外收入
8	15~16	库存商品	20	39~40	应付职工薪酬	32	63~64	主营业务成本
9	17~18	固定资产	21	41~42	应交税费	33	65~66	其他业务成本
10	19~20	累计折旧	22	43~44	其他应付款	34	67~68	营业外支出
11	21~22	工程物资	23	45~46	实收资本	35	69~70	财务费用
12	23~24	在建工程	24	47~48	本年利润	36	71~72	管理费用

三、总分类账的登记方法

总分类账的登记方法因账务处理程序的不同而不同。

（一）账务处理程序的概念

账务处理程序也称为会计核算组织程序或会计核算形式，是指会计凭证、会计账簿、会计报表相结合的方式，包括会计凭证和账簿的种类、格式，会计凭证与账簿之间的联系方法，由原始凭证到编制记账凭证、登记明细分类账和总分类账、编制会计报表的工作程序和方法等。具体地说，就是通过凭证、账簿、报表组织体系，按一定的步骤或程序将三者有机结合起来，最终产生并提供有用的会计信息。账务处理程序主要包括两部分内容：

（1）建立凭证、账簿和报表组织体系。其中凭证组织是指会计凭证的种类、格式及各种凭证之间的关系；账簿组织是指账簿的种类、格式及各种账簿之间的关系；报表组织是指报表的种类、格式及各种报表之间的关系。上述三个组织构成了一个完整的体系，其核心是账簿组织。

（2）记账步骤（程序）填制和审核会计凭证、登记会计账簿和编制会计报表是会计核算的基本环节。为保证账簿记录的正确性和完整性，通常还需要在编制会计报表之前增加一些环节，如账项调整和进行试算平衡等。

（二）账务处理程序的意义

科学、合理地选择适用于本单位的账务处理程序具有以下重要意义：

（1）有利于会计工作程序的规范化，确定合理的凭证、账簿与报表之间的联系方式，保证会计信息加工过程的严密性，提高会计信息的质量。

（2）有利于保证会计记录的完整性、正确性，通过凭证、账簿及报表之间的牵制作用，增强会计信息的可靠性。

（3）有利于减少不必要的会计核算环节，通过井然有序的账务处理程序，提高会计工作效率，保证会计信息的及时性。

（三）账务处理程序的种类

（1）记账凭证账务处理程序。

（2）汇总记账凭证账务处理程序。

（3）科目汇总表账务处理程序。三种账务处理程序的主要区别，即各自的特点主要表现在登记总账的依据和方法不同。其中，记账凭证账务处理程序是最基本的一种，其他账务处理程序都是由此发展、演变而来的。

（四）记账凭证账务处理程序的概念及特点

记账凭证账务处理程序是指对发生的经济业务事项，都要根据原始凭证或汇总原始凭证编制记账凭证，然后直接根据记账凭证逐笔登记总分类账的一种账务处理程序。它是基本的账务处理程序，其他各种账务处理程序是在这种账务处理程序的基础上发展而形成的。它的特点是直接根据各种记账凭证逐笔登记总分类账。具体如图 8-2 所示。

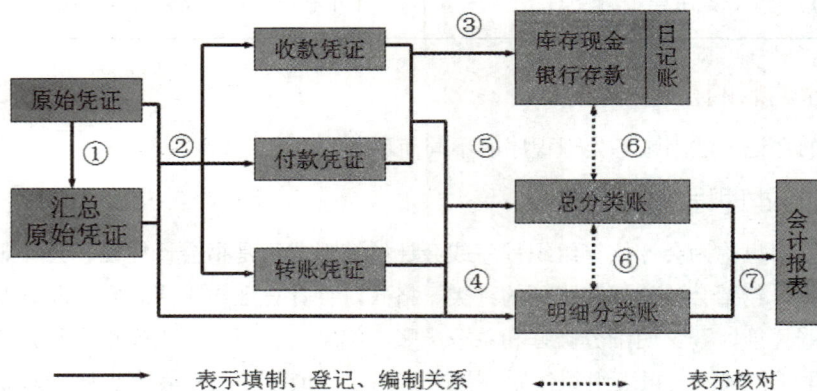

图 8-2　记账凭证账务处理程序

1. 凭证和账簿的设置

在记账凭证账务处理程序下，记账凭证可以采用通用的格式，即通用记账凭证；也可以采用收款凭证、付款凭证和转账凭证三种格式，即专用记账凭证。

一般应设置库存现金日记账、银行存款日记账、总分类账和明细分类账。库存现金日记账、银行存款日记账可采用三栏式账页；总分类账应按总账科目设置，可采用三栏式账页；明细分类账可根据管理的需要设置，采用三栏式账页、数量金额式账页或多栏式账页。

2．记账凭证账务处理程序的一般程序

（1）根据审核无误的原始凭证编制汇总原始凭证。

（2）根据审核无误的原始凭证或汇总原始凭证，编制记账凭证。

（3）根据收款凭证、付款凭证逐笔登记库存现金日记账和银行存款日记账。

（4）根据审核无误的原始凭证、汇总原始凭证和记账凭证，登记各种明细分类账。

注意：在日常会计核算中，明细分类账主要是根据记账凭证登记，只有个别明细分类账（例如原材料明细账）根据原始凭证或原始凭证汇总表登记。

（5）根据记账凭证逐笔登记总分类账。

（6）期末，库存现金日记账、银行存款日记账和明细分类账的余额要同有关总分类账的余额核对，保证相符。

（7）期末，根据总分类账和明细分类账的记录，编制会计报表。

3．记账凭证账务处理程序的优缺点及适用范围

优点：简单明了，易于了解，总分类账可以详细地反映经济业务的发生情况。

缺点：登记总分类账的工作量较大。

适用范围：只适用于一些规模小、业务量少的单位。

（五）汇总记账凭证账务处理程序的概念及特点

汇总记账凭证账务处理程序是根据审核无误的原始凭证编制记账凭证；定期根据记账凭证分类编制汇总收款凭证、汇总付款凭证和汇总转账凭证；再根据汇总记账凭证登记总分类账的一种账务处理程序。与记账凭证账务处理程序的主要区别是登记总分类账的依据和方法不同。具体如图8-3所示。

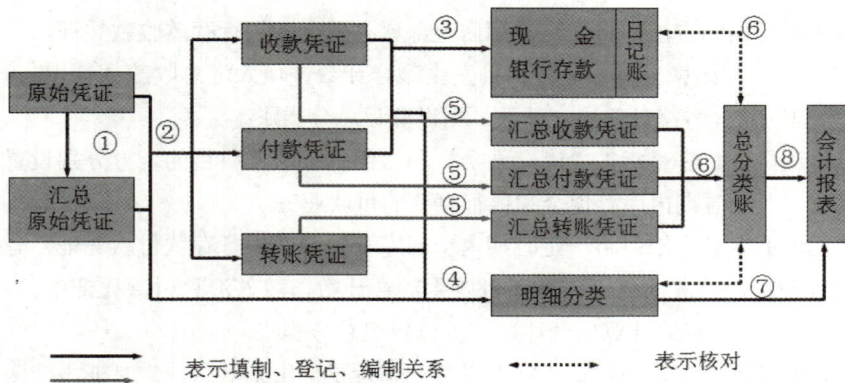

图 8-3 汇总记账凭证账务处理程序

汇总记账凭证账务处理程序的特点是定期（5天、10天或15天）将全部记账凭证按收、付款凭证和转账凭证分别归类编制汇总记账凭证，然后再根据汇总记账凭证登记总分类账。

1．凭证和账簿的设置

记账凭证可采用通用的统一格式，也可分别按收款、付款及转账业务设置收款凭证、付款凭证和转账凭证三种专用记账凭证，同时还须设置汇总记账凭证。如果记账凭证是通用的统一格式，设置的汇总记账凭证也应采用通用的统一格式。如果记账凭证是收、付、转三种专用格式，则应分别设置汇总收款凭证、汇总付款凭证和汇总转账凭证。对于转账业务不多的企业，也可以只设置汇总收款凭证和汇总付款凭证，分别汇总收款凭证和付款凭证，而转账凭证则不需汇总。

一般应设置库存现金日记账、银行存款日记账、总分类账和明细分类账。库存现金日记账、银行存款日记账可采用三栏式账页；总分类账应按总账科目设置，可采用三栏式账页；明细分类账可根据管理的需要设置，采用三栏式账页、数量金额式账页或多栏式账页。

2．汇总记账凭证账务处理程序的一般程序

（1）根据审核无误的原始凭证编制汇总原始凭证。

（2）根据审核无误的原始凭证或汇总原始凭证，编制记账凭证。

（3）根据收款凭证、付款凭证逐笔登记库存现金日记账和银行存款日记账。

（4）根据原始凭证、汇总原始凭证和记账凭证，登记各种明细分类账。

（5）根据各种记账凭证编制有关汇总记账凭证。

（6）根据各种汇总记账凭证登记总分类账。

（7）期末，库存现金日记账、银行存款日记账和明细分类账的余额要同有关总分类账的余额核对，保证相符。

（8）期末，根据总分类账和明细分类账的记录，编制会计报表。

3．汇总记账凭证的种类及编制方法

汇总记账凭证分为汇总收款凭证、汇总付款凭证和汇总转账凭证三种。

（1）汇总收款凭证。它是指按"库存现金"和"银行存款"科目的借方分别设置的一种汇总记账凭证，它汇总了一定时期内库存现金和银行存款的收款业务。

汇总收款凭证的编制方法：将一定时期内全部库存现金和银行存款收款凭证，分别按其对应的贷方科目进行归类，计算出每一贷方科目发生额合计数，填入汇总收款凭证中。一般可5天、10天或15天汇总一次，月终计算出合计数，据以登记总分类账。

（2）汇总付款凭证。它是指按"库存现金"和"银行存款"科目的贷方分别设置的一种汇总记账凭证，汇总了一定时期内库存现金和银行存款的付款业务。

汇总付款凭证的编制方法：将一定时期内全部库存现金和银行存款付款凭证，分别按其对应的借方科目进行归类，计算出每一借方科目发生额合计数，填入汇总付款凭证中。一般可5天、10天或15天汇总一次，月终计算出合计数，据以登记总分类账。

（3）汇总转账凭证。它是指按每一贷方科目分别设置，用来汇总一定时期内转账业务的一种汇总记账凭证。

汇总转账凭证的编制方法：将一定时期内的全部转账凭证按照每一账户的贷方设置并按其对应的借方科目进行归类，计算出每一借方科目发生额合计数，填入汇总转账凭证。一般可5天、10天或15天汇总一次，月终计算出合计数，据以登记总分类账。为了便于填制汇总转账凭证，平时填制转账凭证时，应尽可能使账户的对应关系保持"一借一贷"或"一贷多借"，避免"一

借多贷"或"多借多贷"。

4．汇总记账凭证财务处理程序的优缺点及适用范围

优点：汇总记账凭证根据一定时期内的全部记账凭证，按照科目对应关系进行归类、汇总编制，便于了解账户之间的对应关系，了解经济业务的来龙去脉，便于查对账目；总分类账根据汇总记账凭证，于月终一次登记入账，减轻了登记总分类账的工作量。

缺点：汇总转账凭证是按每一贷方科目设置，而不是按经济业务的性质归类、汇总；因而不利于会计核算的日常分工。另外，当转账凭证较多时，编制汇总转账凭证的工作量较大。

适用范围：通常适用于规模大、经济业务较多的单位。

（六）科目汇总表账务处理程序概念及特点

科目汇总表账务处理程序是根据记账凭证分类定期编制科目汇总表，再根据科目汇总表登记总分类账的一种账务处理程序。科目汇总表账务处理程序的特点是定期地将所有的记账凭证编制成科目汇总表，然后再根据科目汇总表登记总分类账。具体如图8-4所示。

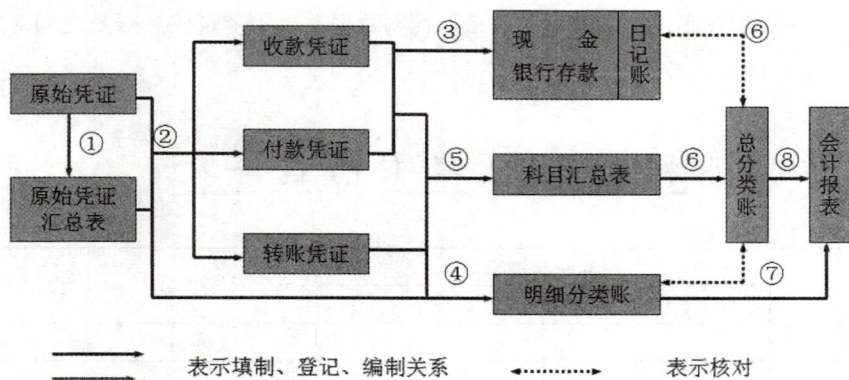

图8-4　科目汇总表账务处理程序

1．凭证和账簿的设置

在科目汇总表账务处理程序下，会计凭证可采用通用格式，也可采用设置收款凭证、付款凭证和转账凭证专用格式。同时应设置记账凭证汇总表，即科目汇总表。

一般应设置库存现金日记账、银行存款日记账、总分类账和明细分类账。库存现金日记账、银行存款日记账可采用三栏式账页；总分类账应按总账科目设置，可采用三栏式账页；明细分类账可根据管理的需要设置，采用三栏式账页、数量金额式账页或多栏式账页。

2．科目汇总表账务处理程序的一般程序

（1）根据审核无误的原始凭证编制汇总原始凭证。

（2）根据审核无误的原始凭证或汇总原始凭证，编制记账凭证。

（3）根据收款凭证、付款凭证逐笔登记库存现金日记账和银行存款日记账。

（4）根据原始凭证、汇总原始凭证和记账凭证，登记各种明细分类账。

（5）根据各种记账凭证编制科目汇总表。

（6）根据科目汇总登记总分类账。

（7）期末，库存现金日记账、银行存款日记账和明细分类账的余额要同有关总分类账的余额核对，保证相符。

（8）期末，根据总分类账和明细分类账的记录，编制会计报表。

3. 科目汇总表的概念及编制方法

科目汇总表是指根据一定时期内的全部记账凭证，按相同科目进行归类，并计算出每一总账科目本期借方、贷方发生额所编制的汇总表。编制方法：将一定时期内的全部记账凭证按照相同科目归类，汇总计算出每一总账科目的本期借方发生额和贷方发生额合计数，填入表内；全部科目的借方发生额合计数应与贷方发生额合计数相等。为了便于编制科目汇总表，使得在分别汇总计算其借方和贷方金额时不易发生差错，平时填制转账凭证时，应尽可能使账户的对应关系保持"一借一贷"，避免"一借多贷"、"一贷多借"和"多借多贷"。

科目汇总表与汇总记账凭证相比作用相似，结构不同，填制方法也不相同。汇总记账凭证是以每一账户的贷方（或借方）账户分别按相对应的借方（或贷方）账户汇总一定时期内的借贷方发生额；科目汇总表则定期汇总每一账户的本期借、贷方发生额，并不按对应账户汇总。因此，汇总记账凭证能够反映各账户之间的对应关系，而科目汇总表不能反映各账户之间对应关系。具体见表 8-10、表 8-11。

表 8-10

科 目 汇 总 表 （ 格 式 一 ）

年 月 日 至 月 日 　　　　　　　第　号

会计科目	本期发生额		总账页数	记账凭证起讫页数
	借方	贷方		
			（略）	
合计				

表 8-11

科 目 汇 总 表 （ 格 式 二 ）

第　号

会计科目	1-10 日		11-20 日		21-31 日		合计		总账页数
	借方	贷方	借方	贷方	借方	贷方	借方	贷方	
合计									

4. 科目汇总表账务处理程序的优缺点及适用范围

优点：减轻了登记总分类账的工作量，并可做到试算平衡，简明易懂，方便易学。

缺点：按照相同科目归类编制的科目汇总表只反映各科目的借方本期发生额和贷方发生额，

不能反映账户的对应关系；不便于查对账目。

适用范围：一般适用于业务量较多的单位。

任务四 日记账的期初建账与登记

一、日记账的概述

日记账，是按照经济业务发生或完成时间的先后顺序逐日逐笔进行登记的账簿。序时账簿是会计部门按照收到会计凭证号码的先后顺序进行登记的。在会计工作发展的早期，就要求必须将每天发生的经济业务逐日登记，以便记录当天业务发生的金额。因而习惯地称序时账簿为日记账。序时账簿按其记录内容的不同，又分为普通日记账和特种日记账两种。

（一）普通日记账

普通日记账是逐日序时登记除特种日记账以外的经济业务的账簿。在不设特种日记账的企业，则要序时地逐笔登记企业的全部经济业务，因此普通日记账也称分录簿。

普通日记账一般分为"借方金额"和"贷方金额"两栏，登记每一分录的借方账户和贷方账户及金额，这种账簿不结余额。其格式见表8-12。

表8-12

普 通 日 记 账

第 页

年		会计科目	摘要	借方金额	贷方金额	过账
月	日					

（二）特种日记账

常用的特种日记账是库存现金日记账和银行存款日记账。在企业、行政、事业单位中，库存现金日记账和银行存款日记账的登记，有利于加强货币资金的日常核算和监督，有利于贯彻执行国家规定的货币资金管理制度。

1．库存现金日记账

库存现金日记账是用来核算和监督库存现金每日的收入、支出和结存状况的账簿。它由出纳人员根据现金收款凭证、现金付款凭证和银行存款付款凭证，按经济业务发生时间的先后顺序，逐日逐笔进行登记。库存现金日记账的格式见表8-13。

表8-13

库 存 现 金 日 记 账

年		凭证		对方科目	摘要	收入	支出	结余
月	日	种类	号码					

2. 银行存款日记账

银行存款日记账用来核算和监督银行存款每日的收入、支出和结存情况的账簿。它是由出纳人员根据银行存款收款凭证、银行存款付款凭证和现金付款凭证按经济业务发生时间的先后顺序，逐日逐笔进行登记的序时账簿。银行存款日记账应按企业在银行开立的账户和币种分别设置，每个银行存款账户设置一本银行存款日记账。银行存款日记账的格式见表8-14。

表8-14

银 行 存 款 日 记 账

年		凭证		对方科目	摘要	收入	支出	结余
月	日	种类	号码					

二、期初建账

为加强货币资金的管理，企业应设置库存现金日记账和银行存款日记账各1本，一般均采用订本式账簿、三栏式格式的账页，其账簿均由封面、扉页和账页组成。账簿名称一般已印制在封面上，无须手工填制。

日记账的启用方法、登记方法和填写方法同总分类账一致，不再重述。

库存现金日记账按现金币种开设账户，每个账户均需要预留一定数量的账页；银行存款日记账按单位在银行开立的账户和币种开设账户，每个账户均需要预留一定数量的账页。开设方法同总分类账。

三、日记账的登记方法

1. 库存现金日记账的登记方法

库存现金日记账是用来逐日反映库存现金的收入、付出及结余情况的特种日记账。它是由单位出纳人员根据审核无误的现金收、付款凭证和银行存款付款凭证（记录从银行提取现金的业务），逐日逐笔顺序登记的。每日终了，应结出当日现金收入、现金支出合计数及结余数，并将账面结存数与库存现金实存数进行核对，做到账实相符。

为了确保账簿的安全与完整，库存现金日记账必须采用订本式账簿。其账页格式一般采用三栏式，也可以采用多栏式，在实际工作中大多采用的是三栏式账页格式。

登记库存现金日记账，除了遵循登记账簿的基本要求外，各栏目的具体填写方法如下：

（1）"日期"栏。"日期"栏中填入的是据以登记账簿的会计凭证上的日期。库存现金日记账一般根据记账凭证登记，因此，此处的日期是记账凭证的编制日期。

（2）"凭证字号"栏。"凭证字号"栏中填入的是据以登记账簿的会计凭证类型及编号，如"收×号""付×号"等。

（3）"摘要"栏。"摘要"栏要说明登记入账的经济业务的内容，力求简明扼要。一般与记账凭证的摘要相同。

（4）"对应科目"栏。"对应科目"栏应填写会计分录中"库存现金"账户的对应账户。填写对应账户时，应注意以下几点：一是对应科目只填总账科目，不需填明细科目；二是当对应科目有多个时，应填入主要对应科目；三是当对应科目有多个且不能从科目上划分出主次时，可在对应科目栏中填入其中金额较大的科目，并在其后面加上"等"字。

（5）"借方金额"栏、"贷方金额"栏。"借方金额"栏、"贷方金额"栏应根据相关凭证中记录的"库存现金"科目的借贷方向及金额记入。

（6）"余额"栏。"余额"栏应根据"本日余额＝上日余额＋本日收入合计－本日支出合计"逐日结出余额后，每日终了时填入（也可逐笔结出余额后逐行填入）。

库存现金日记账"余额"栏前未印有借贷方向，其余额方向默认为借方，因为正常情况下库存现金日记账是不会出现贷方余额的。若由于某种原因出现了贷方余额，则在"余额"栏用红字登记，表示贷方余额。库存现金日记账登记的样本见表8-15。

表8-15

库 存 现 金 日 记 账

币种：人民币　　　　　　　　　　　　　　　　　　　　　　　　　　第 9 页

2019年		凭　证		摘　要	对方科目	收　入	支　出	结　余	对账
月	日	字	号						
6	1			期初余额				3 000.00	
	2	收	1	收到罚款	管理费用	500.00		3 500.00	
	3	付	1	借差旅费	其他应收款		1 000.00	2 500.00	
	4	付	2	支付办公费	管理费用		300.00	2 200.00	
	5	付	3	提取现金	银行存款	3 000.00		5 200.00	
				……					

2．银行存款日记账的登记方法

银行存款日记账是专门用来记录银行存款收支业务的一种特种日记账。它也是由单位出纳人员根据审核无误的银行存款收、付款凭证和现金付款凭证（记录现金存入银行的业务），逐日逐笔顺序登记的。每日终了，应分别计算银行存款的收入、支出的合计数并结出当日余额，便于检查监督各项收支款项。银行存款日记账还应定期与银行送来的"银行对账单"逐笔核对，至少每月核对一次，并按月编制"银行存款余额调节表"。

银行存款日记账和库存现金日记账一样，必须采用订本式账簿。其账页格式一般采用三栏式，也可以采用多栏式。在实际工作中大多采用的是三栏式账页格式。

银行存款日记账的登记方法与库存现金日记账的登记方法基本相同。需要说明的是"结算凭证的种类和号数"栏。该栏根据每笔银行存款收、付款业务所依据的结算方式的种类和号数填写。结算方式的种类有转账支票、现金支票、信汇、电汇、银行汇票和银行本票等，号数则根据结算方式后四位数字填写。银行存款日记账其余栏目的填写方法与库存现金日记账相同，不再重述。银行存款日记账的登记样本见表 8-16。

表 8-16

银 行 存 款 日 记 账

开户银行：中国建设银行　　　　　　　　　　　　　　　　　　　　　　　　第 12 页

2019 年		凭　证		摘　要	结算凭证		对方科目	收　入	付　出	结　余	对账
月	日	字	号		种类	号数					
6	1			期初余额						80 000.00	
	2	收	1	收回货款	转支	1021	应收账款	12 000.00		92 000.00	
	3	付	1	购买材料	转支	1022	材料采购		5 000.00	87 000.00	
	4	付	2	提取现金	现支	2041	库存现金		2 000.00	85 000.00	
				……							

任务五　明细账的期初建账与登记

一、明细账的概述

明细账是根据明细账户开设的账页，分类、连续地登记经济业务以提供明细核算资料的账簿。根据实际需要，各种明细账分别按二级科目或明细科目开设账户，并为每个账户预留若干账页，用来分类、连续记录有关资产、负债、所有者权益、收入、费用、利润等详细资料。设置和运用明细分类账，有利于加强资金的管理和使用，并可为编制会计报表提供必要的资料。因此，各单位在设置总分类账的基础上，还要根据经营管理的需要，按照总账科目设置若干必要的明细账，以形成既能提供经济活动总括情况，又能提供具体详细情况的账簿体系。

明细账的格式，应根据它所反映经济业务的特点，以及财产物资管理的不同要求来设计。一般有三栏式明细账、数量金额式明细账、多栏式明细账和横线登记式明细分类账四种。

1．三栏式明细分类账

三栏式明细分类账账页的格式同总分类账的格式基本相同，它只设借方、贷方和金额三个金额栏，不设数量栏。所不同的是，总分类账簿为订本账，而三栏式明细分类账簿多为活页账。这种账页适用于采用金额核算的应收账款、应付款款等账户的明细核算。

2．数量金额式明细账

数量金额式明细账账页格式在收入、发出、结存三栏内，再分别设置"数量"、"单价"和"金额"等栏目，以分别登记实物的数量和金额。

数量金额式明细账适用于既要进行金额明细核算，又要进行数量明细核算的财产物资项目，如"原材料""库存商品"等账户的明细核算。它能提供各种财产物资收入、发出、结存等的数量和金额资料，便于开展业务和加强管理的需要。数量金额式明细账的格式见表8-17。

表8-17

数 量 金 额 式 明 细 分 类 账

科目名称：　　　　　　　品名：　　　规格：　　　　　　　第　页

年		凭证		摘要	收入			发出			结存		
月	日	种类	号码		数量	单价	金额	数量	单价	金额	数量	单价	金额

3．多栏式明细分类账

多栏式明细分类账是根据经济业务的特点和经营管理的需要，在一张账页的借方栏或贷方栏设置若干专栏，集中反映有关明细项目的核算资料。它主要适用于只记金额、不记数量，而且在管理上需要了解其构成内容的费用、成本、收入、利润账户，如"生产成本""制造费用""管理费用""主营业务收入"等账户的明细分类账。"本年利润"、"利润分配"和"应交税金——应交增值税"等科目所属明细科目则需采用借、贷方均为多栏式的明细账。

多栏式明细账的格式视管理需要呈多样化。它在一张账页上，按明细科目分设若干专栏，集中反映有关明细项目的核算资料。如"制造费用明细账"，它在借方栏下，可分设若干专栏，如：工资和福利费、折旧费、修理费、办公费等。多栏式明细账的格式见表8-18的制造费用明细账。

表8-18

制 造 费 用 明 细 账

年		凭证		摘要	借方						贷方	金额
月	日	种类	号码		工资	福利费	折旧费	办公费	水电费	其他		

企业发生的制造费用，借记本科目；分配计入有关成本核算对象时，贷记本科目。除季节性生产企业外，本科目月末应无余额。这类账页，多用于关于费用、成本、收入、成果类科目的明细核算。

多栏式明细分类账是由会计人员根据审核无误的记账凭证或原始凭证，按照经济业务发生的时间先后顺序逐日逐笔进行登记的。对于成本费用类账户，只在借方设专栏，平时在借方登记费用，成本发生额，贷方登记月末将借方发生额一次转出的数额。平时如发生贷方发生额，应用"红字"在借方有关栏内登记，表示应从借方发生额中冲减。同样，对于收入、成果类账户，只在贷方设专栏，平时在贷方登记收入的发生额，借方登记月末将贷方发生额一次转让"本年利润"的数额，若平时发生退货，应用"红字"在贷方有关栏内登记。

4．横线登记式明细分类账

横线登记式明细分类账也称平行式明细分类账。它的账页结构特点是，将前后密切相关的经济业务在同一横行内进行详细登记，以检查每笔经济业务的完成及变动情况。该种账页一般用于"物资采购""一次性备用金业务"等明细分类账。

横线登记式明细分类账的借方一般在购料付款或借出备用金时按会计凭证的编号顺序逐日逐笔登记，其贷方则不要求按会计凭证编号逐日逐笔登记，而是在材料验收入库或者备用金使用后报销和收回时，在与借方记录的同一行内进行登记。同一行内借方、贷方均有记录时，表示该项经济业务已处理完毕，若一行内只有借方记录而无贷方记录的，表示该项经济业务尚未结束。横线登记式明细分类账的格式见表8-19的物资采购明细分类账。

表8-19

物 资 采 购 明 细 分 类 账

年		凭证		摘要	借方			贷方	余额
月	日	种类	号码		买价	采购费用	合计		

各种明细账的登记方法，应根据本单位业务量的大小和经营管理上的需要，以及所记录的经济业务内容而定，可以根据原始凭证、汇总原始凭证或记账凭证逐笔登记，也可以根据这些凭证逐日或定期汇总登记。

二、期初建账

1．启用账簿

启用方法同总分类账相同，不再重述。

2．开设明细账账户

开设明细账账户时，在选定的明细账页上方填写该明细账所属的总分类账户名称、明细分类账户名称、科目编码及该明细账户当前的页码。

活页式明细账簿每一页均有两个编码："第　　页"（"分第　　页"），是指按明细分类账户对账页所进行的编码；"连续　　页"（"总第　　页"），是指不区分明细分类账户，对账簿中包含的账页按排列顺序进行的编码。

3．登记期初余额

登记方法与总分类账户基本一致，只是数量金额式明细账除登记金额外，还需要登记数量和单价；多栏式明细账不仅在"合计"栏登记余额，还需要在各分栏登记余额。生产成本明细账登记样本见表 8-20 的物资采购明细分类账。

表 8-20

物 资 采 购 明 细 分 类 账

产品名称：A 产品

2019 年		凭证		摘要	直接材料	直接人工	制造费用	合计
月	日	种类	号码					
6	10			领用材料	15 000.00			15 000.00
				......				

三、明细账的登记方法

（一）三栏式明细分类账的登记

三栏式明细分类账是在账页内只设置"借方""贷方""余额"三个金额栏的明细账。它适用于只要求进行金额核算而不要求进行数量核算的明细分类账户，如"应收账款"、"应付账款"、"实收资本"和"长期借款"等账户的明细分类账户。

三栏式明细分类账一般根据记账凭证逐笔登记，登记方法与库存现金日记账基本相同，不同之处在于"余额"栏前的"借或贷"方向栏需要根据余额的方向填写"借"或"贷"或"平"。三栏式明细分类账的登记样本见表 8-21 的应付账款明细分类账。

表 8-21

应 付 账 款 明 细 分 类 账

明细账户：红旗工厂　　　　　　　　　　　　　　　　　　　　　　　　　　　　　　　　单位：元

2019 年		摘要	借方	贷方	借／贷	余额
月	日					
5	1	期初余额			贷	4 000.00
	5	购料欠款		30 000.00	贷	34 000.00
	12	偿还欠款	30 000.00		贷	4 000.00
		......				

（二）数量金额式明细分类账的登记

数量金额式明细分类账是在账页的"借方""贷方""余额"各栏中再分别设置"数量""单价""金额"栏目的明细账。它适用于既要进行金额核算又要进行数量核算的各种财产物资账户的明细分类账户，如"原材料""库存商品"等账户的明细分类账户。

数量金额式明细分类账由会计人员根据审核无误的记账凭证及所附的原始凭证，按经济业务发生的时间先后顺序，逐日逐笔登记或定期汇总登记。具体登记时，需要根据记账凭证所附原始凭证的具体内容，详细登记每一笔经济业务收入或发出的数量、单价和金额，并根据选定的计价方法计算出结余的数量、单价和金额。需要说明的是"日期"栏应填入据以记账的原始凭证的日期，"凭证字号"栏应填入据以记账的原始凭证的种类及编号。数量金额式明细分类账的登记样本见表 8-22 的原材料明细分类账。

表 8-22

原 材 料 明 细 分 类 账

明细账户：甲材料　　　　　　　　　　计量单位：公斤　　　　　　　　　　单位：元

2019 年		摘要	凭证		收入			发出			结存		
月	日		字	号	数量	单价	金额	数量	单价	金额	数量	单价	金额
5	1	月初余额									2 000	10	20 000.00
	4	购入材料	收料	3	500	10	5 000.00				2 500	10	25 000.00
	6	购入材料	收料	5	400	10	4 000.00				2 900	10	29 000.00
	12	生产领料	领料	8				1 000	10	10 000.00	1 900	10	19 000.00
		……											

（三）多栏式明细分类账的登记

多栏式明细分类账是根据经营管理的需要和经济业务的特点，在"借方"栏或"贷方"栏下再设置多个栏目，用以记录某一会计科目所属各明细科目内容的明细账。它一般适用于成本、费用、收入类的明细分类账，如"管理费用""生产成本""制造费用"等账户的明细分类账。

多栏式明细分类账的格式视管理需要而呈多样化，有的借方和贷方分别设置多个专栏，如"应交增值税"明细账；有的只有借方或贷方设置多个专栏，如"管理费用"明细账（借方多栏）、"主营业务收入"明细账（贷方多栏）等；还有的在设置"借方""贷方""余额"栏的基础上，再设专栏对借方或贷方构成项目进行分析，如"管理费用"明细账（借方构成项目分析）、"主营业务收入"明细账（贷方构成项目分析）。

各种格式的多栏式明细分类账，其登记方法不完全相同，登记时需要注意以下几点：

（1）根据记账凭证登记时，一方面要将具体内容记入相应的专栏，另一方面要将本行各专栏数字合计后记入本行"合计"栏。

（2）只设借方多栏或贷方多栏的账户，登记内容的方向与栏目设计方向相反时，用红字进行登记。多栏式明细分类账的登记样本见表8-23。

表8-23

生 产 成 本 明 细 分 类 账

产品名称：A产品

2019年		摘要	直接材料	直接人工	制造费用	合计
月	日					
5	1	期初余额	40 000.00	32 000.00	15 600.00	87 600.00
	15	领用材料	50 000.00			50 000.00
		……				

任务六　错账更正

登记会计账簿是一项很细致的工作。在记账工作中，可能由于种种原因会使账簿记录发生错误，有的是填制凭证和记账时发生的单纯笔误；有的是写错了会计科目、金额等；有的是合计时计算错误；有的是过账错误。登记账簿中发生的差错，一经查出就应立即更正。对于账簿记录中发生的错误，不准涂改、挖补、刮擦或者用药水消除字迹，不准重新抄写，必须根据错误的具体情况和性质，采用规范的方法予以更正。错账更正方法通常有划线更正法、红字更正法和补充登记法等几种。

（一）划线更正法

记账凭证填制正确，在记账或结账过程中发现账簿记录中文字或数字有错误，应采用划线更正法。具体做法是：先在错误的文字或数字上划一条红线，表示注销，划线时必须使原有字迹仍可辨认；然后将正确的文字或数字用蓝字写在划线处的上方，并由记账人员在更正处盖章，以明确责任。对于文字的错误，可以只划去错误的部分，并更正错误的部分。对于错误的数字，应当全部划红线更正，不能只更正其中的个别错误数字。例如，把"3 457"元误记为"8 457"元时，应将错误数字"8 457"全部用红线注销后，再写上正确的数字"3 457"，而不是只删改一个"8"字。如果记账凭证中的文字或数字发生错误，在尚未过账前，也可用划线更正法更正。

例如，入库材料5 000元，记账凭证正确，但在登记原材料总账时误写成50 000元，更正方法见单据8-1。图中数字"50 000.00"上的横线为红色。

单据 8-1

总 分 类 账

会计科目及编号：___1403___ 原材料___   第 1 页

2019 年		凭证		摘要	借方金额	贷方金额	借或贷	余额
月	日	字	号					
5	1			期初余额				70 000.00
	8	记	8	购入材料	5 000.00 ~~50 000.00~~ 张三			75 000.00

（二）红字更正法

在记账以后，如果发现记账凭证中应借、应贷科目或金额发生错误时，可以用红字更正法进行更正。

红字更正法一般适用于以下两种错账情况的更正：

（1）记账后，如果发现记账凭证中的应借、应贷会计科目有错误，那么可以用红字更正法予以更正。具体做法是：先用红字金额，填写一张与错误记账凭证内容完全相同的记账凭证，且在"摘要"栏注明"更正某月某日第 × 号凭证错误"，并据以用红字金额登记入账，以冲销账簿中原有的错误记录，然后再用蓝黑字重新填制一张正确的记账凭证，且在"摘要"栏注明"更正某月某日第 × 号凭证错误"，登记入账。这样，原来的错误记录便得以更正。

【例 8-1】A 车间领用甲材料 2 000 元用于一般消耗。填制记账凭证时，误将借方科目写成"生产成本"，并已登记入账。原错误记账凭证见单据 8-2。

单据 8-2

记 账 凭 证

2019 年 6 月 11 日   记 字 第 21 号

摘 要	会 计 科 目		借 方 金 额										贷 方 金 额										记账（签章）
	总账科目	明细科目	千	百	十	万	千	百	十	元	角	分	千	百	十	万	千	百	十	元	角	分	
领用 A 材料	生产成本						2	0	0	0	0	0											
	原材料	A 材料															2	0	0	0	0	0	
合 计						¥	2	0	0	0	0	0				¥	2	0	0	0	0	0	

会计主管：李湘   出纳：王小   审核：李湘   制单：张林   附件 1 张

【解析】月末，发现错误后，先用红字填制一张与原错误记账凭证内容完全相同的记账凭证，用以冲销原有错误的账簿记录。该张凭证数字全部为红字。冲销错误记账凭证见单据 8-3。

单据8-3

记 账 凭 证

2019 年 6 月 30 日　　　　　　　　　　　　__记__字 第 __56__ 号

摘　要	会 计 科 目		借 方 金 额										贷 方 金 额										记账（签章）
	总账科目	明细科目	千	百	十	万	千	百	十	元	角	分	千	百	十	万	千	百	十	元	角	分	
冲销6月11	生产成本					2	0	0	0	0	0												
日记字21号	原材料	A材料														2	0	0	0	0	0		
凭证错误																							
合　　计					¥	2	0	0	0	0	0				¥	2	0	0	0	0	0		

会计主管：李湘　　　　出纳：王小　　　　审核：李湘　　　　制单：张林　　　附件1张

　　然后用蓝黑字填制一张正确的记账凭证，更正原有错误账簿记录，并据以登记入账。更正记账凭证见单据8-4，登记账簿见单据8-5、单据8-6。

单据8-4

记 账 凭 证

2019 年 6 月 30 日　　　　　　　　　　　　__记__字 第 __57__ 号

摘　要	会 计 科 目		借 方 金 额										贷 方 金 额										记账（签章）
	总账科目	明细科目	千	百	十	万	千	百	十	元	角	分	千	百	十	万	千	百	十	元	角	分	
更正6月11	制造费用					2	0	0	0	0	0												
日记字21号	原材料	A材料														2	0	0	0	0	0		
凭证错误																							
合　　计					¥	2	0	0	0	0	0				¥	2	0	0	0	0	0		

会计主管：李湘　　　　出纳：王小　　　　审核：李湘　　　　制单：张林　　　附件1张

单据8-5

总 分 类 账

会计科目及编号：__5001__ __生产成本__　　　　　　　　　　　　　　第1页

2019年		凭证		摘　要	借方金额	贷方金额	借或贷	余额
月	日	字	号					
6	1			期初余额			借	5 000.00
	11	记	21	领用A材料	2 000.00		借	7 000.00
	30	记	56	冲销6月11日记字21号凭证错误	2 000.00		借	5 000.00

单据 8-6

总 分 类 账

会计科目及编号： 5101 制造费用 第 1 页

2019 年		凭证		摘要	借方金额	贷方金额	借或贷	余额
月	日	字	号					
6	1			期初余额				0
				………				
	30	记	57	更正 6 月 11 日记字 21 号凭证错误	2 000.00		借	72 000.00

（2）记账后，如果发现记账凭证和账簿记录中应借、应贷的账户没有错误，只是所记金额大于应记金额。对于这种账簿记录的错误，更正的方法是：将多记的金额用红字填制一张与原错误记账凭证会计科目相同的记账凭证，并在摘要栏注明"更正某月某日第 × 号凭证多记金额"，并据以登记入账，以冲销多记的金额，使错账得以更正。

【例 8-2】仍以【例 8-1】为例，假设在编制记账凭证时应借、应贷账户没有错误，只是金额由 2 000 元写成了 20 000 元，并且已登记入账。原错误记账凭证见单据 8-7。

单据 8-7

记 账 凭 证

2019 年 6 月 11 日　　　　　　　　记 字 第 21 号

摘 要	会 计 科 目		借 方 金 额									贷 方 金 额									记账（签章）
	总账科目	明细科目	千	百	十	万	千	百	十	元	角	分	千	百	十	万	千	百	十	元	角	分	
领用 A 材料	生产成本						2	0	0	0	0	0											
	原材料	A 材料															2	0	0	0	0	0	
合　　计							¥	2	0	0	0	0	0				¥	2	0	0	0	0	0	

会计主管：李湘　　　出纳：王小　　　审核：李湘　　　制单：张林

【解析】月末，发现该笔错账多记金额 18 000 元，更正时，应用红字金额填制一张记账凭证，冲销多计金额，并据以登记入账。该张凭证数字全部为红字，更正多计记账凭证见单据 8-8。登记账簿见单据 8-9。

单据 8-8

记 账 凭 证

2019 年 6 月 30 日　　　　　　　　记　字 第　56　号

摘 要	会 计 科 目		借 方 金 额										贷 方 金 额										记账（签章）
	总账科目	明细科目	千	百	十	万	千	百	十	元	角	分	千	百	十	万	千	百	十	元	角	分	
冲销 6 月 11	制造费用				1	8	0	0	0	0	0												附件 1 张
日记字 21 号	原材料	A 材料													1	8	0	0	0	0	0		
凭证多记金额																							
合　　计				¥	1	8	0	0	0	0	0			¥	1	8	0	0	0	0	0		

会计主管：李湘　　　出纳：王小　　　审核：李湘　　　制单：张林

单据 8-9

总 分 类 账

会计科目及编号：　5101　　制造费用　　　　　　　　　　　　　　第 1 页

2019		凭证		摘要	借方金额	贷方金额	借或贷	余额
月	日	字	号					
6	1			期初余额				0.00
				……				
	11	记	21	领用 A 材料	20 000.00		借	70 000.00
	30	记	56	冲销 6 月 11 日记字 21 号凭证多记金额	18 000.00		借	52 000.00

（三）补充登记法

在记账之后，如果发现记账凭证中应借、应贷的账户没有错误，但所记金额小于应记金额，造成账簿中所记金额也小于应记金额，这种错账应采用补充登记法进行更正。更正的方法是：将少记金额用蓝笔填制一张与原错误记账凭证会计科目相同的记账凭证，并在"摘要"栏内注明"补记某月某日第 × 号凭证少记金额"，并予以登记入账，补足原少记金额，使错账得以更正。

【例 8-3】仍以【例 8-1】为例，假设在编制记账凭证时应借、应贷账户没有错误，只是金额由 2 000 元写成了 200 元，并且已登记入账。原错误记账凭证见单据 8-10。

单据 8-10

记 账 凭 证

2019 年 6 月 11 日 　　　　记 字 第 21 号

摘 要	会 计 科 目		借 方 金 额										贷 方 金 额										记账(签章)
	总账科目	明细科目	千	百	十	万	千	百	十	元	角	分	千	百	十	万	千	百	十	元	角	分	
领用 A 材料	生产成本						2	0	0	0	0												
	原材料	A 材料																2	0	0	0	0	
合　计						¥	2	0	0	0	0						¥	2	0	0	0	0	

会计主管：李湘　　　　出纳：王小　　　　审核：李湘　　　　制单：张林

附件 1 张

【解析】月末发现，该笔错账少记金额 1 800 元，更正时，只需用蓝黑字填制一张补记的金额 1 800 元的记账凭证，并据以登记入账。补记少计金额的记账凭证见单据 8-11。登记账簿见单据 8-12。

单据 8-11

记 账 凭 证

2019 年 6 月 30 日 　　　　记 字 第 56 号

摘 要	会 计 科 目		借 方 金 额										贷 方 金 额										记账(签章)
	总账科目	明细科目	千	百	十	万	千	百	十	元	角	分	千	百	十	万	千	百	十	元	角	分	
补记 6 月 11	制造费用					1	8	0	0	0	0												
日记字 21 号	原材料	A 材料															1	8	0	0	0	0	
凭证少记金额																							
合　计						¥	1	8	0	0	0	0					¥	1	8	0	0	0	0

会计主管：李湘　　　　出纳：王小　　　　审核：李湘　　　　制单：张林

附件 1 张

单据 8-12

总 分 类 账

会计科目及编号：　5101　　制造费用　　　　　　　　　　　　　第 1 页

2019 年		凭证		摘要	借方金额	贷方金额	借或贷	余额
月	日	字	号					
6	1			期初余额				0.00
				······				
	11	记	21	领用 A 材料	200.00		借	70 200.00
	30	记	57	补记 6 月 11 日记字 21 号凭证少计金额	1 800.00		借	72 000.00

错账更正的三种方法中，红字更正法和补充登记法都是用来更正因记账凭证错误而产生的记

账错误。如果非因记账凭证的差错而产生的记账错误，只能用划线更正法更正。

以上三种方法是对本年度内发现填写记账凭证或者登记账错误而采用的更正方法。如果发现以前年度记账凭证中有错误（指会计科目和金额）并导致账簿登记出现差错，应当用蓝字或黑字填制一张更正的记账凭证。因错误的账簿记录已经在以前会计年度终了进行结账或决算，不可能将已经决算的数字进行红字冲销，只能用蓝字或黑字凭证对除文字外的一切错误进行更正，并在更正凭证上特别注明"更正××年度错账"的字样。

任务七　对账

对账，就是核对账目，是指定期将各类账簿记录进行核对，是保证会计账簿记录质量的重要程序。在会计工作中，由于种种原因，难免会发生记账、计算等差错，也难免会出现账实不符的现象。为了保证各账簿记录和会计报表的真实、完整和正确，如实地反映和监督经济活动，各单位必须做好对账工作。

账簿记录的准确与真实可靠，不仅取决于账簿的本身，还涉及账簿与凭证的关系、账簿记录与实际情况是否相符的问题等。所以，对账应包括账簿与凭证的核对、账簿与账簿的核对、账簿与实物的核对。把账簿记录的数字核对清楚，做到账证相符、账账相符和账实相符。对账工作至少每年进行一次。对账的主要内容有：

（一）账证核对

账证核对是指将会计账簿记录与会计凭证（包括记账凭证和原始凭证）有关的内容进行核对。由于会计账簿是根据会计凭证登记的，两者之间存在勾稽关系，因此，通过账证核对，可以检查、验证会计账簿记录与会计凭证的内容是否正确无误，以保证账证相符。各单位应当定期将会计账簿记录与其相应的会计凭证记录（包括时间、凭证字号、内容、金额、记录方向等）逐项核对，检查是否一致。如有不符之处，应当及时查明原因，予以更正。保证账证相符，是会计核算的基本要求之一，也是账账相符、账实相符和账表相符的基础。

（二）账账核对

账账核对是指将各种会计账簿之间相对应的记录进行核对。由于会计账簿之间相对应的记录存在着内在联系，因此，通过账账相对，可以检查、验证会计账簿记录的正确性，以便及时发现错账，予以更正，保证账账相符。账账核对的内容主要包括：

1. 总分类账的核对

全部总分类账户的期初借方余额合计＝全部总分类账户的期初贷方余额合计　　　（7-1）

全部总分类账户的本期借方发生额合计＝全部总分类账户的本期贷方发生额合计　　（7-2）

全部总分类账户的期末借方余额合计＝全部总分类账户的期末贷方余额合计　　　（7-3）

以上核对通过编制总分类账发生额及余额试算平衡表进行，可从总体上检查总分类账记录的正确性。总分类账发生额汇总表见表8-24。

表 8-24

本 期 账 户 发 生 额 汇 总 表

2019 年 6 月 1 日至 2019 年 6 月 30 日   单位：元

科目名称	借方金额合计	贷方金额合计
库存现金	8 000.00	560.00
银行存款	50 000.00	431 760.00
应收账款		
安徽顺利公司		50 000.00
国美建筑公司	351 000.00	
其他应收款		
李利勇	2 000.00	
原材料		
生铁	100 000.00	74 400.00
铸造铁	108 000.00	
其他		15 000.00
库存商品		
收割机		105 000.00
在建工程		800 000.00
固定资产	800 000.00	
累计折旧		8 538.00
应付职工薪酬	83 000.00	136 800.00
应交税费		
应交增值税	35 360.00	51 000.00
应交所得税	95 400.00	
本年利润	165 698.00	300 000.00
生产成本		
收割机	141 200.00	
粉碎机	33 400.00	
制造费用	31 800.00	31 800.00
主营业务收入	300 000.00	300 000.00
主营业务成本	105 000.00	105 000.00
税金及附加		
销售费用	1 250.00	1 250.00
管理费用	59 448.00	59 448.00
合　计	2 470 556.00	2 470 556.00

2．总分类账与明细分类账的核对

$$总分类账户的期初余额＝所属明细分类账户的期初余额之和 \qquad (7\text{-}4)$$

$$总分类账户的本期借方发生额＝所属明细分类账户的本期借方发生额之和 \qquad (7\text{-}5)$$

$$总分类账户的本期贷方发生额＝所属明细分类账户的本期贷方发生额之和 \qquad (7\text{-}6)$$

$$总分类账户的期末余额＝所属明细分类账户的期末余额之和 \qquad (7\text{-}7)$$

以上核对通过编制总账与明细账发生额及余额对照表进行。

3．总分类账与日记账的核对

库存现金、银行存款总分类账的本期发生额和期末余额应与库存现金、银行存款日记账的本期发生额和期末余额核对相符。此项核对主要检查库存现金、银行存款总分类账和库存现金、银行存款日记账双方的记账内容、记账方向及金额是否一致。若不一致，再进一步查找原因。

4．明细分类账之间的核对

会计部门有关财产物资明细分类账的余额，应与财产物资保管和使用部门经管的有关明细分类账的余额核对相符。此项核对，一般是将会计部门各财产物资明细分类账的期末结存数量与金额，直接与财产物资保管和使用部门经管的有关明细分类账的期末结存数量与金额核对。

（三）账实核对

账实核对是在账账核对的基础上，将各种财产物资的账面余额与实存数额进行核对。由于实物的增减变化、款项的收付都要在有关账簿中如实反映，因此，通过会计账簿记录与实物、款项的实有数进行核对，可以检查、验证款项、实物会计账簿记录的正确性，便于及时发现财产物资和货币资金管理中存在的问题，查明原因，分清责任，改善管理，保证账实相符。账实核对的主要内容包括：

1．库存现金日记账账面余额与库存现金实际库存数核对相符

现金盘点报告单见表 8-25。

表 8-25

现 金 盘 点 报 告 单

2019 年 10 月 31 日

日期	账面余额	实际库存额	长款	短款	原因	处理意见
10.31		2 000.00			待查	

审核：李兵　　　　　出纳：丁笑

2．银行存款日记账账面余额与开户银行对账单核对相符

银行存款日记账、银行对账单、银行存款余额调节表分别见表 8-26 至表 8-28。

表 8-26

银 行 存 款 日 记 账

2019 年		记账凭证		摘要	结算凭证		收入	支出	余额
月	日	字	号		种类	号数			
10	24			余额					250 000.00
	25	银付	228	付购料款	转支	045		200 000.00	50 000.00
	26	银付	229	付运费	转支	046		1 000.00	49 000.00
	27	银收	108	收销货款	电汇		234 000.00		283 000.00
	30	银付	230	付购料款	电汇			90 000.00	193 000.00
	30	银付	231	付修理费	转支	047		2 500.00	190 500.00
	31	银收	109	收销货款	转支	127	150 000.00		340 500.00

表 8-27

银 行 对 账 单

2019 年		摘要	结算凭证		存入	支出	余额
月	日		种类	号数			
10	24						250 000.00
	26	宏汇工厂	电汇		234 000.00		484 000.00
	28	二场	转支	046		1 000.00	483 000.00
	28	丰立公司	转支	045		200 000.00	283 000.00
	28	电费	信汇			23 000.00	260 000.00
	28	中鞭公司	汇票	148	3 200.00		263 200.00
	29	三环公司	信汇		60 000.00		323 200.00
	30	货款	电汇			90 000.00	233 200.00

表 8-28

银 行 存 款 余 额 调 节 表

编制单位：
开户银行及账号：　　　　　　　年　月　日　　　　　　　单位：元

项　目	金　额	项　目	金　额
企业银行存款日记账余额		银行对账单余额	
加：银行已收入账 　　企业尚未入账		加：企业已收入账 　　银行尚未入账	
减：银行已付入账 　　企业尚未入账		减：企业已付入账 　　银行尚未入账	
调节后余额		调节后余额	

会计主管：　　　　会计：　　　　出纳：

3. 各种材料、物资明细分类账账面余额与实存数核对相符

财产物资盘盈盘亏报告单见表8-29。

表8-29

财 产 物 资 盘 盈 盘 亏 报 告 单

类别：　　　　　　　　　　　　　　　2019 年 10 月 31 日

名称	单位	单价	账面数		清点数		盘盈		盘亏		备注
			数量	金额	数量	金额	数量	金额	数量	金额	
铜皮	公斤	50	200	10 000.00	180				20	1 000.00	保管员失职
锌皮	公斤	120	65	7 800.00	5				60	7 200.00	自然灾害造成
合计											

审批意见：

　　　　　　　同意清查意见　　　　　　　　厂委员会、生产副厂长（盖章）

单位（盖章）　　　　　　　　　财务科负责人：李兵　　　　　　　　　制表：王军
（不考虑增值税的转出）

4. 各种债权债务明细账账面余额与有关债权、债务单位或个人的账面记录核对相符

实际工作中，账实核对一般要结合财产清查进行。

任务八　结账

结账，是指把一定时期内发生的全部经济业务登记入账的基础上，按规定的方法将各种账簿的记录进行小结，计算并记录本期发生额和期末余额。

为了正确反映一定时期内在账簿中已经记录的经济业务，总结有关经济活动和财务状况，为编制会计报表提供资料，各单位应在会计期末进行结账。会计期间一般按日历时间划分为年、季、月，结账于各会计期末进行，所以分为月结、季结、年结。

一、结账的程序

结账前，必须将属于本期内发生的各项经济业务和应由本期受益的收入、负担的费用全部登记入账。在此基础上，才可保证结账的有用性，确保会计报表的正确性。不得把将要发生的经济业务提前入账，也不得把已经在本期发生的经济业务延至下期（甚至以后期）入账。

结账的基本程序具体表现为：

（1）将本期发生的经济业务事项全部登记入账，并保证其正确性。

（2）根据权责发生制的要求，调整有关账项，合理确定本期应计的收入和应计的费用。

（3）将损益类账户转入"本年利润"账户，结平所有损益类账户。

（4）结算出资产、负债和所有者权益账户的本期发生额和余额，并结转下期。

二、结账的方法

（一）日记账的结账

库存现金日记账和银行存款日记账要按日结出余额，按月结计本月发生额，但不需要结计本年累计发生额。

1．日结

日结可自然进行，即每日的最后一笔自然结出当日余额，不必另起一行。日结也可以逐笔结余额，或者每隔几笔结一次余额。

2．月结

月结是在本月最后一笔记录下面划一条通栏红线，并在下一行的摘要栏中用红字居中书写"本月合计"，同时在该行结出本月发生额合计及余额；然后，在"本月合计"行下面再画一条通栏单红线。

3．年结

年末结账时，在12月"本月合计"行下面画通栏双红线，表示封账。日记账的结账见表8-30。

表8-30

库存现金日记账

币种：人民币   第 22 页

2019年		凭证		摘　要	对方科目	借　方	贷　方	余　额
月	日	字	号					
11	1			期初余额				3 000.00
	2	收	1	收到罚款	管理费用	500.00		3 500.00
	3	付	1	借差旅费	其他应收款		1 000.00	2 500.00
	4	付	2	付办公费	管理费用		350.00	2 150.00
	5	付	3	提取现金	银行存款	2 000.00		4 150.00
				……				
	31			本月合计		6 850.00	2 300.00	7 550.00
12	5	付	2	付办公费	管理费用		300.00	7 250.00
				……				
	31			本月合计		2 800.00	3 200.00	7 150.00

注："本月合计"行上、下的双线，其中有一条是通栏红单线，表示月结；12月的"本月合计"行下的三条线，其中两条是通栏单红线，表示年结。以下表格中相同，不再重复。

（二）明细账的结账

1．月结

明细账在月结时应区别以下几种情况：

（1）本月没有发生额的账户，不必进行月结（不画结账线）。

（2）不需按月结计本月发生额的账户，如各项应收、应付款及各项财产物资明细账等，每次记账都要随时结出余额，在月末最后一笔业务结出余额后，只需在本月最后一笔记录下面画一条通栏单红线，表示"本月记录到此结束"。见表8-31。

（3）需要按月结计本月发生额的账户，如生产成本、制造费用及各损益类明细账等，都要结计"本月合计"，具体结账方法与库存现金、银行存款的月结方法相同。见表8-30。

（4）需要结计本年累计发生额的账户，如损益类明细账等，要按月结出本年累计发生额，在"本月合计"行下结出自年初至本月末止的累计发生额，登记在月份发生额下面，"摘要"栏内注明"本年累计"，并在下面画一条通栏单红线。见表8-32。

2. 年结

年末各账户按前述方法进行月结的同时，在各账户的本年最后一笔记录下面划通栏双红线，表示"年末封账"。

表8-31

明 细 分 类 账

明细科目：湖南苹果装饰有限公司　　　　　　　　　　　　　　　总账科目：应收账款

2019年		凭证		摘　要	对应科目	借　方	贷　方	借或贷	余　额
月	日	字	号						
10	1			期初余额				借	30 000.00
	5	收	4	收回欠款	银行存款		20 000.00	借	1 000.00
	31	收	10	销售产品	主营业务收入等	58 500.00		借	68 500.00
				......					
12	31	收	20	收回欠款	银行存款		6 000.00	借	32 000.00

表8-32

明 细 分 类 账

明细科目：实木板　　　　　　　　　　　　　　　　　　　总账科目：主营业务收入

2019年		凭证		摘　要	对应科目	借　方	贷　方	借或贷	余　额
月	日	字	号						
				承前页			750 000.00	贷	750 000.00
10	5	收	4	销售产品	银行存款		20 000.00	贷	770 000.00
	31	收	10	销售产品	应收账款		58 000.00	贷	828 000.00
	31			本月合计			78 000.00	贷	828 000.00
				本年累计			828 000.00	贷	828 000.00

（三）总账的结账

1．月结

总账账户月末一般可不结计"本月合计"，只需要结计月末余额。结出月末余额后，只需在本月最后一笔记录下面画一条通栏单红线，表示"本月记录到此结束"。但若是需要结计"本月合计"及本年累计发生额的账户，如损益类账户，其结账方法与上述明细账所述结账方法相同。

2．年结

年终结账时，为了反映全年各项资产、负债及所有者权益增减变动的全貌，便于核对账目，栏内注明"本年合计"字样，并在合计数下画通栏双红线。总账的结账见表8-33。

对于新的会计年度建账，一般来说，总账、日记账和多数明细账应每年更换一次。但有些明细账由于更换新账时重抄一遍工作量较大，可以跨年度连续使用，不必每年更换，如变动较小的固定资产明细账、品种和规格较多的财产物资明细账、往来单位较多的债权债务明细账等。各种备查账簿也可以连续使用。

表8-33

总　分　类　账

账户名称：银行存款

2019年		凭证		摘要	借方	贷方	借或贷	余额
月	日	字	号					
				承前页	643 000.00	560 000.00	借	364 800.00
11	30	科汇	3	21~30日汇总	123 200.00	86 450.00	借	401 550.00
12	10	科汇	1	1~10日汇总	530 000.00	315 478.00	借	616 072.00
	20	科汇	2	11~20日汇总	20 000.00	16 000.00	借	620 072.00
	31	科汇	3	21~31日汇总	30 000.00	40 000.00	借	610 072.00
	31			本年合计	1 346 200.00	1 017 928.00	借	610 072.00

任务九　会计账簿的更换与保管

一、会计账簿的更换

会计账簿是记录和反映经济业务的重要历史资料和证据。为了使每个会计年度的账簿资料明晰和便于保管，一般来说，总账、日记账和多数明细账要每年更换一次。这些账簿在每年年终按规定办理完毕结账手续后，就应更换并启用新的账簿，将余额结转记入新账簿中。但有些财产物资明细账和债权、债务明细账，由于材料等财产物资的品种、规格繁多，债权、债务单位也较多，如果更换新账，重抄一遍的工作量相当大，因此可以跨年度使用，不必每年更换一次。卡片式账簿，如固定资产卡片，以及各种备查账簿，也都可以连续使用。

二、会计账簿的保管

会计账簿同会计凭证和会计报表一样，都属于会计档案，是重要的经济档案，各单位必须按规定妥善保管，确保其安全与完整，并充分加以利用。

（一）会计账簿的装订整理

在年度终了更换新账簿后，应将使用过的各种账簿（跨年度使用的账簿除外）按时装订整理立卷。

（1）装订前，首先要按账簿启用和经管人员一览表的使用页数核对各个账户是否相符，账页数是否齐全，序号排列是否连续；然后按会计账簿封面、账簿启用表、账户目录、该账簿按页数顺序排列的账页、装订封底的顺序装订。

（2）对活页账簿，要保留已使用过的账页，将账页数填写齐全，除去空白页并撤掉账夹，用质地好的牛皮纸做封面和封底，装订成册。多栏式、三栏式、数量金额式等活页账不得混装，应按同类业务、同类账页装订在一起。装订好后，应在封面上填明账目的种类、编号卷号，并由会计主管人员和装订人员签章。

（3）装订后会计账簿的封口要严密，封口处要加盖有关印章。封面要齐全、平整，并注明所属年度和账簿名称和编号、不得有折角、缺角、错页、掉页、加空白纸的现象。会计账簿要按保管期限分别编制卷号。

（二）按期移交档案部门进行保管

年度结账后，更换下来的账簿，可暂由本单位财务会计部门保管一年。期满后原则上应由财务会计部门移交本单位档案部门保管。移交时需要编制移交清册，填写交接清单。交接人员按移交清册和交接清单项目核查无误后签章，并在账簿使用日期栏内填写移交日期。

已归档的会计账簿作为会计档案为本单位提供利用，原件不得借出，如有特殊需要，须经上级主管单位或本单位领导、会计主管人员批准，在不拆散原卷册的前提下，可以提供查阅或者复制，并要办理登记手续。

会计账簿是重要的会计档案之一，必须严格按《会计档案管理办法》规定的保管年限妥善保管，不得丢失和任意销毁。通常总账（包括日记总账）和明细账保管期限为 30 年；日记账保管期限为 30 年；固定资产卡片账在固定资产报废清理后保管 5 年；辅助账簿保管期限为 30 年。实际工作中，各单位可以根据实际利用的经验、规律和特点，适当延长有关会计档案的保管期限，但必须有较为充分的理由。

▦ 项目小结

本项目是本课程的重要环节，是会计资料的重要组成部分。通过学习会计账簿的概念和分类，会计账簿的启用程序和作用，会计账簿的期初建账方法、登记方法、对账方法、错账更正方法和结账方法，会计账簿的更换和保管方法，从而掌握会计账簿的登记、更正等必备技能。

教、学、做一体化训练

1. 下列关于银行存款日记账过次页的表述，正确的有（　　　）。

A. 应将本页合计结转下页

B. 将月初至本页的发生额会计结转下页

C. 应将年初至本页止的累计发生额结转下页

D. 直接将余额结转下页

2. 下列账簿应采用多栏式账页格式的是（　　　）。

A. 总账　　　　　　　B. 原材料　　　　　C. 实收资本明细账　　D. 管理费用明细账

3. 企业临时租入固定资产时应在（　　　）中登记。

A. 总账　　　　　　　　　　　　　　　B. 明细账

C. 备查账　　　　　　　　　　　　　　D. 无须在任何账簿中登记

4. 下列说法正确的是（　　　）。

A. 总分类账的登记方法取决于所采用的账务处理程序

B. 三栏式明细账中只包括三个栏目

C. 总分类账最常用的格式为多栏式

D. 明细分类账的格式主要有三种：三栏式、多栏式和数量金额式

5. 记账凭证账务处理程序和汇总记账凭证账务处理程序的主要区别是（　　　）。

A. 记账程序不同　　　　　　　　　　　B. 记账方法不同

C. 凭证和账簿和格式不同　　　　　　　D. 登记总账的依据和方法不同

6. 以下属于记账凭证会计核算程序优点的是（　　　）。

A. 总分类账可较详细地记录经济业务发生情况

B. 简单明了、易于了解

C. 减轻了登记总分账的工作量

D. 便于进行会计科目的试算平衡

1. 下列账簿不宜采用三栏式账页格式的是（　　　）。

A. 总账　　　　　　　B. 原材料　　　　　C. 实收资本明细账　　D. 管理费用明细账

2. 会计账簿的基本内容包括（　　　）。

A. 账页　　　　　　　　　　　　　　　B. 封面

C. 凭证种类和号数栏　　　　　　　　　D. 扉页

3. 下列关于库存现金日记账登账依据的表述，正确的有（　　　）。

A. 收入栏根据现金收款凭证登记

B. 支出栏根据现金付款凭证登记

C. 收入栏根据现金收款凭证与银行付款凭证登记

D. 支出栏根据现金付款凭证和银行收款凭证登记

4. 下列关于账簿使用的表述，正确的有（　　）。

A. 库存现金日记账应使用订本式　　　　　B. 总账应当使用订本式

C. 总账可以使用数量金额式账页　　　　　D. 明细账可以使用活页式

5. 下列关于明细账登记方法的表述，正确的有（　　）。

A. 明细账根据记账凭证登记　　　　　　　B. 应收账款明细账应逐日逐笔登记

C. 原材料明细账可以汇总登记　　　　　　D. 固定资产明细账应逐日逐笔登记

6. 下列关于错账更正的表述，正确的有（　　）。

A. 如果结账前发现记账凭证对，账簿错应使用红字更正法

B. 如果结账前发现记账凭证错，可以使用红字更正法也可以使用补充登记法

C. 记账后发现所记金额小于应记金额，则应采用补充登记法

D. 记账后发现科目错误，则应采用红字更正法

7. 下列属于结账程序的有（　　）。

A. 将本期发生的经济业务事项全部登记入账

B. 根据权责发生制的要求，调整有关账项，合理确定本期应计的收入和应计的费用

C. 将损益类科目转入"本年利润"科目，结平所有损益类科目

D. 结算出资产、负债和所有者权益科目的本期发生额和余额，并结转下期

8. 会计账簿的基本内容包括（　　）。

A. 封面　　　　　B. 扉页　　　　　C. 账页　　　　　D. 账簿名称

9. 账页是会计账簿的主体，会计账簿由若干账页组成。下列各项属于账页内容的是（　　）。

A. 账户的名称　　　　　　　　　　　B. 登记账簿的日期栏

C. 摘要栏　　　　　　　　　　　　　D. 总页次和分户页次栏

10. 下列情况可以用红色墨水记账的是（　　）。

A. 按照红字冲账的记账凭证，冲销错误记录

B. 在不设借贷等栏的多栏式账页中，登记减少数

C. 在三栏式账户的余额栏前，印明余额方向的，在余额栏内登记负数余额

D. 在三栏式账户的余额栏前，未印明余额方向的，在余额栏内登记负数余额

11. 下列说法正确的是（　　）。

A. 凡需要结出余额的账户，结出余额后，应当在"借或贷"栏内注明"借"或"贷"字样

B. 没有余额的账户，应当在"借或贷"栏内写"—"

C. 现金日记账必须逐日结出余额

D. 银行存款日记账必须逐日结出余额

12. 按照用途的不同，会计账簿分为（　　）。

A. 序时账簿　　　B. 分类账簿　　　C. 备查账簿　　　D. 数量金额式账簿

13. 下列适于建立备查账的是（　　）。

A. 租入的固定资产　B. 应收票据　　C. 委托加工材料　　D. 购入的固定资产

14. 下列属于序时账的是（　　）。

A. 库存现金日记账　　　　　　　　　B. 银行存款日记账

C. 应收账款明细账   D. 主营业务收入明细账

15. 下列应该使用多栏式账簿的是（　　　）。

A. 主营业务收入明细账   B. 管理费用明细账

C. 库存商品   D. 原材料

16. 下列可以用三栏式账簿登记的是（　　　）。

A. 总账   B. 库存现金日记账   C. 应收账款   D. 实收资本

17. 订本账一般适用于（　　　）。

A. 总分类账   B. 现金日记账   C. 银行存款日记账   D. 固定资产明细账

18. 下列可以作为现金日记账借方登记的依据的是（　　　）。

A. 现金收款凭证   B. 现金付款凭证

C. 银行存款收款凭证   D. 银行存款付款凭证

19. 下列可以作为总分类账登记依据的是（　　　）。

A. 记账凭证   B. 科目汇总表   C. 汇总记账凭证   D. 明细账

20. 下列说法正确的是（　　　）。

A. 应收账款明细账可以采用三栏式格式

B. 原材料明细账可以采用数量金额式格式

C. 生产成本明细账可以采用数量金额式格式

D. 应收票据业务可以采用横线登记式格式

21. 对账的内容一般包括（　　　）。

A. 账证核对   B. 账账核对   C. 账实核对   D. 账表核对

22. 下列属于对账的是（　　　）。

A. 账簿记录与原始凭证之间的核对

B. 总分类账簿与其所属明细分类账簿之间的核对

C. 现金日记账的期末余额合计与现金总账期末余额的核对

D. 财产物资明细账账面余额与财产物资实存数额的核对

23. 下列属于账实核对的是（　　　）。

A. 现金日记账账面余额与现金实际库存数的核对

B. 银行存款日记账账面余额与银行对账单的核对

C. 财产物资明细账账面余额与财产物资实存数额的核对

D. 应收、应付款明细账账面余额与债务、债权单位核对

24. 下列需要划双红线的是（　　　）。

A. 在"本月合计"的下面   B. 在"本年累计"的下面

C. 在 6 月末的"本年累计"的下面   D. 在"本年合计"的下面

25. 下列说法正确的是（　　　）。

A. 对不需按月结计本期发生额的账户，月末结账时，只需要在最后一笔经济业务事项记录之下通栏划单红线，不需要再结计一次余额

B. 总账账户年终结账时，将所有总账账户结出全年发生额和年末余额，在"摘要"栏内注明"本年累计"字样，并在累计数下通栏划双红线

C．总账账户年终结账时，将所有总账账户结出全年发生额和年末余额，在"摘要"栏内注明"本年合计"字样，并在合计数下通栏划双红线

D．需要结计本年累计发生额的某些明细账户，在月份发生额下面，在"摘要"栏内注明"本年累计"字样，并在下面通栏划双红线

26．下列原因导致的错账应该采用红字更正法更正的是（　　）。

A．记账凭证没有错误，登记账簿时发生错误

B．在当年内发现记账凭证的会计科目错误

C．记账凭证的应借、应贷的会计科目没有错误，所记金额大于应记金额

D．记账凭证的应借、应贷的会计科目没有错误，所记金额小于应记金额

27．对于划线更正法，下列说法正确的是（　　）。

A．对于文字错误，应当全部划红线更正

B．对于错误的数字，应当全部划红线更正

C．对于文字错误，可只划去错误的部分

D．对于错误的数字，可以只更正其中的错误数字

28．下列属于错账更正方法的是（　　）。

A．红字更正法　　　B．划线更正法　　　C．红线更正法　　　D．补充登记法

三、判断题

1．会计账簿是指由一定格式账页组成的，以会计凭证为依据，全面、系统、连续地记录各项经济业务的簿籍。　　　　　　　　　　　　　　　　　　　　　　　　（　　）

2．企业将银行存款日记账与银行对账单核对属账账核对。　　　　　（　　）

3．会计账簿是指由一定格式账页组成的，以会计凭证为依据，全面、系统、连续地记录各项经济业务的簿籍。　　　　　　　　　　　　　　　　　　　　　　　　（　　）

4．在登记账簿时如果发生隔页、跳行，可以在空页、空行处用蓝色墨水划对角线注销。
　　　　　　　　　　　　　　　　　　　　　　　　　　　　　　　　　（　　）

5．登记账簿必须使用蓝黑墨水或者碳素墨水并用钢笔书写，绝对不得使用圆珠笔或者铅笔书写。　　　　　　　　　　　　　　　　　　　　　　　　　　　　　（　　）

6．新旧账有关账户之间转记余额，不必编制记账凭证。　　　　　　（　　）

四、业务题

实训1

（一）填写原始凭证

请以制单员身份根据"制造费用""生产成本"账簿登记结果填写下列原始凭证：

（1）填写"制造费用分配表"。

（2）填写"产品成本计算表"和"产品成本入库单"。

（3）填写"产品销售成本计算表"。

（二）编制记账凭证

（1）以制单员身份编制会计凭证。

（2）以制单员身份根据所编制的"制造费用分配表"填制记账凭证。

（3）以制单员身份根据所编制的"产品成本计算表""产品成本入库单"编制记账凭证。

（4）以制单员身份根据所编制的"产品销售成本计算表"编制记账凭证。

（5）以制单员身份编制月末结转损益的记账凭证。

（三）登记账簿

（1）在开设账簿时，在"摘要"栏里写"上年结转"。

（2）根据所给的湘潭大力五金厂的期初余额资料及 2018 年 6 月的记账凭证资料开设并登记"制造费用"总账及"制造费用"明细账户。（月末要求结账）

（3）根据所给的湘潭大力五金厂的期初余额资料及 2018 年 6 月的记账凭证资料开设并登记"生产成本——按扣"明细账。（月末要求结账）

（四）整理会计档案资料

将所编制的会计凭证按顺序整理并夹好，与账簿资料一并装袋上交。

（五）基本资料

1. 企业基本情况介绍。企业基本情况见表 8-34。

表 8-34　　　　　　　　　　　企业基本情况表

企业名称	湘潭大力五金厂
企业类型	制造业有限责任公司，增值税一般纳税人
产品类型	按扣和铆钉两种产品（均在一个基本生产车间组织生产）
法人代表兼厂长	沈培良
企业组织机构	设有办公室、财务、技术、销售等部门和一个基本生产车间
会计岗位与人员安排	会计主管：李华　　审核：李兵　　会计（制单）：于平　　出纳：丁笑
产品成本计算方法	产品成本的计算采用品种法，月末不计算在产品成本。材料发出采用移动加权平均法计价。产品销售成本结转在月末进行，采用月末一次加权。（保留两位小数）

2. 湘潭大力五金厂 2019 年 5 月 31 日账户余额表见表 8-35。

表 8-35　　　　　　　　　　　总账账户余额表

总账科目	明细科目	计量单位	数量	单价	借方余额	贷方金额
库存现金					5 000.00	
银行存款					208 300.00	
原材料					41 650.00	
	铜皮	公斤	3 253.846	6.50	21 150.00	
	锌皮	公斤	5 000	4.10	20 500.00	
库存商品					224 700.00	
	按扣	箱	50	2 200.00	110 000.00	
	铆钉	箱	62	1 850.00	114 700.00	

总账科目	明细科目	计量单位	数量	单价	借方余额	贷方金额
固定资产					650 000.00	
累计折旧						80 000.00
应付职工薪酬						28 025.00
	工资					6 400.00
	住房公积金					21 625.00
其他应付款						21 625.00
	住房公积金					21 625.00
实收资本						1 000 000.00
合　计					1 129 650.00	1 129 650.00

3．湘潭大力五金厂 2019 年 6 月发生的经济业务如下，见单据 8-13 至单据 8-23（假定经济业务系统连续，所有记账凭证经审核无误）。

单据 8-13

记 账 凭 证

2019 年 6 月 7 日　　　　　　记 字 第 1 号

摘要	会计科目		借方金额	贷方金额	记账（签章）
	总账科目	明细科目	千百十万千百十元角分	千百十万千百十元角分	
购买办公用品	管理费用		5 4 0 0 0		附件1张
	库存现金			5 4 0 0 0	
合　计			￥5 4 0 0 0	￥5 4 0 0 0	

会计主管：李华　　出纳：丁笑　　审核：李兵　　制单：于平

单据 8-14

记 账 凭 证

2019 年 6 月 8 日　　　　　　记 字 第 2 号

摘要	会计科目		借方金额	贷方金额	记账（签章）
	总账科目	明细科目	千百十万千百十元角分	千百十万千百十元角分	
领料	制造费用	物料消耗	5 8 6 5 0 0		附件1张
	生产成本	按扣（直材）	1 8 6 5 0 0 0		
	生产成本	铆钉（直材）	2 3 2 0 0 0 0		
	原材料	铜皮		4 7 7 1 5 0 0	
合　计			￥4 7 7 1 5 0 0	￥4 7 7 1 5 0 0	

会计主管：李华　　出纳：　　审核：李兵　　制单：于平

单据 8-15

记 账 凭 证

2019 年 6 月 10 日　　　　　　　　　　　　记 字 第 3 号

摘要	会计科目		借方金额										贷方金额										记账(签章)
	总账科目	明细科目	千	百	十	万	千	百	十	元	角	分	千	百	十	万	千	百	十	元	角	分	
支付公积金	其他应付款					2	1	6	2	5	0	0											
	应付职工薪酬	住房公积金				2	1	6	2	5	0	0											
	银行存款															4	3	2	5	0	0	0	
合计					¥	4	3	2	5	0	0	0			¥	4	3	2	5	0	0	0	

会计主管：李华　　　出纳：丁笑　　　审核：李兵　　　制单：于平　　附件 1 张

单据 8-16

记 账 凭 证

2019 年 6 月 13 日　　　　　　　　　　　　记 字 第 4 号

摘要	会计科目		借方金额										贷方金额										记账(签章)
	总账科目	明细科目	千	百	十	万	千	百	十	元	角	分	千	百	十	万	千	百	十	元	角	分	
借差旅费	其他应收款	谭笑					3	0	0	0	0	0											
	库存现金																	3	0	0	0	0	0	
合计						¥	3	0	0	0	0	0				¥	3	0	0	0	0	0	

会计主管：李华　　　出纳：丁笑　　　审核：李兵　　　制单：于平　　附件 1 张

单据 8-17

记 账 凭 证

2019 年 6 月 13 日　　　　　　　　　　　　记 字 第 5 号

摘要	会计科目		借方金额										贷方金额										记账(签章)
	总账科目	明细科目	千	百	十	万	千	百	十	元	角	分	千	百	十	万	千	百	十	元	角	分	
购料	原材料	铜皮					6	2	0	0	0	0											
	原材料	锌皮					2	4	6	0	0	0											
	应交税费	应交增值税					1	1	2	5	8	0											
	银行存款																9	7	8	5	8	0	
合计						¥	9	7	8	5	8	0			¥	9	7	8	5	8	0	

会计主管：李华　　　出纳：丁笑　　　审核：李兵　　　制单：于平　　附件 1 张

单据 8-18

记 账 凭 证

2019 年 6 月 20 日　　　　　　　　　记　字　第　6　号

摘要	总账科目	明细科目	借方金额 千	百	十	万	千	百	十	元	角	分	贷方金额 千	百	十	万	千	百	十	元	角	分	记账(签章)
销售商品	应收账款	衡阳五金		2	1	8	0	9	0	0	0	0											
	主营业务收入													1	9	3	0	0	0	0	0	0	
	应交税费	应交增值税													2	5	0	9	0	0	0	0	
合　　计			¥	2	1	8	0	9	0	0	0	0	¥	2	1	8	0	9	0	0	0	0	

会计主管：李华　　　　出纳：丁笑　　　　审核：李兵　　　　制单：于平　　　附件 1 张

单据 8-19

记 账 凭 证

2019 年 6 月 28 日　　　　　　　　　记　字　第　7　号

摘要	总账科目	明细科目	借方金额 千	百	十	万	千	百	十	元	角	分	贷方金额 千	百	十	万	千	百	十	元	角	分	记账(签章)
发放工资	应付职工薪酬	工资			4	9	1	5	0	0	0	0											
	其他应付款															1	0	8	1	3	0	0	
	银行存款														4	8	0	6	8	7	0	0	
合　　计			¥		4	9	1	5	0	0	0	0	¥		4	9	1	5	0	0	0	0	

会计主管：李华　　　　出纳：丁笑　　　　审核：李兵　　　　制单：于平　　　附件 1 张

单据 8-20

记 账 凭 证

2019 年 6 月 30 日　　　　　　　　　记　字　第　8　号

摘要	总账科目	明细科目	借方金额 千	百	十	万	千	百	十	元	角	分	贷方金额 千	百	十	万	千	百	十	元	角	分	记账(签章)
分配工资及	生产成本	按扣					9	3	4	8	0	0											
福利费	生产成本	铆钉				1	0	8	3	0	0	0											
	管理费用	工资及福利				1	6	8	7	2	0	0											
	制造费用	工资及福利					7	2	9	6	0	0											
	销售费用	工资及福利				1	1	6	8	5	0	0											
	应付职工薪酬	工资														4	9	1	5	0	0	0	
		福利费															6	8	8	1	0	0	
合　　计			¥			5	6	0	3	1	0	0	¥			5	6	0	3	1	0	0	

会计主管：李华　　　　出纳：　　　　审核：李兵　　　　制单：于平　　　附件 1 张

单据 8-21

记 账 凭 证

2019 年 6 月 30 日   记 字 第 9 号

摘要	会计科目		借方金额										贷方金额										记账(签章)
	总账科目	明细科目	千	百	十	万	千	百	十	元	角	分	千	百	十	万	千	百	十	元	角	分	
计提折旧	制造费用	折旧费					5	8	0	0	0	0											
	管理费用	折旧费					4	2	0	0	0	0											
	销售费用	折旧费						4	0	0	0	0											
	累计折旧															1	0	4	0	0	0	0	
	合　　计				¥	1	0	4	0	0	0	0			¥	1	0	4	0	0	0	0	

会计主管：李华　　　出纳：　　　审核：李兵　　　制单：于平　　　附件1张

单据 8-22

记 账 凭 证

2019 年 6 月 30 日   记 字 第 10 号

摘要	会计科目		借方金额										贷方金额										记账(签章)
	总账科目	明细科目	千	百	十	万	千	百	十	元	角	分	千	百	十	万	千	百	十	元	角	分	
支付水费	制造费用	水费					1	5	0	0	0	0											
	管理费用	水费						4	0	0	0	0											
	销售费用	水费						1	0	0	0	0											
	应交税费	应交增值税						1	8	0	0	0											
	银行存款																2	1	8	0	0	0	
	合　　计				¥	2	1	8	0	0	0	0			¥	2	1	8	0	0	0	0	

会计主管：李华　　　出纳：丁笑　　　审核：李兵　　　制单：于平　　　附件1张

单据 8-23

记 账 凭 证

2019 年 6 月 30 日   记 字 第 11 号

摘要	会计科目		借方金额										贷方金额										记账(签章)
	总账科目	明细科目	千	百	十	万	千	百	十	元	角	分	千	百	十	万	千	百	十	元	角	分	
领料	制造费用	物料消耗					6	4	3	0	0	0											
	生产成本	铆钉				1	5	0	4	0	0	0											
	生产成本	按扣				1	5	2	7	3	0	0											
	原材料	铜皮														1	9	9	3	3	0	0	
	原材料	锌皮														1	6	8	1	0	0	0	
	合　　计				¥	3	6	7	4	3	0	0			¥	3	6	7	4	3	0	0	

会计主管：李华　　　出纳：丁笑　　　审核：李兵　　　制单：于平　　　附件1张

12-1：制造费用分配表，见单据8-24。

单据8-24

制 造 费 用 分 配 表

2019 年 6 月 30 日

产品	一车间制造费用		
	分配标准 （机器工时）	分配率	分配额
按扣	4 000		
铆钉	6 000		
合计	10 000		

制单：于平　　　　　　　　复核：李兵

13-1：完工产品成本计算单，见单据8-25。

单据8-25

完 工 产 品 成 本 计 算 单

2019 年 6 月 30 日　　　　　　　　　　单位：元

成本项目	按 扣（完工 15 箱）		铆 钉（完工 20 箱）	
	总成本	单位成本	总成本	单位成本
直接材料	—		38 240.00	—
直接人工	—		10 830.00	—
制造费用	—		16 134.60	—
合计			65 204.60	3 260.23

会计主管：李华　　　会计：于平　　　复核：王林　　　制单：于平

13-2：完工产品入库单，见单据8-26。

单据8-26

完 工 产 品 入 库 单

交货单位：基本生产车间　　　　　2019 年 6 月 30 日　　　　　第 001 号

产品名称	单位	数量	单位成本	成本总额							
				十	万	千	百	十	元	角	分
按扣	箱	15									
铆钉	箱	20									
金额（大写）人民币											

送检员：邓小兵　　　检验员：罗霄　　　记账员：于平　　　保管员：张军

14-1：产品销售成本计算表，见单据 8-27。

单据 8-27

产 品 销 售 成 本 计 算 表

2019 年 6 月 30 日　　　　　　　　单位：元

产品名称	数量（箱）	单位成本	总成本
按扣	35		
铆钉	40		
合计			
备　注：			

会计：于平　　　复核：王林　　　制单：于平

15. 月末结转损益类账户余额。

实训 2

（一）登记账簿

（1）根据给定的期初余额资料、记账凭证资料及编制的记账凭证，开设、登记"制造费用"总账（月末结账时必须结出本月合计）。

（2）根据给定的期初余额资料、记账凭证资料及编制的记账凭证，开设、登记"生产成本——刻模车床"明细账（月末结账时必须结出本月合计）。

（二）填写原始凭证

经济业务均属于光华机床有限责任公司 6 月的业务，请根据"制造费用""生产成本"账簿登记结果填写下列原始凭证：

（1）填写原始凭证"制造费用分配表"。

（2）"产品成本入库单"。

（3）"产品出库单""产品销售成本计算表"。

（三）编制记账凭证

（1）根据编制的"制造费用分配表"编制记账凭证。

（2）根据编制的"产品成本计算表""产品成本入库单"编制记账凭证。

（3）根据编制的"产品出库单""产品销售成本计算表"编制记账凭证。

（4）编制月末结转损益的记账凭证。

（四）会计档案整理

将所编制的会计凭证资料按顺序整理夹好，与登记的账簿一并装袋。

（五）基本资料

1. 企业基本情况介绍。企业基本情况见表 8-36。

表 8-36   企业基本情况表

企业名称	光华机床有限责任公司
企业类型	制造业有限责任公司，增值税一般纳税人，注册资金 1 000 万元
产品类型	普通车床和刻模车床两种产品，均在一个基本生产车间组织生产
法人代表兼厂长	王兴发
企业组织机构	设有办公室、财务、技术、销售等部门和一个基本生产车间
会计岗位与人员安排	财务主管（兼复核）：王林　会计（制单、记账）：于波 出纳：刘平
产品成本计算方法	采用品种法，生产费用在完工产品和月末在产品之间的分配方法采用在产品成本按期初固定数额计算。库存商品发出采用全月一次加权平均法计价

2. 光华机床有限责任公司 2019 年 5 月 31 日账户余额表，见表 8-37。

表 8-37   账户余额表

单位：元

总账科目	明细科目	计量单位	数量	单价	借方余额	贷方金额
库存现金					5 000.00	
银行存款					1 108 300.00	
应收账款					160 000.00	
	大连重型机械厂				160 000.00	
原材料					558 000.00	
	油漆	桶	50	2 400.00	120 000.00	
	圆钢	吨	100	3 000.00	300 000.00	
	生铁	吨	60	2 300.00	138 000.00	
生产成本					23 540.00	
	刻模车床				10 227.00	
	普通车床				13 313.00	
库存商品					248 000.00	
	普通车床	台	4	24 000.00	96 000.00	
	刻模车床	台	10	15 200.00	152 000.00	
固定资产					11 644 460.00	
累计折旧						3 200 000.00
应付账款						33 950.00
	开化轴承厂					33 950.00
应付职工薪酬						5 000.00
长期应付款						100 000.00
	设备租赁款	付款期 2019 年 6 月				100 000.00
实收资本						10 000 000.00
资本公积						378 350.00
利润分配						30 000.00
合　计					13 747 300.00	13 747 300.00

3. 2019 年 5 月 31 日生产成本明细表，见表 8-38。

表 8-38　　　　　　　　　　生产成本明细表

单位：元

在产品名称	直接材料	直接人工	制造费用	合　计
刻模车床	3 477.18	3 068.10	3 681.72	10 227.00
普通车床	7 455.28	2 662.60	3 195.12	13 313.00
合　计	10 932.46	5 730.70	6 876.84	23 540.00

4. 光华机床有限责任公司 2019 年 6 月发生的主要经济业务如下，见单据 8-28 至单据 8-38。（记账凭证均审核无误，且业务系统完整）

单据 8-28

记　账　凭　证

2019 年 6 月 6 日　　　　　　　　　　　记　字第　1　号

摘　要	会 计 科 目		借方金额	贷方金额	记账（签章）
	总账科目	明细科目	千百十万千百十元角分	千百十万千百十元角分	
从银行提取现	库存现金		3 0 0 0 0 0		
金备用	银行存款			3 0 0 0 0 0	附件1张
			¥ 3 0 0 0 0 0	¥ 3 0 0 0 0 0	

会计主管：王林　　　　出纳：刘平　　　　审核：王明　　　　制单：于波

单据 8-29

记　账　凭　证

2019 年 6 月 8 日　　　　　　　　　　　记　字第　2　号

摘　要	会 计 科 目		借方金额	贷方金额	记账（签章）
	总账科目	明细科目	千百十万千百十元角分	千百十万千百十元角分	
车间领用材料	制造费用	物料消耗	4 8 0 0 0 0		
	原材料	油漆		4 8 0 0 0 0	附件1张
			¥ 4 8 0 0 0 0	¥ 4 8 0 0 0 0	

会计主管：王林　　　　出纳：　　　　审核：王明　　　　制单：于波

单据8-30

记 账 凭 证

2019 年 6 月 12 日　　　　　　　　　　记 字 第 3 号

摘要	总账科目	明细科目	借方金额 千	百	十	万	千	百	十	元	角	分	贷方金额 千	百	十	万	千	百	十	元	角	分	记账(签章)
采购材料	原材料	生铁				6	8	8	9	5	0	0											
		圆钢				3	1	4	6	5	0	0											
	应交税费	增值税(进)				1	3	0	4	6	8	0											
	银行存款														1	1	1	4	0	6	8	0	
	其他应收款																2	0	0	0	0	0	
			¥	1	1	3	4	0	6	8	0		¥	1	1	3	4	0	6	8	0		

会计主管：王林　　　　出纳：刘平　　　　审核：王明　　　　制单：于波　　　附件1张

单据8-31

记 账 凭 证

2019 年 6 月 18 日　　　　　　　　　　记 字 第 4 号

摘要	总账科目	明细科目	借方金额 千	百	十	万	千	百	十	元	角	分	贷方金额 千	百	十	万	千	百	十	元	角	分	记账(签章)
领用材料	制造费用	物料消耗					3	0	0	0	0	0											
	生产成本	刻模铣床(直材)			1	7	5	0	0	0	0											
		普通车床(直材)			3	7	4	0	0	0	0											
	原材料	生铁													3	4	5	0	0	0	0	
		圆钢														9	0	0	0	0	0	
		油漆													1	4	4	0	0	0	0	
			¥		5	7	9	0	0	0	0		¥		5	7	9	0	0	0	0		

会计主管：王林　　　　出纳：　　　　审核：王明　　　　制单：于波　　　附件1张

单据8-32

记 账 凭 证

2019 年 6 月 19 日　　　　　　　　　　记 字 第 5 号

摘要	总账科目	明细科目	借方金额 千	百	十	万	千	百	十	元	角	分	贷方金额 千	百	十	万	千	百	十	元	角	分	记账(签章)
销售产品	应收账款	中南车床厂			2	7	1	2	0	0	0	0											
	主营业务收入														2	4	0	0	0	0	0	0	
	应交税费	增值税(销)														3	1	2	0	0	0	0	
			¥		2	7	1	2	0	0	0	0	¥		2	7	1	2	0	0	0	0	

会计主管：王林　　　　出纳：　　　　审核：王明　　　　制单：于波　　　附件1张

单据 8-33

记 账 凭 证

2019 年 6 月 22 日 　　　　　　　　　　记 字 第 6 号

摘要	会计科目		借方金额										贷方金额										记账(签章)
	总账科目	明细科目	千	百	十	万	千	百	十	元	角	分	千	百	十	万	千	百	十	元	角	分	
收回大连	银行存款				1	6	0	0	0	0	0	0											
重型机械	应收账款	大连重型机械厂													1	6	0	0	0	0	0	0	
厂前欠货																4	0	8	0	0	0	0	
					¥3	0	0	0	0	0	0				¥3	0	0	0	0	0	0		

附件 1 张

会计主管：王林　　　　出纳：刘平　　　　审核：王明　　　　制单：于波

单据 8-34

记 账 凭 证

2019 年 6 月 30 日 　　　　　　　　　　记 字 第 7 号

摘要	会计科目		借方金额										贷方金额										记账(签章)
	总账科目	明细科目	千	百	十	万	千	百	十	元	角	分	千	百	十	万	千	百	十	元	角	分	
分配工	生产成本	刻模铣床(人工)				1	5	5	0	0	0	0											
资费用		普通车床(人工)				1	3	4	0	0	0	0											
	管理费用	工资费用				1	5	0	0	0	0	0											
	制造费用	工资费用					9	0	0	0	0	0											
	销售费用	工资费用				1	8	8	0	0	0	0											
	应付职工薪酬	工资费用														7	1	7	0	0	0	0	
						¥7	1	7	0	0	0	0				¥7	1	7	0	0	0	0	

附件 1 张

会计主管：王林　　　　出纳：　　　　审核：王明　　　　制单：于波

单据 8-35

记 账 凭 证

2019 年 6 月 30 日 　　　　　　　　　　记 字 第 8 号

摘要	会计科目		借方金额										贷方金额										记账(签章)
	总账科目	明细科目	千	百	十	万	千	百	十	元	角	分	千	百	十	万	千	百	十	元	角	分	
支付电费	制造费用	水费					3	6	0	0	0	0											
	管理费用	水费					2	4	0	0	0	0											
	应交税费	增值税(进项)						5	4	0	0	0											
	银行存款																6	5	4	0	0	0	
							¥6	5	4	0	0	0					¥6	5	4	0	0	0	

附件 1 张

会计主管：王林　　　　出纳：刘平　　　　审核：王明　　　　制单：于波

单据 8-36

记 账 凭 证

2019 年 6 月 30 日   记 字 第 _9_ 号

摘 要	会 计 科 目		借 方 金 额										贷 方 金 额										记账（签章）
	总账科目	明细科目	千	百	十	万	千	百	十	元	角	分	千	百	十	万	千	百	十	元	角	分	
计提折旧	制造费用	折旧费				2	3	4	0	0	0	0											
	管理费用	折旧费					9	9	2	4	0	0											
	销售费用	折旧费				1	6	8	0	0	0												
	累计折旧														3	5	0	0	4	0	0		
			¥	3	5	0	0	4	0	0			¥	3	5	0	0	4	0	0			

附件 1 张

会计主管：王林   出纳：   审核：王明   制单：于波

单据 8-37

记 账 凭 证

2019 年 6 月 30 日   记 字 第 _10_ 号

摘 要	会 计 科 目		借 方 金 额										贷 方 金 额										记账（签章）
	总账科目	明细科目	千	百	十	万	千	百	十	元	角	分	千	百	十	万	千	百	十	元	角	分	
支付水费	制造费用	水费					1	5	0	0	0	0											
	管理费用	水费						4	0	0	0	0											
	销售费用	水费						1	0	0	0	0											
	应交税费	增值税（进）						1	8	0	0	0											
	银行存款															2	1	8	0	0	0		
			¥	2	1	8	0	0	0			¥	2	1	8	0	0	0					

附件 1 张

会计主管：王林   出纳：刘平   审核：王明   制单：于波

单据 8-38

记 账 凭 证

2019 年 6 月 30 日   记 字 第 _11_ 号

摘 要	会 计 科 目		借 方 金 额										贷 方 金 额										记账（签章）
	总账科目	明细科目	千	百	十	万	千	百	十	元	角	分	千	百	十	万	千	百	十	元	角	分	
计算应交	税金及附加						2	3	6	5	5	0											
税金	应交税费	城建税															1	6	5	5	8	5	
		教育费附加																7	0	9	6	5	
			¥	2	3	6	5	5	0			¥	2	3	6	5	5	0					

附件 1 张

会计主管：王林   出纳：   审核：王明   制单：于波

12-1：制造费用分配表，见单据 8-39。

单据 8-39

制 造 费 用 分 配 表

2019 年 6 月 30 日

单位：元

产品	车间制造费用		
	分配标准 （机器工时）	分配率	分配金额
刻模铣床	5 500		
普通车床	4 500		
合　计	10 000		

制单：　　　　　　　复核：

13-1：产品成本计算单，见单据 8-40。

单据 8-40

刻 模 车 床 完 工 产 品 成 本 计 算 单

完工：5 台　　　　　　2019 年 6 月 30 日　　　　　　单位：元

项　目	直接材料	直接人工	制造费用	合　计
期初在产品成本	3 477.18	3 068.10	3 681.72	10 227.00
本期发生	17 500.00	15 500.00	24 915.00	57 915.00
成本合计	20 977.18	18 568.10	28 596.72	68 142.00
月末在产品成本	3 477.18	3 068.10	3 681.72	10 227.00
本期完工产品成本	17 500.00	15 500.00	24 915.00	57 915.00
单位产品成本	3 500.00	3 100.00	4 983.00	11 583.00

会计主管：王林　　　　会计：于波　　　　复核：王林　　　　制单：于波

13-2：产品成本计算单，见单据 8-41。

单据 8-41

普 通 车 床 完 工 产 品 成 本 计 算 单

完工：4 台　　　　　　2019 年 6 月 30 日　　　　　　单位：元

项　目	直接材料	直接人工	制造费用	合　计
期初在产品成本	7 455.28	2 662.60	3 195.12	13 313.00
本期发生	37 400.00	13 400.00	20 385.00	71 185.00
成本合计	44 855.28	16 062.60	23 580.12	84 498.00
月末在产品成本	7 455.28	2 662.60	3 195.12	13 313.00
本期完工产品成本	37 400.00	13 400.00	20 385.00	71 185.00
单位产品成本	9 350.00	3 350.00	5 096.25	17 796.25

会计主管：王林　　　　会计：于波　　　　复核：王林　　　　制单：于波

13-3：产品入库单，见单据8-42。

单据8-42

产 品 入 库 单

交货单位：基本生产车间　　　　　　　　2019 年 6 月 30 日　　　　　　　　　　　　第 001 号

产品名称	单位	数量	单位成本	成本总额							
				十	万	千	百	十	元	角	分
刻模车床	台	5									
普通车床	台	4									
金额（大写）人民币											

送检员：邓小兵　　　　　检验员：罗霄　　　　　记账员：于波　　　　　保管员：张军

14-1：产品成本计算表，见单据8-43。

单据8-43

产 品 销 售 成 本 计 算 表

2019 年 6 月 30 日　　　　　　　　　　　　　　　　　单位：元

产品名称	数量（台）	单位成本	总成本
普通车床	4		
合计	4		
备注：			

会计：于波　　　　　复核：王林　　　　　制单：于波

14-2：产品出库单，见单据8-44。

单据8-44

光 华 机 床 有 限 责 任 公 司 产 品 出 库 单

购货单位：中南机床厂　　　　　　　　2019 年 6 月 30 日　　　　　　　　　　　　第 008 号

产品编码	产品名称	单位	发出数量	实际单位成本	金　额								第二联：交会计部门
					十	万	千	百	十	元	角	分	
	普通车床	台	4										
附件：		张		合计									

仓库主管：张军　　　　　记账：于波　　　　　发料：张军　　　　　领料：梁明

15. 月末结转损益类账户余额。

项目九

财务报表的编制

学习目标

1. 了解会计报表的分类和编制要求。
2. 熟悉主要会计报表的结构。
3. 掌握资产负债表、利润表的概念和编制方法。

会计知识引导

　　会计人员除了做好日常核算，还需要定期向老板、高层或者其他部门提供会计报表或财务分析报告。销售部门找到你，想了解企业实现了多少销售收入？采购部门来问你，企业还欠供应商多少货款？人事部门询问你，绩效考核需要发放多少奖金？老板（总经理）让你说说，企业实现了多少盈利或亏损？数据准确与否，将直接影响到业务部门或者管理高层的决策。外报数据，从某种程度上来说，还会影响到会计人员的诚信。试想，如果你屡次提供的会计数据都不准确或者需要更正，次数多了时间久了，谁还会信任你？所以，一定要严肃对待你报出的会计数据，不论是对企业内部部门或者人员，还是对企业外部机构或者人员，特别是向企业外部提供会计数据，如果稍有不慎，提供了错误的数据，还会给企业造成不可估量的损失。

任务一　　财务报告概述

一、财务报告的概念与分类

（一）财务报告的概念

　　财务报告是企业对外提供的反映企业某一特定日期的财务状况和某一会计期间的经营成果和现金流量等会计信息的文件。企业财务报告由财务报表及其附注、其他应当在财务报告中披露的相关信息和资料组成。

　　财务报表是对企业财务状况、经营成果和现金流量的结构性表述。企业对外提供的财务报表一般包括资产负债表、利润表、现金流量表、所有者权益（或股东权益）变动表。各类经营单位编制财务报表的目的是为了向单位的有关各方，如出资人、债权人、监管机构、银行、税务机关等，提供全面、系统的财务会计信息，以帮助他们了解该经营单位管理层受托责任的履行情况，分析其业务活动中存在的问题，便于报告的使用者做出更加合理的经济决策报告。

附注是对在资产负债表、利润表、现金流量表和所有者权益变动表等报表中列示项目的文字描述或明细资料，以及对未能在这些报表中列示项目的说明等，是财务报告不可或缺的一部分。附注至少应当包括下列内容：①企业的基本情况；②财务报表的编制基础；③遵循企业会计准则的声明；④重要会计政策和会计估计；⑤会计政策和会计估计变更以及差错更正的说明；⑥报表重要项目的说明；⑦或有和承诺事项、资产负债表日后非调整事项、关联方关系及其交易等需要说明的事项；⑧有助于财务报表使用者评价企业管理资本的目标、政策及程序的信息。

编制财务报是会计核算的专门方法，也是会计确认与计量的最终结果体现，因而是会计工作的一项重要内容。本书只介绍资产负债表和利润表的编制方法。由于现金流量表和所有者权益变动表、附注的编制比较复杂，其编制方法在此不予阐述。

（二）财务报表的分类

作为财务报告核心内容的财务报表，可以根据需要，按照不同的标准进行分类。

1. 按照财务报表反映的内容分类

财务报表按照其反映的内容不同，可以分为静态财务报表和动态财务报表。

静态财务报表是反映企业某一特定时日静态财务状况的财务报表，如资产负债表。

动态财务报表是反映企业某一时期内的动态经营成果和现金流量的财务报表，如利润表和现金流量表。

2. 按照财务报表的编报期间分类

按财务报表编报期间的不同，可以分为中期财务报表和年度财务报表。

中期财务报表，是以短于一个完整会计年度的报告期间为基础编制的财务报表，包括月报、季报和半年报等。中期财务报表至少应当包括资产负债表、利润表、现金流量表和附注。其中，中期资产负债表、利润表和现金流量表应当是完整报表，其格式和内容应当与年度财务报表相一致。与年度财务报表相比，中期财务报表中的附注披露可适当简略。

年度财务报表，是指以一个完整的会计年度（自公历1月1日起至6月30日止）为基础编制的财务报表。年度财务报表一般包括资产负债表、利润表、现金流量表、所有者权益变动表和附注等内容。

3. 按编报主体不同分类

按财务报表编报主体的不同，可以分为个别财务报表和合并财务报表。

个别财务报表，是由企业在自身会计核算基础上对账簿记录进行加工而编制的财务报表。它主要用以反映企业自身的财务状况、经营成果和现金流量情况。

合并财务报表，是以母公司和子公司组成的企业集团为会计主体，根据母公司和所属子公司的财务报表，由母公司编制的综合反映企业集团财务状况、经营成果及现金流量的财务报表。

二、财务报表列报的基本要求

财务报表列报，是指经济业务在财务报表中的列示和在附注中的披露。

1. 以持续经营为基础编制

企业应当以持续经营为基础，根据实际发生的交易和事项，按照《企业会计准则——基本准则》和其他各项会计准则的规定进行确认和计量，在此基础上编制财务报表。如果企业出现了非持续经营状态，致使以持续经营为基础编制财务报表不再合理的，企业应当采用其他基础编制财务报表，并在附注中披露这一事实。但是，企业不应以附注披露代替确认和计量，不恰当的确认和计量也不能通过充分披露相关会计政策而纠正。

2. 按正确的会计基础编制

除现金流量表按照收付实现制原则编制外，企业均应当按照权责发生制原则编制财务报表。

3. 至少按年编制财务报表

企业至少应当按年编制财务报表。按规定，我国企业的会计年度自公历 1 月 1 日起至 12 月 31 日止。年度财务报表涵盖的期间短于一年的，应当披露年度财务报表的涵盖期间、短于一年的原因以及报表数据不具可比性的事实。

4. 项目列报遵守重要性原则

重要性，是指在合理预期下，财务报表某项目的省略或错报会影响使用者据此做出经济决策，则该项目具有重要性。某些项目的重要性程度不足以在资产负债表、利润表、现金流量表或所有者权益变动表中单独列示，但对附注却具有重要性，则应当在附注中单独披露。

5. 保持各个会计期间财务报表项目的一致性

财务报表项目的列报应当在各个会计期保持一致，除会计准则要求改变财务报表的列报或企业经营业务的性质发生重大变化后，变更财务报表项目的列报能够提供更可靠、更相关的会计信息外，不得随意变更。

6. 各项目之间的金额不得相互抵销

财务报表中的资产项目和负债项目的金额、收入项目和费用项目的金额、直接计入当期利润的利得项目和损失项目的金额不得相互抵销，但其他会计准则另有规定的除外。

7. 至少应当提供所有列报项目上一个可比会计期间的比较数据

当期财务报表的列报，应当提供所有列报项目上一个可比会计期间的比较数据，以及与理解当期财务报表相关的说明，但其他会计准则另有规定的除外。财务报表的列报项目发生变更的，应当至少对可比期间的数据按照当期的列报要求进行调整，并在附注中披露调整的原因和性质，以及调整的各项目金额。对比数据进行调整不切实可行的、应当在附注中披露不能调整的原因。

8. 应当在财务报表的显著位置披露编报企业的名称等重要信息

企业应当在财务报表的显著位置（如表首）至少披露下列各项：①编报企业的名称；②财务报表日期或涵盖的会计期间；③人民币金额单位；④财务报表是合并财务报表的，应该予以说明。

三、财务报表编制前的准备工作

在编制财务报表前，需要完成下列工作：

（1）严格审核会计账簿的记录和有关资料。

（2）进行全面财产清查、核实债务，并按规定程序报批，进行相应的会计处理。

（3）按规定的结账日进行结账，结出有关会计账簿的余额和发生额，并核对各会计账簿之间的余额。

（4）检查相关的会计核算是否按照国家统一的会计制度的规定进行。

（5）检查是否存在因会计差错、会计政策变更等原因需要调整前期或本期相关项目的情况等。

任务二　资产负债表

一、资产负债表的概念与作用

资产负债表是反映企业某一特定日期（如月末、季末、年末）财务状况的财务报表。它是根据"资产－负债＝所有者权益"这一会计等式，依照一定的分类标准和顺序，将企业在一定日期的全部资产、负债和所有者权益项目进行适当分类、汇总、排列后编制而成的。企业编制资产负债表可以提供有关企业财务状况方面的信息，即某一特定日期企业资产、负债、所有者权益及相互关系的信息。它是企业最重要的财务报表之一。

资产负债表的作用主要有：①可以提供某一日期资产的总额及其结构，表明企业拥有或控制的资源及其分布情况；②可以提供某一日期的负债总额及其结构，表明企业未来需要用多少资产或劳务清偿债务以及清偿时间；③可以反映所有者所拥有的权益，据以判断资本保值、增值的情况以及对负债的保障程度。因此企业编制资产负债表，可以帮助报表使用者评价和分析企业的偿债能力、营运能力等情况。

二、资产负债表列报格式

资产负债表的列报格式一般有两种：报告式和账户式。报告式资产负债表是上下结构。上半部列示资产，下半部列示负债和所有者权益。在我国，资产负债表采用账户式的格式。账户式资产负债表是左右结构，即左边列示资产方，并按照资产的流动性大小分项列示；右边列示负债和所有者权益方，且负债按照其清偿时间的先后顺序分项列示，所有者权益按其构成内容分项列示。根据会计等式"资产－负债＝所有者权益"的基本原理，在账户式资产负债表中，资产各项目的总计金额应等于负债和所有者权益各项目的总计金额，即资产负债表左方和右方应当平衡。

扫一扫　学一学

三、资产负债表编制的基本方法

（一）"期末余额"栏的填列方法

资产负债表"期末余额"栏内各项数字，一般应根据资产、负债和所有者权益类科目的期末余额填列，具体方法如下：

1. 根据一个或几个总账科目的余额直接填列

资产负债表某些项目"期末余额"栏内各项数字根据一个总账科目的余额填列。如"交易性金融资产""工程物资""固定资产清理""短期借款""应付票据""应付职工薪酬""应交税费""应付利息""应付股利""其他应付款""预计负债"、"实收资本"（或股本）、"资本公积""盈余公积"等项目应根据有关总账科目的余额填列。

资产负债表有些项目"期末余额"栏内各项数字根据几个总账科目的余额计算填列。如"货币资金"项目根据"库存现金""银行存款""货币资金"这三个总账科目余额的合计数填列。

2．根据明细账科目的余额计算调整填列

资产负债表某些项目"期末余额"栏内各项数字根据明细账科目的余额计算调整填列。如"应收账款"项目，根据"应收账款"和"预收账款"两个科目所属的相关明细科目的期末借方余额合计数，减去"坏账准备"账户中有关应收账款计提的坏账准备余额后的金额填列；"预付账款"项目，根据"预付账款"和"应付账款"两个科目所属的相关明细科目的期末借方余额合计数，减去"坏账准备"账户中有关预付账款计提的坏账准备余额后的金额填列；"应付账款"项目，根据"应付账款"和"预付账款"两个科目所属的相关明细科目的期末贷方余额合计数填列；"预收账款"项目，根据"预收账款"和"应收账款"两个科目所属的相关明细科目的期末贷方余额合计数填列；"未分配利润"项目应根据"利润分配"科目所属的"未分配利润"明细科目期末余额填列。

3．根据总账科目和明细账科目的余额分析计算填列

资产负债表某些项目"期末余额"栏内各项数字根据总账科目和明细账科目的余额分析计算填列。"长期借款"项目，根据"长期借款"总账科目的余额扣除"长期借款"所属明细科目中将在资产负债表日起一年内到期且企业不能自主地将清偿义务展期的长期借款后的金额计算填列。

4．根据有关科目余额减去其备抵科目余额后的净额填列

资产负债表某些项目"期末余额"栏内各项数字根据有关科目余额减去其备抵科目余额后的净额填列。如"长期股权投资""在建工程"项目，应根据相关科目的期末余额填列，已计提减值准备的，还应扣减相应的减值准备。"固定资产""无形资产""投资性房地产"项目，应根据相关科目的期末余额扣减相应的"累计折旧""累计摊销"（摊销、折耗）填列，已计提减值准备的，还应扣减相应的减值准备，采用公允价值计量的上述资产，应根据相关科目的期末余额填列。

5．综合运用上述填列方法分析填列

资产负债表某些项目"期末余额"栏内各项数字综合运用上述填列方法分析填列。如"存货"项目，应根据"材料采购""原材料""库存商品""发出商品""周转材料""生产成本"等科目的期末余额合计，减去"存货跌价准备"等科目期末余额后的金额填列。材料采用计划成本核算，以及库存商品采用计划成本或售价核算的企业，还应按加减材料成本差异、商品进销差价后的金额填列。

（二）"年初余额"栏的填列方法

本表的"年初余额"栏通常根据上年末有关项目的期末余额填列，且与上年末资产负债表"期末余额"栏一致。如果企业上年度资产负债表规定的项目名称和内容与本年度不一致，应当对上年度资产负债表相关项目的名称和数字按照本年度的规定进行调整，填入"年初余额"栏。

【例 9-1】 A 公司 2019 年 12 月 31 日的账户余额见表 9-1，2019 年 12 月 31 日资产负债表的数据见表 9-2 的年初余额。

表 9-1 账户余额表

2019 年 12 月 31 日   单位：元

账户名称	借方余额	账户名称	贷方余额
库存现金	40 000.00	短期借款	500 000.00
银行存款	7 741 000.00	应付票据	1 000 000.00
其他货币资金	73 000.00	应付账款	9 538 000.00
交易性金融资产	0	其他应付款	500 000.00
应收票据	660 000.00	应付职工薪酬	1 400 000.00
应收账款	6 000 000.00	应交税费	2 267 000.00
预付账款	1 000 000.00	应付利息	0
其他应收款	50 000.00	应付股利	323 000.00
在途物资	750 000.00	一年内到期的非流动负债	0
原材料	2 450 000.00	长期借款	12 000 000.00
周转材料	380 000.00	实收资本	50 000 000.00
库存商品	22 366 000.00	盈余公积	1 247 000.00
长期股权投资	4 500 000.00	未分配利润	1 907 000.00
固定资产	31 290 000.00		
无形资产	6 000 000.00	坏账准备	18 000.00
		累计折旧	1 700 000.00
		固定资产减值准备	300 000.00
		累计摊销	600 000.00
合计	83 300 000.00	合计	83 300 000.00

根据表 9-1 的资料编制 A 公司 2019 年 12 月 31 日资产负债表，见表 9-2。

表 9-2 资产负债表

会企 01 表
编制单位：A 公司   2019 年 12 月 31 日   单位：元

资产	期末余额	年初余额	负债和所有者权益	期末余额	年初余额
流动资产：			流动负债：		
货币资金	7 854 000.00	14 063 000.00	短期借款	500 000.00	3 000 000.00
交易性金融资产	0	150 000.00	应付票据	1 000 000.00	2 000 000.00
应收票据	660 000.00	2 460 000.00	应付账款	9 538 000.00	9 538 000.00
应收账款	5 982 000.00	2 991 000.00	预收账款	0	0

预付款项	1 000 000.00	2 000 000.00	应付职工薪酬	1 400 000.00	1 100 000.00
应收利息	0	0	应交税费	2 267 000.00	366 000.00
应收股利	0	0	应付利息	0	10 000.00
其他应收款	50 000.00	50 000.00	应付股利	323 000.00	0
存货	25 946 000.00	2 580 000.00	其他应付款	500 000.00	500 000.00
一年内到期的非流动资产	0	0	一年内到期的非流动负债	0	10 000 000.00
流动资产合计	41 492 000.00	47 514 000.00	流动负债合计	15 528 000.00	26 514 000.00
非流动资产：			非流动负债：		
持有至到期投资	0	0	长期借款	12 000 000.00	6 000 000.00
长期股权投资	4 500 000.00	4 500 000.00	非流动负债合计	12 000 000.00	6 000 000.00
固定资产	29 290 000.00	26 000 000.00	负债合计	27 528 000.00	32 514 000.00
无形资产	5 400 000.00	6 000 000.00	所有者权益：		
非流动资产合计	39 190 000.00	36 500 000.00	实收资本	50 000 000.00	50 000 000.00
			资本公积	0	0
			盈余公积	1 247 000.00	1 000 000.00
			未分配利润	1 907 000.00	500 000.00
			所有者权益合计	53 154 000.00	51 500 000.00
资产总计	80 682 000.00	84 014 000.00	负债和所有者权益总计	80 682 000.00	84 014 000.00

任务三　利润表

一、利润表的作用

利润表是反映企业在一定会计期间的经营成果的财务报表。例如，年度利润表反映的是某年度1月1日至12月31日的经营成果。由于表内数据是说明某一期间的情况，因此，利润表属于动态报表。

利润表的作用主要有三方面：一是反映一定会计期间收入的实现情况；二是反映一定会计期间的费用耗费情况；三是反映企业经济活动成果的实现情况，据以判断资本保值增值等情况。因此企业编制利润表可以帮助使用者分析评价企业的盈利能力、利润构成及其质量。

二、利润表列报格式

利润表的格式一般有两种：单步式和多步式。单步式利润表是将当期所有的收入列在一起，然后减去所有的费用，一次性计算得出企业当期净损益。在我国，企业应当采用多步式利润表，将不同性质的收入和费用分别进行对比，以便得出一些中间性的利润数据，帮助使用者理解企业经营成果的不同来源。企业可以分如下三

扫一扫　学一学

步编制利润表：

第一步，以营业收入为基础，减去营业成本营业税金及附加、销售费用、管理费用、财务费用、资产减值损失，加上公允价值变动收益（减去公允价值变动损失）和投资收益（减去投资损失），计算出营业利润。

第二步，以营业利润为基础，加上营业外收入，减去营业外支出，计算出利润总额。

第三步，以利润总额为基础，减去所得税费用，计算出净利润（或净亏损）。

三、利润表编制的基本方法

（一）"本期金额"栏的填列方法

利润表的"本期金额"栏根据"主营业务收入""主营业务成本""其他业务收入""其他业务成本""税金及附加""销售费用""管理费用""财务费用""资产减值损失""公允价值变动损益""投资收益""营业外收入""营业外支出""所得税费用"等科目的发生额分析填列。其中，"营业利润""利润总额""净利润"等项目根据该表中相关项目计算填列。

（二）"上期金额"栏的填列方法

"上期金额"栏应根据上年该期利润表"本期金额"栏内所列数字填列。如果上年该期利润表规定的各个项目的名称和内容同本期不一致，应对上年该期利润表各项目的名称和数字按本期的规定进行调整，填入利润表"上期金额"栏内。

【例 9-2】A 公司 2019 年度有关收入和费用账户的累计发生额见表 9-3。

表 9-3 　　　　　　　　　　A 公司 2019 年度收入和费用账户累计发生额

单位：元

账户名称	借方累计发生额	贷方累计发生额
主营业务收入		12 000 000.00
其他业务收入		500 000.00
主营业务成本	7 200 000.00	
其他业务成本	300 000.00	
税金及附加	20 000.00	
销售费用	200 000.00	
管理费用	1 571 000.00	
财务费用	415 000.00	
资产减值损失	309 000.00	
投资收益		315 000.00
营业外收入		500 000.00
营业外支出	197 000.00	
所得税费用	1 126 000.00	

根据表 9-3 的资料编制 A 公司 2019 年度利润表，见表 9-4。

表 9-4　　　　　　　　　　利润表

编制单位：A 公司　　　　　　　2019 年

会企 02 表
单位：元

项目	本期金额	上期金额（略）
一、营业收入	12 500 000.00	（略）
减：营业成本	7 500 000.00	（略）
税金及附加	20 000.00	（略）
销售费用	200 000.00	（略）
管理费用	1 571 000.00	（略）
财务费用	415 000.00	（略）
资产减值损失	309 000.00	（略）
加：公允价值变动损益（损失以"-"号填制）	0	（略）
投资收益（损失以"-"号填制）	315 000.00	（略）
二、营业利润（亏损以"-"号填制）	2 800 000.00	（略）
加：营业外收入	500 000.00	（略）
减：营业外支出	197 000.00	（略）
三、利润总额（亏损以"-"号填制）	3 103 000.00	（略）
减：所得税费用	1 126 000.00	（略）
四、净利润（净亏损以"-"号填制）	1 977 000.00	（略）
五、每股收益：		
（一）基本每股收益		
（二）稀释每股收益		
六、其他综合收益		
七、综合收益总额		

项目小结

　　企业的财务报表一般包括资产负债表、利润表、现金流量表和所有者权益变动表。本章首先阐述财务报告的构成、财务报表的分类、财务报表列报的基本要求，以及财务报告的编制要求。在此基础上，主要介绍了资产负债表和利润表的作用、列报要求、列报格式以及主要项目的填列方法。

教、学、做一体化训练

一、单项选择题

1. 下列关于财务报告的构成的说法中，正确的是（　　）。

A．所有者权益变动表是财务报表的附表，不属于财务报告的内容

B．财务报告包括财务报表及其附注和其他应当在财务报告中披露的相关信息和资料

C．财务报表只包括资产负债表、利润表和现金流量表

D．财务报表不包括报表附注

2．我国资产负债表采用的格式是（　　）。

A．账户式　　　　B．单步式　　　　C．报告式　　　　D．多步式

3．下列各项中，以"资产＝负债＋所有者权益"为依据编制的是（　　）。

A．现金流量表　　B．利润表　　　　C．所有者权益变动表D．资产负债表

4．下列各项中，不属于资产负债表项目的是（　　）。

A．交易性金融资产　B．主营业务成本　C．应付债券　　　D．实收资本

5．"货币资金"项目的填制依据不包括（　　）。

A．库存现金　　　B．银行存款　　　C．其他货币资金　D．有价证券

6．在填制"应收账款"项目时，与其无关的项目是（　　）。

A．"应收账款"　　B．"预收账款"　　C．"预付账款"　　D．"坏账准备"

7．如果企业本月利润表中的主营业务利润为1 000万元，其他业务利润为500万元，销售费用为30万元，管理费用为70万元，财务费用为50万元，则营业利润应填列（　　）万元。

A．1 000　　　　B．1 500　　　　C．1 400　　　　D．1 350

8．月末，"本年利润"总账贷方余额为90 000元，"利润分配"总账借方余额为100 000元，则月度资产负债表"未分配利润"项目期末数应填列（　　）元。

A．-10 000　　　B．10 000　　　C．-100 000　　　D．90 000

二、多项选择题

1．财务会计报告至少应包括（　　）。

A．资产负债表　　B．利润表　　　　C．现金流量表　　D．附注

2．填制资产负债表"存货"项目的主要依据有（　　）。

A．原材料　　　　B．生产成本　　　C．材料成本差异　D．存货跌价准备

3．利润表中的营业利润是由（　　）等因素构成的。

A．营业收入　　　B．营业成本　　　C．资产减值损失　D．所得税费用

4．下列报表项目中，可以根据总账余额直接填列的有（　　）。

A．交易性金融资产　B．应付职工薪酬　C．货币资金　　　D．应收账款

5．下列各项中，属于财务报表的种类的有（　　）。

A．年度财务报表　B．个别财务报表　C．合并财务报表　D．中期财务报表

三、业务题

实训1

（一）材料

2019年4月30日，甲公司有关账户期末余额及相关经济业务如下：

（1）"库存现金"账户借方余额为2 000元，"银行存款"账户借方余额为350 000元，"其他货币资金"账户借方余额为500 000元。

（2）"应收账款"总账账户借方余额为 350 000 元，其所属明细账户借方余额合计为 480 000 元，其所属明细账户贷方余额合计为 130 000 元，"坏账准备"账户贷方余额为 30 000 元（均系应收账款计提）。

（3）"固定资产"账户借方余额为 8 700 000 元，"累计折旧"账户贷方余额为 2 600 000 元，"固定资产减值准备"账户贷方余额为 600 000 元。

（4）"应付账款"总账账户贷方余额为 240 000 元，其所属明细账户贷方余额合计为 350 000 元，其所属明细账户借方余额合计为 110 000 元。

（5）"预付账款"总账账户借方余额为 130 000 元，其所属明细账户借方余额合计为 160 000 元，其所属明细账贷方余额合计为 30 000 元。

（6）本月实现营业收入 2 000 000 元，营业成本 1 500 000 元，税金及附加 240 000 元，期间费用 200 000 元，营业外收入 20 000 元，适用的所得税税率为 25%。

（二）要求

根据上述资料，填列下列金额：

（1）填列甲公司 4 月 30 日资产负债表中下列项目的金额：

项目	4 月 30 日"期末余额"
货币资金	
应收账款	
预付账款	
固定资产	
应付账款	

（2）甲公司 4 月 30 日利润表中利润总额"本期金额"的金额是（　　　）元。

实训 2

（一）根据本期发生的经济业务填制并审核会计凭证

1. 根据经济业务完善原始凭证。

2. 以制单员身份根据所给的原始凭证或原始凭证汇总表填制记账凭证，其中"原材料"、"应交税费"、"应付职工薪酬"和"应收账款"要求填写明细科目，其他科目可以不写明细科目，记账凭证要素应填写齐全。

3. 每张记账凭证相关责任人签名。

（二）整理装订会计档案

1. 以制单员身份整理装订会计凭证并填写会计凭证封面，装订日期为 2019 年 10 月 2 日。

2. 整理并夹好未装订的单据，并和记账凭证一并装于档案袋中。

（三）编制资产负债表

根据星城兰波旺公司 2019 年 8 月 31 日的总账余额，以张娟的身份编制 8 月的资产负债表。（年初余额不填）

（四）业务资料

1. 企业基本情况。企业基本情况见表9-5。

表9-5 企业基本情况表

企业名称，所属行业	星城兰波旺公司，金属制品业
主要业务，产品类型	风机生产，工业用品
联系电话，单位地址	长沙市南湖路168号，电话：0731-85321778
开户行及账号	中国工商银行南湖支行 5006937475401032117
纳税人识别号	430105392367576
适应税率	增值税率13%，企业所得税率25%
存货核算方法	库存存货采用实际成本计价，发出存货成本采用先进先出法计价
无形资产摊销方法	直线法
主要会计岗位及人员	张娟（会计主管）、李蓬（记账）、刘红（审核）、赵琴（制单）、周畅（出纳）

2. 2019年8月31日总账余额见表9-6。

表9-6 总账余额表

总账账户	明细账户	数量	借方金额	贷方金额
库存现金			6 500.00	
银行存款			850 000.00	
应收账款			412 000.00	
	广州白云山饭店		500 000.00	
	长沙仪器设备厂			88 000.00
原材料			302 000.00	
	生铁	80 000kg	182 000.00	
	铸造铁	50 000kg	120 000.00	
生产成本	1# 风机		720 000.00	
库存商品	1# 风机	320 台	960 000.00	
固定资产			2 840 000.00	
累计折旧				400 000.00
无形资产	土地使用权		286 000.00	
累计摊销				120 000.00
应付职工薪酬				100 000.00
实收资本				4 000 000.00
盈余公积	法定盈余公积			580 000.00
本年利润				876 500.00
利润分配	未利润分配			300 000.00
	合 计		6 376 500.00	6 376 500.00

3．2019年9月所发生的经济业务如下：

1-1：支票存根，见单据9-1。

单据9-1

```
┌─────────────────────────────┐
│  中国工商银行                  │
│  现金支票存根（湘）             │
│   E G                         │
│   ─── 01643656               │
│   0 2                         │
│                              │
│  附加信息                      │
│  ─────────────────           │
│  ─────────────────           │
│  ─────────────────           │
│                              │
│  出票日期 2019 年 9 月 1 日     │
│  收款人：本公司                 │
│  金　额：5 000.00             │
│  用　途：备用金                 │
│  单位主管：李明 会计：张娟       │
└─────────────────────────────┘
```

2-1：无形资产出资协议书，见单据9-2。

单据9-2

无 形 资 产 出 资 协 议

甲方：星城南麓山公司

乙方：星城兰波旺公司

2019年9月1日乙方接受甲方投入风机扇叶生产专利一项，期限5年，专利价值及出资额以会计师事务所对该项专利评估价值为准。

本协议自双方签字开始生效。

甲方：星城南麓山公司　　　　　　　　　　乙方：星城兰波旺公司

法定代表人：周志海　　　　　　　　　　　法定代表人：李明

2019 年 9 月 1 日　　　　　　　　　　　2019 年 9 月 1 日

2-2：资产评估报告，见单据9-3。

单据9-3

星城会计师事务所文件
星城［２０１９］字第１３８号

★

资产评估报告

星城兰波旺公司：

我所受贵单位委托，依据《中华人民共和国国有资产评估管理办法》、《中华人民共和国注册会计师法》和《企业会计准则》等的规定，对贵公司接受麓山公司投入的风机扇叶生产专利技术一项进行评估。该项风机扇叶生产专利技术确定价值为 90 000 元。

评估员：江帆

中国注册会计师：张军

星城会计师事务所
2019 年 9 月 1 日

3-1：借支单，见单据9-4。

单据9-4

借支单

2019 年 9 月 2 日

工作部门	厂办	职务	工程师	姓名	李勇
借支金额	肆仟元整（￥4 000.00）				
借款原因	去北京开会		附证件	会议通知	
归还日期	会议结束归还				
核批	同意借支 4 000 元整				

现金付讫

会计：张娟　　　　出纳：周畅　　　　借款人：李勇

4-1：收料单，见单据9-5。

单据9-5

收料单

2019 年 9 月 5 日　　　　　　　　　字第 9 号

供应者：湖南省金属材料公司
发票　08219305 号

编号	材料名称	规格	送验数量	实收数量	单位	单价	金额									
							千	百	十	万	千	百	十	元	角	分
	生铁		40 000	40 000	公斤	2.50			1	0	0	0	0	0	0	0
	铸造铁		45 000	45 000	公斤	2.40			1	0	8	0	0	0	0	0
备注			验收入签章	周	合计		￥208 000.00									

记账：李蓬　　　　复核：刘红　　　　保管：张涛　　　　制单：王鄂

4-2：支票存根，见单据9-6。

单据9-6

```
┌─────────────────────────────────┐
│  中国工商银行                       │
│  转账支票存根（湘）                  │
│     G G                           │
│     ─── 01558406                  │
│     0 2                           │
│                                   │
│  附加信息 _____       │
│  _____        │
│  _____        │
│                                   │
│  出票日期 2019 年 9 月 5 日          │
│  收款人：湖南省金属材料公司            │
│  金　额：235 040.00                 │
│  用　途：购材料款                    │
│  单位主管：李明  会计：张娟           │
└─────────────────────────────────┘
```

4-3：增值税专用发票抵扣联，见单据9-7。

单据9-7

湖南增值税专用发票

抵扣联

4300082130　　　　　　　　　　　　　　　　　№08219305

开票日期：2019年9月5日

购货单位	名　　称：星城兰波旺公司 纳税人识别号：430105392367576 地址、电话：长沙市南湖路168号 85321778 开户行及账号：工行南湖支行5006937475401032117	密码区	2132—686<9-4-12719<122@ 636<333　加密版本01 4300082130 0821930553

货物或应税劳务名称	规格型号	单位	数量	单价	金　　额	税率	税　额
生铁		公斤	40 000	2.50	100 000.00	13%	13 000.00
铸造铁		公斤	45 000	2.40	108 000.00	13%	14 040.00
合　计					¥208 000.00		¥27 040.00

价税合计（大写）	⊗贰拾叁万伍仟零佰肆拾元整　　　　　　（小写）¥235 040.00

销货单位	名　　称：湖南省金属材料公司 纳税人识别号：430101662358796 地址、电话：长沙市袁家岭0731-8789089 开户行及账号：工行五一支行 34609187896678009812	备注	

收款人：　　　复核：唐丽　　　开票人：宋梅　　　销货单位（章）

第二联 抵扣联 购买方扣税凭证

4-4：增值税专用发票，见单据9-8。

单据9-8

湖南增值税专用发票

4300082130

发票联

№08219305

开票日期：2019年9月5日

购货单位	名　　称：星城兰波旺公司 纳税人识别号：430105392367576 地址、电话：长沙市南湖路168号　85321778 开户行及账号：工行南湖支行5006937475401032117				密码区	2132—686<9-4-12719<122@ 636<333	加密版本01 4300082130 0821930553

货物或应税劳务名称	规格型号	单位	数量	单价	金　　额	税率	税　　额
生铁		公斤	40 000	2.50	100 000.00	13%	13 000.00
铸造铁		公斤	45 000	2.40	108 000.00	13%	14 040.00
合　　计					￥208 000.00		￥27 040.00

价税合计（大写）	⊗贰拾叁万伍仟零肆拾元整	（小写）￥235 040.00

销货单位	名　　称：湖南省金属材料公司 纳税人识别号：430101662358796 地址、电话：长沙市袁家岭0731-87890891 开户行及账号：工行五一支行 34609187896678009812	备注	湖南省金属材料公司 43010166 2358796 发票专用章

收款人：　　　　复核：唐丽　　　　开票：宋梅　　　　销货单位（章）

第三联 发票联 购货方记账凭证

5-1：托收凭证，见单据9-9。

单据9-9

中国工商银行信汇凭证（收账通知）

委托日期 2019 年 9 月 9 日

收款人	全　称	星城兰波旺公司			汇款人	全　称	广州白云山饭店		
	账号或住址	5006937475401032117				账号或住址	9008042675638778263		
	汇入地点	湖南长沙市	汇入行名称	南湖支行		汇出地点	广东广州市	汇入行名称	中国工商银行市分行

金额	人民币（大写）	伍拾万圆整	千 百 十 万 千 百 十 元 角 分 ￥ 5 0 0 0 0 0 0 0

汇款用途：归还原欠货款	汇出行盖章 中国工商银行 广州市分行 2019.09.09 转讫
上列款项已根据委托办理，如需查询，请持此回单来行面治。	
单位主管：　　会计：周畅　　复核：刘红　　记账：李蓬	2019 年 9 月 9 日

6-1：工资表，见单据9-10。

单据9-10

工 资 表

2019 年 9 月 10 日 　　　　　　　单位：元

账号	姓名	应发工资	代扣款项				实发工资
			养老保险	医疗保险	失业保险	住房公积金	
1001	张娟	5 000.00	400.00	100.00	25.00	400.00	4 075.00
1002	李蓬	2 000.00	160.00	40.00	10.00	160.00	1 630.00
1003	赵琴	2 000.00	160.00	40.00	10.00	160.00	1 630.00
1004	李勇	2 000.00	160.00	40.00	10.00	160.00	1 630.00
	…	…	…	…	…	…	…
合计		100 000.00	8 000.00	2 000.00	500.00	8 000.00	81 500.00

复核：刘红　　　制单：彭利

6-2：支票存根，见单据9-11。

单据9-11

中国工商银行
现金支票存根（湘）

$\frac{EG}{02}$ 01643658

附加信息

出票日期 2019 年 9 月 10 日

| 收款人：本公司 |
| 金　额：81 500.00 |
| 用　途：备发工资 |
| 单位主管：李明 会计：张娟 |

7-1：产品销售单，见单据 9-12。

单据 9-12

公 司 产 品 销 售 单

2019 年 9 月 18 日　　　　　　　　　　　　　　№：000676

购货单位	名称	长江建筑公司		纳税登记号		420146300260453		⑤财务部门
	地址电话	湖北省武汉市汉口路25号 027-82136894		开户银行及账号		建行汉口支行 4202240368974125678		
货物或劳务名称		规格型号	计量单位	数量	单价（不含税）		金　额	
1# 风机		1#	台	200	3 500.00		700 000.00	
合　计							700 000.00	
销售人员				销售主管				

7-2：托收凭证，见单据 9-13。

单据 9-13

委 托 收 款 凭 证（回 单）

委托日期　2019 年 9 月 18 日　　　　　　　　　第 4 号

收款人	全　称	星城兰波旺公司		付款人	全称		长江建筑公司								
	账　号	5006937475401032117			账号或住址		4202240368974125678								
	开户银行	中国工商银行	行号　南湖支行		开户银行		建行汉口支行								
委 托 金 额	人民币：捌拾壹万贰仟元整（大写）				千	百	十	万	千	百	十	元	角	分	
					¥	8	1	2	0	0	0	0	0	0	
款项内容 货款	委托收款凭据名称	发票合同	附寄单证张数		中国工商银行 南湖支行										
备注：		款项收妥日期 2019 年 9 月 18 日		收款人开户行盖章 2019.09.18 受理 2019 年 9 月 18 日											

单位主管：　　　　出纳：　　　　复核：　　　　记账：

7-3：增值税专用发票，见单据 9-14。

单据 9-14

湖南增值税专用发票

43000452021   此联不作报销、扣税凭证使用   №00035641

开票日期：2019年9月18日

购货单位	名　　　称：长江建筑公司 纳税人识别号：4202240368974125678 地 址、电 话：湖北省武汉市汉口路25号027-82136894 开户行及账号：建行汉口支行4202240368974125678	密码区	2489—1<9—7—61596284 8<032/52>9/29533—4974 1626<8—3024>82906—2 —47—6<7>2*—/>*>6	加密版本01 43000452021 00035641

货物或应税劳务名称	规格型号	单位	数量	单价	金　　额	税率	税　　额
1#风机		台	200	3 500	700 000.00	13%	91 000.00

价税合计（大写）	⊗柒拾玖万壹仟元整	（小写）¥791 000.00

销货单位	名　　　称：星城兰波旺公司 纳税人识别号：430105392367576 地 址、电 话：长沙市南湖路168号0731-85321778 开户行及账号：工行南湖支行5006937475401032117	备注	

收款人：   复核：   开票人：陈欢   销货单位（章）

8-1：工资及福利费分配表，见单据 9-15。

单据 9-15

工 资 及 福 利 费 分 配 表

2019 年 9 月 30 日   单位：元

部门	应付工资	福利费（14%）	合计
车间生产工人	50 000.00		
车间管理人员	20 000.00		
厂部管理人员	20 000.00		
销售部门人员	10 000.00		
合　　计	100 000.00		

复核：刘红   制单：彭利

9-1：固定资产折旧计算表，见单据9-16。

单据 9-16

固定资产折旧计算表

2019 年 9 月 30 日　　　　　　　　　　　　　　　　单位：元

使用单位或部门	上月计提折旧额	上月增加在用的固定资产折旧额	上月减少在用的固定资产折旧额	本月应计提折旧额
生产车间	45 200.00			
销售部门	5 500.00	1 000.00		
厂部	8 300.00		1 200.00	
合　计	59 000.00			

复核：刘红　　　　制单：彭利

10-1：产品销售成本计算表，见单据9-17。

单据 9-17

产品销售成本计算表

2019 年 9 月 30 日　　　　　　　　　　　　　　　　单位：元

产品名称	计量单位	销售数量	单位成本	金　额
1# 风机	台	200		
合　　计				

复核：刘红　　　　制单：彭利

根据以上资料，编制资产负债表，见表9-7。

表9-7

资 产 负 债 表

会企01表

编制单位：　　　　　　　　　　　年　　月　　日　　　　　　　　　　　　　　单位：元

资　　　产	期末余额	年初余额	负债及所有者权益（或股东权益）	期末余额	年初余额
流动资产：			流动负债：		
货币资金			短期借款		
交易性金融资产			交易性金融负债		
应收票据			应付票据		
应收账款			应付账款		
预付款项			预收款项		
应收利息			应付职工薪酬		
应收股利			应交税费		
其他应收款			应付利息		
存货			应付股利		
一年内到期的非流动资产			其他应付款		
其他流动资产			一年内到期的非流动负债		
流动资产合计			其他流动负债		
非流动资产：			流动负债合计		
可供出售金融资产			非流动负债：		
持有至到期投资			长期借款		
长期应收款			应付债券		
长期股权投资			长期应付款		
投资性房地产			专项应付款		
固定资产			预计负债		
在建工程			递延所得税负债		
工程物资			其他非流动负债		
固定资产清理			非流动负债合计		
生产性生物资产			负债合计		
油气资产			所有者权益（或股东权益）：		
无形资产			实收资本（或股本）		
开发支出			资本公积		
商誉			减：库存股		
长期待摊费用			盈余公积		
递延所得税资产			未分配利润		
其他非流动资产			所有者权益（或股东权益）合计		
非流动资产合计					
资产总计			负债和所有者权益（或股东权益）总计		

附 录

附录一　会计档案管理办法

第一条　为了加强会计档案管理，有效保护和利用会计档案，根据《中华人民共和国会计法》《中华人民共和国档案法》等有关法律和行政法规，制定本办法。

第二条　国家机关、社会团体、企业、事业单位和其他组织（以下统称单位）管理会计档案适用本办法。

第三条　本办法所称会计档案是指单位在进行会计核算等过程中接收或形成的，记录和反映单位经济业务事项的，具有保存价值的文字、图表等各种形式的会计资料，包括通过计算机等电子设备形成、传输和存储的电子会计档案。

第四条　财政部和国家档案局主管全国会计档案工作，共同制定全国统一的会计档案工作制度，对全国会计档案工作实行监督和指导。

县级以上地方人民政府财政部门和档案行政管理部门管理本行政区域内的会计档案工作，并对本行政区域内会计档案工作实行监督和指导。

第五条　单位应当加强会计档案管理工作，建立和完善会计档案的收集、整理、保管、利用和鉴定销毁等管理制度，采取可靠的安全防护技术和措施，保证会计档案的真实、完整、可用、安全。

单位的档案机构或者档案工作人员所属机构（以下统称单位档案管理机构）负责管理本单位的会计档案。单位也可以委托具备档案管理条件的机构代为管理会计档案。

第六条　下列会计资料应当进行归档：

（一）会计凭证，包括原始凭证、记账凭证。

（二）会计账簿，包括总账、明细账、日记账、固定资产卡片及其他辅助性账簿。

（三）财务会计报告，包括月度、季度、半年度、年度财务会计报告。

（四）其他会计资料，包括银行存款余额调节表、银行对账单、纳税申报表、会计档案移交清册、会计档案保管清册、会计档案销毁清册、会计档案鉴定意见书及其他具有保存价值的会计资料。

第七条　单位可以利用计算机、网络通信等信息技术手段管理会计档案。

第八条　同时满足下列条件的，单位内部形成的属于归档范围的电子会计资料可仅以电子形式保存，形成电子会计档案：

（一）形成的电子会计资料来源真实有效，由计算机等电子设备形成和传输。

（二）使用的会计核算系统能够准确、完整、有效接收和读取电子会计资料，能够输出符合国家标准归档格式的会计凭证、会计账簿、财务会计报表等会计资料，设定了经办、审核、审批等必要的审签程序。

（三）使用的电子档案管理系统能够有效接收、管理、利用电子会计档案，符合电子档案的长期保管要求，并建立了电子会计档案与相关联的其他纸质会计档案的检索关系。

（四）采取有效措施，防止电子会计档案被篡改。

（五）建立电子会计档案备份制度，能够有效防范自然灾害、意外事故和人为破坏的影响。

（六）形成的电子会计资料不属于具有永久保存价值或者其他重要保存价值的会计档案。

第九条　满足本办法第八条规定条件，单位从外部接收的电子会计资料附有符合《中华人民共和国电子签名法》规定的电子签名的，可仅以电子形式归档保存，形成电子会计档案。

第十条　单位的会计机构或会计人员所属机构（以下统称单位会计管理机构）按照归档范围和归档要求，负责定期将应当归档的会计资料整理立卷，编制会计档案保管清册。

第十一条　当年形成的会计档案，在会计年度终了后，可由单位会计管理机构临时保管一年，再移交单位档案管理机构保管。因工作需要确需推迟移交的，应当经单位档案管理机构同意。

单位会计管理机构临时保管会计档案最长不超过三年。临时保管期间，会计档案的保管应当符合国家档案管理的有关规定，且出纳人员不得兼管会计档案。

第十二条　单位会计管理机构在办理会计档案移交时，应当编制会计档案移交清册，并按照国家档案管理的有关规定办理移交手续。

纸质会计档案移交时应当保持原卷的封装。电子会计档案移交时应当将电子会计档案及其元数据一并移交，且文件格式应当符合国家档案管理的有关规定。特殊格式的电子会计档案应当与其读取平台一并移交。

单位档案管理机构接收电子会计档案时，应当对电子会计档案的准确性、完整性、可用性、安全性进行检测，符合要求的才能接收。

第十三条　单位应当严格按照相关制度利用会计档案，在进行会计档案查阅、复制、借出时履行登记手续，严禁篡改和损坏。

单位保存的会计档案一般不得对外借出。确因工作需要且根据国家有关规定必须借出的，应当严格按照规定办理相关手续。

会计档案借用单位应当妥善保管和利用借入的会计档案，确保借入会计档案的安全完整，并在规定时间内归还。

第十四条　会计档案的保管期限分为永久、定期两类。定期保管期限一般分为10年和30年。

会计档案的保管期限，从会计年度终了后的第一天算起。

第十五条　各类会计档案的保管期限原则上应当按照本办法附表执行，本办法规定的会计档案保管期限为最低保管期限。

单位会计档案的具体名称如有同本办法附表所列档案名称不相符的，应当比照类似档案的保管期限办理。

第十六条　单位应当定期对已到保管期限的会计档案进行鉴定，并形成会计档案鉴定意见书。经鉴定，仍需继续保存的会计档案，应当重新划定保管期限；对保管期满，确无保存价值的会计档案，可以销毁。

第十七条　会计档案鉴定工作应当由单位档案管理机构牵头，组织单位会计、审计、纪检监察等机构或人员共同进行。

第十八条　经鉴定可以销毁的会计档案，应当按照以下程序销毁：

（一）单位档案管理机构编制会计档案销毁清册，列明拟销毁会计档案的名称、卷号、册数、起止年度、档案编号、应保管期限、已保管期限和销毁时间等内容。

（二）单位负责人、档案管理机构负责人、会计管理机构负责人、档案管理机构经办人、会计管理机构经办人在会计档案销毁清册上签署意见。

（三）单位档案管理机构负责组织会计档案销毁工作，并与会计管理机构共同派员监销。监销人在会计档案销毁前，应当按照会计档案销毁清册所列内容进行清点核对；在会计档案销毁后，应当在会计档案销毁清册上签名或盖章。

电子会计档案的销毁还应当符合国家有关电子档案的规定，并由单位档案管理机构、会计管理机构和信息系统管理机构共同派员监销。

第十九条　保管期满但未结清的债权债务会计凭证和涉及其他未了事项的会计凭证不得销毁，纸质会计档案应当单独抽出立卷，电子会计档案单独转存，保管到未了事项完结时为止。

单独抽出立卷或转存的会计档案，应当在会计档案鉴定意见书、会计档案销毁清册和会计档案保管清册中列明。

第二十条　单位因撤销、解散、破产或其他原因而终止的，在终止或办理注销登记手续之前形成的会计档案，按照国家档案管理的有关规定处置。

第二十一条　单位分立后原单位存续的，其会计档案应当由分立后的存续方统一保管，其他方可以查阅、复制与其业务相关的会计档案。

单位分立后原单位解散的，其会计档案应当经各方协商后由其中一方代管或按照国家档案管理的有关规定处置，各方可以查阅、复制与其业务相关的会计档案。

单位分立中未结清的会计事项所涉及的会计凭证，应当单独抽出由业务相关方保存，并按照规定办理交接手续。

单位因业务移交其他单位办理所涉及的会计档案，应当由原单位保管，承接业务单位可以查阅、复制与其业务相关的会计档案。对其中未结清的会计事项所涉及的会计凭证，应当单独抽出由承接业务单位保存，并按照规定办理交接手续。

第二十二条　单位合并后原各单位解散或者一方存续其他方解散的，原各单位的会计档案应当由合并后的单位统一保管。单位合并后原各单位仍存续的，其会计档案仍应当由原各单位保管。

第二十三条　建设单位在项目建设期间形成的会计档案，需要移交给建设项目接受单位的，应当在办理竣工财务决算后及时移交，并按照规定办理交接手续。

第二十四条　单位之间交接会计档案时，交接双方应当办理会计档案交接手续。

移交会计档案的单位，应当编制会计档案移交清册，列明应当移交的会计档案名称、卷号、册数、起止年度、档案编号、应保管期限和已保管期限等内容。

交接会计档案时，交接双方应当按照会计档案移交清册所列内容逐项交接，并由交接双方的单位有关负责人负责监督。交接完毕后，交接双方经办人和监督人应当在会计档案移交清册上签名或盖章。

电子会计档案应当与其元数据一并移交，特殊格式的电子会计档案应当与其读取平台一并移交。档案接受单位应当对保存电子会计档案的载体及其技术环境进行检验，确保所接收电子会计档案的准确、完整、可用和安全。

第二十五条　单位的会计档案及其复制件需要携带、寄运或者传输至境外的，应当按照国家有关规定执行。

第二十六条　单位委托中介机构代理记账的，应当在签订的书面委托合同中，明确会计档案的管理要求及相应责任。

第二十七条　违反本办法规定的单位和个人，由县级以上人民政府财政部门、档案行政管理部门依据《中华人民共和国会计法》《中华人民共和国档案法》等法律法规处理处罚。

第二十八条　预算、计划、制度等文件材料，应当执行文书档案管理规定，不适用本办法。

第二十九条　不具备设立档案机构或配备档案工作人员条件的单位和依法建账的个体工商户，其会计档案的收集、整理、保管、利用和鉴定销毁等参照本办法执行。

第三十条　各省、自治区、直辖市、计划单列市人民政府财政部门、档案行政管理部门，新疆生产建设兵团财务局、档案局，国务院各业务主管部门，中国人民解放军总后勤部，可以根据本办法制定具体实施办法。

第三十一条　本办法由财政部、国家档案局负责解释，自 2016 年 1 月 1 日起施行。1998 年 8 月 21 日财政部、国家档案局发布的《会计档案管理办法》（财会字〔1998〕32 号）同时废止。

企业和其他组织会计档案保管期限表，见表附录 -1；财政总预算、行政单位、事业单位和税收会计档案保管期限表，见表附录 -2。

表附录 -1　　　　　　　　　企业和其他组织会计档案保管期限表

序号	档案名称	保管期限	备注
一	会计凭证		
1	原始凭证	30 年	
2	记账凭证	30 年	
二	会计账簿		
3	总账	30 年	
4	明细账	30 年	
5	日记账	30 年	
6	固定资产卡片		固定资产报废清理后保管 5 年
7	其他辅助性账簿	30 年	
三	财务会计报告		
8	月度、季度、半年度财务会计报告	10 年	
9	年度财务会计报告	永久	
四	其他会计资料		
10	银行存款余额调节表	10 年	
11	银行对账单	10 年	
12	纳税申报表	10 年	
13	会计档案移交清册	30 年	
14	会计档案保管清册	永久	
15	会计档案销毁清册	永久	
16	会计档案鉴定意见书	永久	

表附录-2　　　财政总预算、行政单位、事业单位和税收会计档案保管期限表

序号	档案名称	保管期限			备注
		财政总预算	行政单位事业单位	税收会计	
一	会计凭证				
1	国家金库编送的各种报表及缴库退库凭证	10年		10年	
2	各收入机关编送的报表	10年			
3	行政单位和事业单位的各种会计凭证		30年		包括：原始凭证、记账凭证和传票汇总表
4	财政总预算拨款凭证和其他会计凭证	30年			包括：拨款凭证和其他会计凭证
二	会计账簿				
5	日记账		30年	30年	
6	总账	30年	30年	30年	
7	税收日记账（总账）			30年	
8	明细分类、分户账或登记簿	30年	30年	30年	
9	行政单位和事业单位固定资产卡片				固定资产报废清理后保管5年
三	财务会计报告				
10	政府综合财务报告	永久			下级财政、本级部门和单位报送的保管2年
11	部门财务报告		永久		所属单位报送的保管2年
12	财政总决算	永久			下级财政、本级部门和单位报送的保管2年
13	部门决算		永久		所属单位报送的保管2年
14	税收年报（决算）			永久	
15	国家金库年报（决算）	10年			
16	基本建设拨、贷款年报（决算）	10年			
17	行政单位和事业单位会计月、季度报表		10年		所属单位报送的保管2年
18	税收会计报表			10年	所属税务机关报送的保管2年
四	其他会计资料				
19	银行存款余额调节表	10年	10年		
20	银行对账单	10年	10年	10年	
21	会计档案移交清册	30年	30年	30年	
22	会计档案保管清册	永久	永久	永久	
23	会计档案销毁清册	永久	永久	永久	
24	会计档案鉴定意见书	永久	永久	永久	

附录二　会计人员的工作交接

会计人员工作的交接，是指会计人员工作调动、离职或因病暂时不能工作时，与接管人员办理交接手续的一种工作程序。会计人员工作交接是会计工作中的一项重要内容，做好会计交接工作，可以使会计工作前后衔接，保证会计工作的连续进行；做好会计交接工作，可以防止因会计人员的更换出现账目不清、财务混乱等现象；做好会计交接工作，也是分清移交人员和接管人员责任的有效措施。

（一）交接范围

会计人员在以下情况应办理工作交接，会计人员未与接管人员办清工作交接手续的，不得调动或离职。

会计人员工作调动或因故离职，应与接管人员办理会计工作交接手续。

会计人员临时离职或因病暂时不能工作且需要接替或代理的，会计负责人、会计主管人员或单位领导人必须指定有关人员接替或代理，并办理交接手续。

临时离职或因病不能工作的会计人员恢复工作后，应与接替人员或代理人员办理交接手续。

移交人员因病或其他特殊原因不能亲自移交手续的，经单位负责人批准，可移交人委托他人代办交接手续，但委托人应对所移交的会计凭证、会计账簿、会计报表和其他会计资料的真实性和完整性承担法律责任。

（二）交接基本程序

1．交接前的准备工作

会计人员在办理工作交接前，必须做好以下准备工作：

（1）已经受理的经济业务尚未填制会计凭证的，应填制完毕。

（2）尚未登记的账目应登记完毕，结出余额，并在最后一笔余额后加盖经办人员印章。

（3）整理好应移交的各项资料，对未了事项和遗留问题要写出书面说明材料。

（4）编制移交清册，列明应该移交的会计凭证、会计账簿、财务会计报告、公章、现金、有价证券、支票票发票、文件、其他会计资料和物品等内容；实行会计电算化的单位，从事该项工作的移交人员应在移交清册上列明会计软件及会计软件数据盘等内容。

（5）会计机构负责人、会计主管人员移交时，还必须将全部财务工作、重大财务收支和会计人员的情况等向接替人介绍清楚。对需要移交的遗留问题，应写出书面材料。

2．移交点收

移交人员在办理移交时，要按移交清册逐项移交；接替人员要逐项核对点收。具体要求是：

（1）库存现金、有价证券要根据会计账簿有关记录进行点交。库存现金、有价证券必须与会计账簿记录保持一致；不一致时，移交人员必须限期查清。

（2）会计凭证、会计账簿、财务会计报告和其他会计资料必须完整无缺，不得遗漏。如有短缺，必须查清原因，并在移交清册中加以说明，由移交人负责。

（3）银行存款账户余额要与银行对账单相符，如有未达账项，应当编制银行存款余额调节表调节相符；各种财产物资和债权债务的明细账户余额要与总账有关账户余额核对相符；对重要实物要实地盘点，对余额较大的往来账户要与往来单位、个人核对。

（4）移交人员经管的公章、收据、空白支票、发票、科目印章以及其他物品等必须交接清楚。

（5）实行会计电算化的单位，交接双方应在电子计算机上对有关数据进行实际操作，确认有关数字正确无误后，方可交接。

3．专人负责监交

为明确责任，会计人员在办理会计工作交接手续时，必须由专人负责监交。通过监交，保证双方都按照国家有关规定认真办理交接手续，防止流于形式，保证会计工作不因人员变动而受影响；保证交接双方处在平等的法律地位上享有权利和承担义务，不允许任何一方以大压小，以强凌弱，或采取非法手段进行威胁。

（1）一般会计人员办理交接手续，由单位的会计机构负责人、会计主管人员负责监交。

（2）会计机构负责人、会计主管人员办理交接手续时，由单位领导人负责监交，必要时，主管单位可以派人会同监交。

（三）移交后有关事宜

（1）会计工作交接完毕后，交接双方和监交人要在移交清册上签名盖章。移交清册应填制一式三份，交接双方各执一份，存档一份。

（2）接管人员应继续使用移交前的账簿，不得擅自另立账簿，以保证会计记录前后衔接，内容完整。

（3）移交人员对移交的会计凭证、会计账簿、会计报表和其他会计资料的合法性、真实性承担法律责任。会计资料移交后，如发现是在其经办会计工作期间内所发生的问题，由原移交人员负责，原移交人不应以会计资料已经移交而推脱责任。

参 考 文 献

[1] 张玉森，陈伟清. 基础会计 [M]. 北京：高等教育出版社，2014.

[2] 葛家澍，耿金岭. 企业财务会计 [M]. 北京：高等教育出版社，2014.

[3] 查尔斯·T. 亨格瑞，加里·L. 森登，约翰·A. 埃利奥特等. 财务会计教程 [M]. 10 版. 朱晓辉，译. 北京：机械工业出版社，2016.

[4] 朱小平，周华，秦玉熙. 初级会计学 [M]. 8 版. 北京：中国人民大学出版社，2017.

[5] 朱小平，秦玉熙. 初级会计学学习指导书 [M].8 版. 北京：中国人民大学出版社，2017.

[6] 陈国辉，迟旭升. 基础会计 [M].5 版. 大连：东北财经大学出版社，2016.

[7] 徐经长，孙蔓莉，周华. 会计学 [M]. 北京：中国人民大学出版社，2014.

[8] 李平，张琳. 基础会计 [M]. 北京：中国商业出版社，2017.

[9] 万宇洵，阳秋林. 基础会计学 [M]. 长沙：湖南人民出版社，2008.

[10] 会计从业资格无纸化考试专用辅导教材编写组. 会计基础 [M]. 北京：中国财政经济出版社，2014.

[11] 财政部会计资格评价中心. 初级会计实务 [M]. 北京：经济科学出版社，2017.

[12] 湖南省会计从业资格考试学习丛书编委会. 会计基础 [M]. 北京：中国人民大学出版社，2014.

[13] 张惠，邹萍，彭志红等. 会计基础 [M]. 长沙：国防科技大学出版社，2009.

[14] 全国高等教育自考考试指导委员会组编. 会计基础 [M]. 北京：中国财政经济出版社，2009.

[15] 杨柳，佟爱琴，孙建良等. 会计学 [M]. 北京：清华大学出版社，2017.

[16] 杨承亮，陈小英. 会计基础 [M]. 北京：清华大学出版社，2016.